ハーバード・ビジネススクール教授の
自分を動かす教室

FLYING WITHOUT A NET

Turn Fear of Change into Fuel for Success

THOMAS J. DELONG
トマス・J・デロング
上杉隼人訳

サンマーク出版

ミルドレッドとジョセフ・デロング、母さんと父さんへ

はじめに

1990年代初頭、夜遅い時間だった。私はニューヨークのグランドセントラル駅のベンチに座り、自分の気持ちを確かめていた。

この私に、メトロノース鉄道（アメリカの通勤鉄道）に飛び乗って家に戻る気力と体力がはたして残っているだろうか？

ロッキー山脈から家族を連れてニューヨークに越してきたのは正解だったろうか？

想像と違い、私の手には負えない大きな仕事を引き受けてしまったのではないか？

CEOが望み、チームが必要とする変化を会社にもたらせるだろうか？

経営陣が協力しあえる状況を作り出せるだろうか？

無数のオフィスが現在建設中だが、数か月後にすべて予定通りにオープンできるだろうか？

同じ部屋あるいは同じ建物にいるトレーダーと投資銀行家は、お互い協力できるだろうか？

CEOはすでに大変な業績を上げている。さらにパフォーマンスを高めてもらうため、はたしてこの私が必要なフィードバックを与えることができるだろうか？

時計を見ると、午後10時だ。２時間もベンチに座り込んでいた。いい加減腰を上げなければ。

どうにかベンチから立ち上がり、電車に乗り込んで家に帰ることにしたが、車中で「仕事で結果を出したい、成功したいと強く望む者」（私もまぎれもなくそうだ）を苦しめる不安や罠について考え出していた。

■「変化理論」を自分の行動に生かす

私は１９７９年の冬に博士課程を修了して以来、「仕事で結果を出したい、成功したいと強く望む者たち」（high-need-for-achievement professionals）と、彼らが「仕事で結果を出したい、大きな成功を収めたい」と願って事を進めることで、かえって彼ら自身の変化や発展が妨げられるケースについて研究を進めてきた。

ハーバード・ビジネススクールの教授として、それ以前はモルガン・スタンレーの経営幹部として、仕事で結果を出したい、成功したいと強く望む者を何人も見てきた。そんな彼らの仕事の仕方や性格について研究を重ねてきた。

「仕事で結果を出したい、成功したいと強く望む者たち」という言い方はあまり耳にしないかもしれない。だが、明確な目標を持って野心的に仕事に取り組み、今すぐ成功をつかもうとする——こんな人があなたのまわりにもいないだろうか。
本書では、「仕事で結果を出したい者」「成功したいと強く望む者」「精力的に仕事を進める者」などいくつか言い方は変えているが、基本的にこのような思いで仕事を進める人たちを指している。

私は、仕事の仕方や仕事に対する考え方を変えたいと思う人たちのコンサルタントを担当し、そのために必要なことを本や論文にまとめてきた。

そんな私の活動に、仕事で結果を出したい、成功したいと強く望む者に対する関心がぴったりはまった。

仕事で結果を出したいと強く望む者たちに話を聞いて、彼らについて学んだ。**そして各種の変化理論の原則を彼らに適用してみた。**

これによって彼らに変化をもたらそうとしたのだ。

その場から動けなくなってしまっている彼らが学び、成長できるプロセスを考え出そうとした。

■人は「成功した方法」に固執する

30年間、グランドセントラル駅のベンチで動けずにいる人たちだけでなく、少し立ち止まり、人生について考える必要があると思われる人たちもどうすれば助けられるか、考えつづけている。

そんな「少し立ち止まり、人生について考える必要がある人たち」を思い浮かべながら、本書『命綱なしで飛べ』（原題『Flying Without a Net』）の執筆を進めた。

本書はいわゆる「学術書」ではない。

脚注は最低限にとどめ、歴史的な言及や研究書の引用もできる限り抑えた。一般書として興味深い、できれば読みやすいものにしたかったからだ。

「はじめに」の冒頭にも記したような私の個人的な話を、いくつも〝実例〟として盛り込んでいる。

仕事を始めたとき、「こんな本があれば」と思った1冊を書いてみたかった。

本書には身近な話題を随所に盛り込んでいるが、どれも今の読者（あなた！）が抱くさまざまな不安に通じると思う。

今日、個人も組織もあらゆる脅威に直面している。

経済は不安定で、新しいテクノロジーによってさまざまな影響がもたらされている。

企業の形態も文化も変わってきている。

家族の問題も増加し、個人の時間やエネルギーを「もっと注げ！」と言わんばかりだ。

すべてが不安を増大させる。

じつは、仕事で結果を出したい、成功したいと強く望む者たちは、こうした脅威にとくに強く反応する。

上司に嫌われてしまっただろうか？

仕事はうまくいくだろうか？

昇進できないだろうか？

仕事はそんなに回されなくなる？

自分はエース社員だと思っていたが、もはやそんなことはないのだろうか？

先が見えない今の状況においては、もっとも優秀な人たちも不安を感じてしまう。

誰もが身をかがめ、新たな挑戦は避けようとする。

これまでしてきたことにしがみつこうとする。

うまくできる仕事だけこなし、能力を伸ばせるかもしれない新しいタスクを受け入れることはない。

こんな消極的な姿勢では、個人も組織も発展は見込めない。

新しいことを学び、新しい方法を試す途中で、間違いを犯し、自分の弱さをさらけ出してしまうことを何よりおそれてしまうのだ。

どの組織にも、聡明で野心的ではあるが、生産性が低く、自分の仕事に満足できない人がたくさんいる。

一方で、熱心に仕事を進めながら、恐怖を克服し、新たな仕事の仕方を身につけ、非常に楽しく充実した人生を送る人もいる。

残念なことに、その数は決して多くないが。

▒命綱なしで飛ぶ方法を学ぶ――行動を妨げる「思考」の対処法

何が起こっているのか？

例外なく言えることだが、およそ最高の頭脳を持つ人たちが、今はかつてなかったほど苦戦している。それはなぜか？

これがいちばん重要な点で、**あなたが仕事で結果を出したい、成功したいと強く望む者なら、こうした状況において、何をすればいいだろう？**

不安から解放され、楽しく充実したキャリアと人生を手に入れるにはどうしたらいいだろう？

命綱なしで飛ぶ（flying without a net）ことを学ぶのだ。

行動を妨げる不安を乗り越える。

そこから少しずつ学び、成長し、変化できると思えるようになる。

そうやって身につけたものが仕事に役立つことに気づく。


もちろん、一晩で命綱なしで飛べるわけではない。

不安が増長し、不安が生み出す「罠」にはまってしまうかもしれない。逃れようとして生産的でないことをしてしまう可能性もある。

そんなことになるかもしれないと、まず気づかなければならない。

命綱なしで飛ぶためには、勇気を出して「恰好悪くてもいいから望ましいことをする」必要がある。それによって「望ましいことを見事にこなせる」ようになるのだ。

仕事で結果を出したい、結果を求める者は避けようとするが、自分の弱さをさらけ出さなければならない。

仕事で今まで以上に多くを達成し、大きな満足を得るには、心を開き、新しいことを学び、今まで知らなかったことも経験しなければならない。

不安を感じ、自分は無能だと思い知ることもあるかもしれないが、それは一時にすぎない。そして、**これは進歩の前段階だ。**

すべて受け入れれば、あなたの仕事と人生に深みと広がりがもたらされる。

■本書のプラン

本書の内容について、説明したい。

まず、全体を通じて、仕事で結果を出したい、成功したいと強く望む者たちが経験した話をたくさん盛り込んだ。

本書で紹介する「4つの不安の罠」にはまった人もいれば、これらの罠を逃れて非常に生産的なキャリアを築き上げた人もいる。

次に、不安を乗り越えて今まで以上のことを成し遂げたいが、どうしたらいいかわからず苦しんでいる人たちに、いくつかアドバイスを提案する。

また、「不安の罠」にはまらないためのアドバイスにあわせて、「現在自分がいる場所」がわかる図を用意した。

1章、2章、4章、5章、8章の図を確認しながら、不安を乗り越えて、勇気を持って新たなことを行い、自分を変える一助にしてほしい。

本書は4部14章からなる。

Part1（1、2章）の1章では、仕事で結果を出したいと強く望む者たちの特徴を述べる。あなたが彼らとどれくらい共通点があるか、ここでわかる。

2章では各図の見方と、それを自分を変えるために活用する方法を記した。本章で、熱心に仕事に取り組むことで一定の成果は上げられても、「恰好悪くても望ましいことをする」を試みなければ、十分な結果と満足感は得られないことを知ることになる。

Ｐａｒｔ２（3〜5章）で、あなたは今まさに不安と心配に直面していて、「望ましくない」行動を取ってしまっていると気づいてもらう。

ここで不安に立ち向かわないと、将来さまざまな問題にぶつかる。

具体的には、「目的」を失い、「孤独」に苛（さいな）まれ、「意義」を見出せないという、大きな３つの心配が生み出される。

それぞれの対処法も記す。

そんな３つの心配が原因ではまるかもしれない「４つの罠」を、Ｐａｒｔ３（6〜9章）で示した。

「忙しさの罠」「人と比べる罠」「人を非難する罠」「心配の罠」にはまると、じつは一時的に不安は軽減する。だが、これがまさしく罠だ。最終的にはさらに大きな苦痛がもたらされる。

皮肉なことに、内なる不安を解消しようとすることで、逆に不安を強化し、新たな不安を培養してしまうかもしれないのだ。

最後、Part4（10〜14章）で、「4つの不安の罠」にはまらないようにする効果的な方法を紹介する。

ここで、「過去を『過去のもの』にする」「フェアな人と組む」「一歩足を出す」など、変化を妨げるものを断ち切る方法を学んでいただく。

■「実験」している感覚で取り組む

ある講演を終えたあと、仕事で結果を出したい、成功したいと強く望むひとりがこんな言葉を寄せてくれた。

その日は、高校の校長先生向けの会で話していた。

講演を終えると、参加者のひとりが近づいてきた。

「デロング教授、私は43歳です。仕事にストレスを感じています。まったく楽しくありません。朝が来ても、仕事に行きたいとは思えません。でもありがたいことに、あと12年我慢すれば退職です」

どう答えていいかわからなかった。だが、今はわかる。

この本を読んでほしい。

そしてあの校長先生に、わかってほしい。

「人生のむずかしい時期にいる生徒を励まし、正しく導く校長先生として、不安やストレスを乗り越えなければなりません。

日々漫然と同じことを繰り返すような仕事のやり方は改めましょう。

教育委員会やメディアの批判などおそれず、保守的な考えを捨てて、もっと大胆になる必要があります。現状を維持するよりも、実験をいとわず、積極的に新しいことを試してみましょう。

失敗したら怖いなどと思わず、新しいアイデアや教育ツールをもっと取り入れてみましょう」


これができれば、生徒たちにとってよい校長になるだけでなく、朝起きたら学校に行きたいときっと思うはずだ。

あらゆることに勇気を持って挑戦できるとも思う。

本書執筆にあたって、この校長先生のほか、次の人たちにも読んでほしいと思った。あなたもこの中のひとりだろうか？

・不安にとらわれて身動きできず、新しいことを学んだり、経験したことがないことに挑戦したりできずにいる人

・成功しているように見えるが、気持ちが沈んでいて、何をするにもやる気が出ず、毎日をただ「耐えている」ように感じる人
・夢をつかもうとするのでなく、あきらめの境地で何かが起こるのを待っている人
・変わろうとすると、まわりから厳しく止められてしまう人
・変わりたくても、自分で止めてしまっている人。心の中に壁を作っているので変化できない人
・私自身に（思いもよらず恐怖に飲み込まれてしまうことがあると常時思い出したかったから）

仕事で結果を出したい、成功を強く望む者たちは、弱さを一切見せてはいけないというイメージがある。つかみどころがなく、感情は示さず、リスクは冒さず、冷静に状況を分析する者と思われたいのだ。

本書では、弱さを抱えた新しいタイプのプロフェッショナルを示したい。どこに向かうべきかわからなくなった成功を望む者たちに、方向性を与えたい。

同時に、本書は行き詰まっている人にも読んでいただきたい。この本は、自分は後れをとっている、誰かの助けが必要だと思う人にも、手を差し伸べられると思う。

自分の才能を有意義に生かせていないと感じる人たちに、意味のある仕事をするための

方法も示した。

仕事や組織やチームから排除され、大切な人とは気持ちが通じず、自分自身にも向き合えずにいる。

そんなふうに感じる人たちに、再びつながれる方法を提案した。

あなたが私の知る、仕事で結果を出したい、成功したいと強く望む者に近いとすれば、すでにかなり前から裁量がある程度与えられていて、自由に仕事を進めているから、いまさら変えられないと思うかもしれない。

仕事と成果に対する自分の「中毒性」や「凝り固まった考え方」を変えるなんて、本当にできるか、疑問に思うかもしれない。

だが、そうした気持ちはコントロールできる。本書はそのために知らなければならないこと、意識しなければならないこと、そして経験しなければならないことをこれからアドバイスする。

本書で話を聞かせてくれたひとりは、次のように言ってくれた。

「自分や他人を信じなければならないときがたしかにあります」

私の言うことを、どうか信じてほしい。

仕事で結果を出したい、成功したいと思うだけでなく、自分は変化できると考えてほしい。

それを念頭に置いて、読み進めてほしい。

あなたもきっと、仕事で結果を出したい、成功したいと強く望む人だから。

命綱なしで飛べ
Contents

2章 恰好悪くてもいいから望ましいことをする
順番通りに、確実に、最大成長する

Part 2 3つの大きな心配
クリアになれば行動できて力が出る

3章 目的
やり抜く「旗印」になる

4章 孤独
みずから孤立する不思議な心理

5章 意義

「特別」な感覚の絶大な効果

Part 3 4つの罠
行動の「蓋」の外し方

6章 忙しさの罠
多忙だと安心する「忙しい症候群」

7章 人と比べる罠
私たちにどっぷり染みついた習性

8章 人を非難する罠

非を認めて「稀有な人」になる

9章 心配の罠
動けないときの最善の考え方

Part 4

乗り越える

不安を変化の「燃料」に変える

10章 過去を「過去のもの」にする

自分を固める「セルフイメージ」を解きほぐす

11章 セカンドキャプテン、ファーストチョイス
フェアな人と組む

12章

命綱なしで飛べ！
リスク世界で「安全」に飛ぶ

カバーデザイン 井上新八
本文デザイン・図版 松好那名(matt's work)
本文DTP 天龍社
校正 株式会社鷗来堂
編集 梅田直希(株式会社サンマーク出版)

本文中の〔 〕は訳注を表す。

Part 1

なぜ失敗をおそれる?

飛ぶと決めて飛べない「人間心理」で動く方法

FLYING WITHOUT A NET

1章

野心家のアキレス腱

熱意と行動力は別物

ドン・トンプソンが失敗するはずなかった。

一流大学でMBAを取得するや、すぐに有名コンサルティング企業に入社。たちまち才覚を発揮し、社史を塗り替えるペースで出世街道を突き進むと思われた。

魅力的で、賢く、やり手のドンは、クライアントと良好な関係を築き、やるべきことは十分にした。とくにクライアント各社がビジネス戦略を見直すことがあれば、サポートを惜しまなかった。

入社7年にして、ドンの評判を聞きつけて彼のもとを訪れる企業が後をたたなかった。12年間、ドンはまさに順風満帆だった。

だが、壁にぶつかった。

突然かつての魅力や技量を失ったわけではない。その後もいい仕事はした。だが、もはや以前のようにもっとも輝かしいエリート社員ではなくなったことが、かすかに感じ取れるようになった。

将来を担うチームのメンバーに選ばれなかった。

会社が有望なクライアントの契約に乗り出すにあたって、担当者に任じられなかった。

以前は役員によく昼食に誘われたが、それもなくなった。

Aランクプレイヤーの苦しみ

はっきり認識するにいたったのは、重要なグループのリーダー職が告知されたときだ。この職はこれまでもシニア・パートナー［幹部候補］の登竜門というべきものだった。ドンももちろん応募したが、ポジションをつかんだのはドンより2歳年下、社歴8年のサミールだった。

ドンはかねてよりこのポジションを虎視眈々（こしたんたん）と狙っていた。一瞬にしてすべて消え失せた。そう思うと、サミールがひどく憎らしかったし、自分を登用しなかった上司たちも恨まずにいられなかった。

ここ2、3年、上司は「このポジションに就くのは君だろう」とさりげなく伝えてくれた。「君がその職にふさわしいよ」と何度も言ってくれた。

なんてことはない、彼らはドンが聞きたいと思うことを口にしていただけだった。

ドンはオフィスのデスク下の引き出しに手を伸ばす。そこに自分の業績一覧を保管していた。

だが、そこから取り出したのは自分の業績一覧ではなく、サミールの業績一覧だった。

サミールもそのポジションに応募したと知り、彼の書類を手に入れていたのだ。

サミールのそれまでの仕事を確認し、自分がしてきた仕事と比べて、どうして自分ではなく、サミールが選ばれたのか突き止めようとした。

そこで、自分は外部評価者にどう見えるかわかった。

こうやって同僚の業績一覧を盗み出し、手段を選ばず人を蹴落とそうとする。

思い通りにいかないと強い憤怒に駆られ、なぜ自分のキャリアが行き詰まったのか答えを引き出そうと、ライバルの業績をじっとにらみつける。


ドンはその晩、怒り心頭で帰宅した。妻に、これ以上屈辱を味わわされるのはたくさんだ、辞めてやる、ときっぱり言った。

「会社は何もわかっちゃいない。僕がその職に就くべきなんだ。僕じゃなきゃだめだ」

■能力が高くて「防衛的」になる

翌日、ドンは今回の人事はどういうことか、直属の上司に詰め寄った。

上司は頭に血が上ったドンを相手にしたくなかったが、ドンを失いたくないとも思っていた。そこで、ドンに外部のビジネスコーチングを受けてもらうことにした。

ドンは仕方なくコーチングを受けることにしたが、望んでいたポジションを逃した傷は癒えず、怒りも収まらず、ほかの仕事を探そうと考えはじめていた。

だが、そのビジネス・コーチは有能だった。ドンと顔を合わせる前に、ドンの同僚たちに話を聞いてまわっていた。コーチは彼らと話し、ドンが会社から求められた仕事を少なからず断っていたことをつかんだ。

当時会社は海外事業拡大をにらみ、グローバル人材の開発を進めていた。ドンはグローバル・リーダーシップ開発プログラムへの参加要請を、二度も断っていた。

また増加の一途にあったハイテク企業のクライアントとの業務にも消極的で、「シリコンバレーの連中」と波長が合わない、自分より若くてハイテクに興味がある者が担当すべきだとあしらっていた。

社内の人材育成にもまるで興味を示さなかった。会社は社内の能力育成を重んじているにもかかわらず、ドンについたアソシエイト〔財務会計や販売管理など経営の根幹にかかわる、現場最前線の社員〕が強みと弱みを自覚できるよう指導し、手を差し伸べる時間を持とうとしなかった。各自がそれぞれ学べばいいという姿勢でいたのだ。

コーチにこうした問題を指摘されると、ドンは言い訳した。

自分が得意なことをすればいいのであって、専門外のことをして会社にムダな金を使わせたくないと語気を強めた。

コーチと長い時間をかけて膨大な課題に取り組み、ドンは本当の問題は何であるか、ついに理解した。

恰好悪いと思われるようなことを一切しようとしなかったのだ。

ドンは話してくれた。

「学生時代はずっと優等生だったし、会社に入っても常にスター社員として最高の仕事をしてきました。

何か新しいことをすると、シリコンバレーのクライアントに恰好悪く思われてしまうんじゃないかとおそれていました。そんな自分の不安を誰にも知られたくなかったし、まわりの人にも打ち明けませんでした。

僕は人と打ち解けるみたいなことがずっとうまくできなかったのかもしれません」

言ってみれば、**ドンは仕事で結果を出したい、成功したいと強く思う一方で、自分を強固に守らなければと感じていた。**

得意分野に固執し、自分の弱さは決して見せないようにしていたのだ。

その結果、意欲的で出世を望む者がよく陥るように、仕事において自ら壁を作り上げて、そこに激しくぶつかってしまった。

あなたもドンと同じようなポジションにいて、同じように仕事で結果を出したい、成功したいと強く思うことがあるだろうか？

ドンと同じようなことを、将来経験するかもしれないと思うだろうか？

安心してほしい。あなたがドンと同じような人だとしても、あなたのキャリアに致命的な問題がもたらされるわけではない。

そしてあなたが仕事でどんなに結果を出したい、成功したいと思う人でも、その強い思いが生み出す罠にはまることなく、満足できるキャリアをつかむことができる。

だが、そのためには、次の２つを考えてほしい。

- 結果を出すことばかり考えていると、知らぬ間にキャリアを破壊してしまうこともある
- なぜ自分のキャリアを壊してしまうのか。それを避けて達成感と充実感を見出すには、どんなことをしたらいいだろうか？

この２つの問題に対処するにはどうしたらいいか、Ｐａｒｔ１は２つの章に分けて説明

する。

まずは、ドン・トンプソンのような仕事で結果を出したい、成功したいと強く望む者によく見られる11の特徴を見ていこう。

自分にいくつあてはまるか、考えてみよう。

成果依存――「執念」が足を引っ張る

マークは誰もが知る某社のCEO。薬物治療センターにいる弟を訪ねたときのことを話してくれた。

マークの弟は医師として大きな成功を収めていたが、薬物依存に陥り、三度目の入院をしていた。

家族とともに弟と面会した日を忘れることはないとマークは言う。家族で話していると、弟にこう言われたという。

「**兄さん、僕らはそんなに変わらない。兄さんも僕も中毒者で、タイプが異なるだけだ。**僕の中毒症状は僕の最初の家族と仕事を破壊した。その後30年、僕は失ったものを取り戻そうとしている。

兄さんも仕事で結果を残したい、成功したいと強く願うことで名声を得た。

でも、覚えておいてほしい。**僕らはちょっと違うだけだ**」

私は経営者や幹部向けのさまざまなワークショップで、マークとマークの弟のことを話す。どのワークショップでも、参加者から同じような反応が得られる。

みんな、マークとマークの弟のようにそれぞれの分野で成功している。自分たちはあらゆる犠牲を払って何事も達成しなければならない状況に常に置かれていると考えているようだ。

彼らもわかっているが、業務、課題、プロジェクト運営と、達成リストの項目すべてをクリアしないといけないから、時にミスも犯してしまう。そして、リストはますます長くなる。

新人医師のサラが話してくれた。

「今頃気づいたんですが、達成リストの上のほうにある項目をクリアすると、下のほうに新たな項目をどんどん追加しているんです。私もあの人たちと同じことになるんじゃないかって心配です。こんなことを続けたら、間違いなくおかしくなってしまいます」

友人で大学教授のポールは、30年間の仕事を書きこんだ何冊ものメモ帳を見せてくれた。それぞれに「TO DOリスト（やることリスト）」が書きこまれていて、どのリストにも達成項目にチェックがつけられていた。ポールは話してくれた。

「僕の葬儀ではこのメモ帳を全部棺の脇に積んでもらうよ。それを見れば、僕がどんな仕事をしてきたかわかってもらえるからね」

結果を出したい、成功したいという強い思い。これは重要な「心理社会的欲求」(psychosocial needs)の1つであり、心理学者が何年も研究を進めてきた。

■クリアするたび「次の欲」が生まれる

こうした強い思いや社会的動機は、アブラハム・マズローが定義する生理的欲求と大きく異なる。

マズローによると、私たちの生理的欲求は、ごく単純なことなら、一時的に解消される可能性がある。たとえば喉が渇いたら水を飲むことで生理的欲求は当面解消される。同じことが、睡眠、食事、セックスなどにもあてはまる。

一方、心理学理論家のデイビッド・マクレランドは、私たちの心理社会的欲求は正反対の効果を生み出すとする。**何かを成し遂げたい、結果を残したいという思いを満たそうとすることで、その思いはますます大きくなってしまう**のだ。[1]

それは実際、飽くなきものとなり、1つやり遂げれば、さらに別のことをやり遂げたい思いに駆られる。そして仕事のことしか頭になくなる。仕事をどう進めるかしか考えられなくなってしまうのだ。

なかには、地位や経済的安定、肩書やマイホームを手に入れれば、成功したい欲は減退すると考える人もいるが、研究によってそうではないことがわかっている。

成功したいという思いはどこまでも続くのだ。

私のクライアントのひとりサムが話してくれた。彼は60歳になる前に、「一定の純資産(大変な額だ)を手に入れる」という目標を掲げていた。だが、57歳でそれを成し遂げると、直ちに目標金額を上方修正、今度はその数字を達成しようとしゃにむに働きつづけた。

ウォールストリートのトップアナリストであるカヴィタ・ウェントワースも、リゾート地に別荘を建てたとき、予定以上のことをしようと思ってしまったという。別荘を手に入れたのはいいが、今度は「いつも住んでいる」家が古くなったと思ってしまい、そちらを全面改装することにしたのだ。

最後に話したときはまた別の家を買おうとしていたから、暖かい場所にもすずしい場所にも家を持っているかもしれない。

■成功に「必須のこと」が問題化する

ここでは、私がこれまで出会った、「常に結果を出したい、成功したいと強く思っている人たちの多くが受け入れられなかったこと」を、あなたに真実として伝えたい。

実際、強い思いを持って仕事を進める人は成功を手にできる。

結果を出したいという強い思いを持たず、やるべきことをしなければ、成功は収められないはずだ。

だが、**野心に駆られるとまわりが見えなくなるのも事実**だ。そして仕事をそつなくこなし、組織で立場やイメージを守ることしか頭になければ、自分とキャリアはいずれ頭打ちになる。

これでは望む成功を手にできない。

ここで結果を出したい、成功したいと強く思う人が陥りやすい11の特徴を検証しよう。キャリアの成功や満足度の点でしばしば問題となる特徴だ。

1　与えられた仕事は何としても成し遂げようとする
2　「緊急」と「重要」の区別がつかない
3　人に任せられない
4　現場で活躍するプレイヤーから「管理者」にうまく移行できない
5　どんな犠牲を払ってでも今やっている仕事をやり遂げようとする
6　むずかしい話を避ける

7 コメントやフィードバックを強く求める
8 気分の両極端を行ったり来たりする
9 人と比べる
10 安全な仕事しか請け負わない
11 罪悪感に苛まれる

■結果に固執する人が陥る11特徴

1 与えられた仕事は何としても成し遂げようとする【自分の仕事中心主義】

仕事で結果を出したい、成功したいと強く願う者は、自分は高い実行力を備えていると思っている。

そんな彼らの最大のモチベーションは、「与えられた任務は絶対にこなさなければならない」という義務感。せっつかれるような状況で仕事をしたいと望み、解決しなければならない問題をいくつも抱えている。求められる仕事をこなし、上司やクライアントを喜ばせたいと思っている。

一方で、単調で同じことを繰り返す仕事はやりたくないようだ。そんな仕事を与えられると、誰かに八つ当たりしたり、ほかの人たちに後れを取っていると落ち込んだりする。うだつが上がらない自分を尻目に同僚たちはずっといい仕事をしている、才能を発揮して、とんとん拍子に出世していると思い込んでしまうのだ。

その結果、自分ができる仕事しかせず、仕事を達成するうえで直接関係のないことは無視しようとする（社内でのコミュニケーションなど）。

2 「緊急」と「重要」の区別がつかない【常に全力】

「緊急」と「重要」の区別がつかないのも、結果を出そうと熱心に仕事をする者の特徴の1つ。

会計士のナンシーは、やることリストを確認するたび、いつも心配になったという。どれも緊急で重要なものに思えてしまうのだ。どれか1つ、優先順位を落とすなんてできない。

観葉植物に水をあげる。部下の仕事を評価する。午後の会議で、最後にプレゼンをする……。

何か1つやり遂げれば、別のことをリストに挙げなければならないとも思ってしまう。どれもこれもすごく重要に思えて、彼女は一歩引いて冷静に考えてみることができなかった。

もっと深刻だったのは、同僚とのコミュニケーションがとれなかったこと。そのせいで、社内のほかの人には何が重要なのか、よく考えて対処できなかった。

3　人に任せられない【優秀という自負】

成功を求めて熱心に仕事を進める者は、今の仕事をなんとしてもやり遂げたい思いに強く駆られ、誰かに任せることができない。

人に教えたり指示を与えたりすれば、予定通りに終えられない。

誰かに任せれば、やることリストからタスクを1つ削ってしまうことにもなる。

やることリストの項目を自分で1つずつ消すことに喜びを見出す心理には、仕事を部下に任せても、自分と同じようにうまくこなせないという不安もある。

ある人はこう話してくれた。

「『ほかの人よりうまくできる』と大きな声では言えないですが、基本的にそう思います。仕事を人に任せられないのはどうしてかと言えば、誰も自分よりうまくできるとは思えないからです」

誰かに仕事を任せるのであれば、自分の弱さを示すことにもなる。なぜなら、その人は自分と同じくらい高い水準でできるはずと認めることになるからだ。

そのうえで、時間を取って仕事を任せる人にしっかり教え込まないといけない。

部下を指導して時間が取られると、一時的ではあるが自分の生産性が落ちるとフラストレーションを感じる者もいる。

4 現場で活躍するプレイヤーから「管理者」にうまく移行できない【永遠のプレイヤー】

結果を出したい、成功したいと強く思う者は、管理職に就くにあたって自分の特殊技能や専門知識が必要なくなり、「もはや仕事ができない人間になるのでは」と不安を感じることもある。

経営学者のポール・トンプソンとジーン・ダルトンの調査によって、人が昇級するにあたって直面する課題が明らかになった。

ステージ2（特殊技能を有する）の社員は管理職昇進にあたり、心理的に大きな壁にぶつかる。自分は仕事を完璧にうまくこなせると思っている。[2] **しかし、管理職に就く代わりに、人より秀でたこの特殊技能を放棄しなければならないなんて、おそろしい……。**

「プレイヤーとしてすぐれた者は、いい管理職にもなれるはず」という考え方はたしかに成り立つ。彼らはこれまで現場でいい仕事をしてきた。だから管理の仕事も十分に対応できるはずだ。

だが、これは新たに管理職に就く人の現実が見えていない。人を管理することを学ぶのは、異なる言語を学ぶのと同じで、とらえ方は人それぞれだ。

結果として、細かいことまで徹底的に管理する上司になる者もいれば、管理職の肩書を持ったまま、相変わらず自分の仕事を続けようとする者もいる。

どちらのタイプの管理職も、部下を苛立たせるだけで、彼らに新しい役割を与え、学び、成長させることはない。

もうひとつ、「マネジメントと指導は判定がむずかしい」という現実がある。

部下へのフィードバックやアドバイスが機能していると、どうしてわかる？

管理職として「穏やかでいる」技術はどのように測定される？　これは長期的に影響をおよぼすもので、すぐに結果が見えるものではない。

結果を出したい、成功したいと強く思う者は、管理職に求められるこうしたことに苦しむ。その結果、長期的な目標に集中して取り組めず、どこかで苛立ちを覚えることになる。

5　どんな犠牲を払っても今やっている仕事をやり遂げようとする【割り込みNG】

結果を出したい、成功したいと思う者は、万事迅速に仕事を成し遂げようとするあまり、それ以外何も見えなくなってしまう。邪魔が入ると、怒りが抑えられなくなる。

ある医師が話してくれた。

「やることリストの項目に取り組もうとしたそのとき、邪魔が入り、腹を立てずにいられなかった。仕事をやり遂げようとしたのにその人たちのせいでできなくなったし、結果、最先端の医療技術を手に入れる資金が集められなかった……」

この医師は、子どもたちが取ってしかるべき成績を取れなかったりすると、同じように憤りを感じたという。それによって余計なことを考えてしまい、自分のやることリストの項目が思うように消せなくなってしまった。

若い医師を指導する必要があったり、数分時間を取って助言やフィードバックするだけでも、仕事が中断され、予定通りやり遂げられなくなると感じてしまう。

この医師のようにやるべきことをすべてやり遂げたいと思う人は、0から100まで、すべてを迅速かつ的確に行おうとする（すべてやり遂げようとする思いが、一時的な動機と活力にはなるが）。

6 むずかしい話を避ける【嫌なことは先延ばし】

やるべきことをすべてやり遂げようとする者は、むずかしい話を避けようとする。私自身、このことを身をもって痛感した。

数年前、若いアソシエイトだったスティーヴとあるクライアントに対してプレゼンを行ったときのこと。商談の結果、仕事は得られなかった。

残念な結果に終わったが、もっと残念で今も悔やみきれないのは、私がすぐにスティーヴに声をかけなかったことだ。

私たちはシカゴに出張し、クライアントにプレゼンを行った。

スティーヴは何を話すか理解していると思っていた。

だが、プレゼンが始まると、事前に求められたトピックから離れて、予定になかったことを語り出した。それはクライアントが求めていないことで、好ましくないとスティーヴに伝え、話をやめさせるべきだった。

だが、私はそれをしなかった。

さらにまずいことに、プレゼンを終えて戻る際、あれはよくなかったとスティーヴを注意しなかった。

今考えれば、彼と話せなかった理由はいくつか思い浮かぶ。電話をかけなければならなかった。飛行機に乗る前に、メールを何本も送らなければならなかった。天候も心配だった。ボストンに戻って家族とすることもあった。

こんなふうにやることリストにいくつも項目を挙げていたのだ。

だが、そこでわずかでもいいから正直にスティーヴに話さなかったことで、プレゼンの失敗よりも厳しい状況を作り上げてしまった。

その後もスティーヴと率直に話す場を持たず、管理職として十分とは言えない対応をしてしまう。

8か月後の12月、人事考課の時期。スティーヴにオフィスに来てもらい、シカゴの出張は覚えているかたずねた。

「もちろん覚えています」とスティーヴは答えた。

そこでようやく私はあのシカゴのプレゼンで何が適切でなかったかスティーヴに伝えた。

「スティーヴ、シカゴの会議で、君はプレゼンのいちばん大事な部分をとばして、有益とは思えないことを延々話していた」

スティーヴはじっと私を見つめていた。ようやく口を開くと、その顔は真っ赤だった。スティーヴは傷ついた様子で、なぜプレゼンであの話をしたのか説明しようとした。1時間くらい聞かされるだろうかと思い（実際は10秒もかからなかった）、私はスティーヴの話を退けてしまった。今日はすごく忙しい、君とは話ができないと言ってしまった。

スティーヴはそれまでずっと私を信頼してくれていたと思う。だが、そこで私から身を引き、背中を向けた。

スティーヴがどんなふうに考えていたか、今はよくわかる。きっと、こんなふうに言いたかったのだろう。

「あのときどうして言ってくれなかったのですか？　うまくやれていると思っていまし

た。あなたを心から信頼していました。なのに、どうしてこんな思いをしないといけないのですか」

あのときほんの数分話をしなかったことで、強い信頼の上に成り立っていたふたりの関係を、契約上の事務的なものに変えてしまった。少なくともスティーヴはそうとらえ、態度を改めることになった。

もっとまずかったのは、私がそのあとも逃げてしまったことだ。スティーヴと対等な立場で腹を割って話をせず、ただ自分を守ろうとした。ここでもむずかしい状況に置かれることから逃げたのだ。

私もかつて上司に失望したとき、その行動について間違った解釈を膨らませていたことがある。おそらくスティーヴは私に対して、こんなふうに考えていたと思う。

「トム・デロングがあの一件以来、どうして僕じゃない社員と出張してクライアントに会いに行ったか、これでわかった。ここ数か月、僕にそんなに時間を割いてくれなかったのもそういうことだ。だから別のふたりの社員と食事をしたとき、僕を呼んでくれなかったんだ」

どれも真実ではない。だが、スティーヴにはすべて真実であると思えた。

スティーヴのプレゼンを聞いたとき、そしてそのあと私は何をしたか？

その8か月後の業績評価の場で彼にどんな態度を取ったか？

すべては私が招いたことだ。

スティーヴとの信頼関係は二度と取り戻せなかった。この一件はスティーヴを傷つけ、会社を傷つけ、私を傷つけた。

スティーヴは数か月後、会社を去った。


こんなことになってしまったのは、私が目先のことしか頭になく、長年におよぶスティーヴとの関係をぞんざいに扱ったからだ。

白状するが、スティーヴと腹を割って話したくなかった。そんな気持ちから、心を開いてスティーヴを受け入れることができなかった。

ぎくしゃくした会話は気持ちよいものではない。やっかいな問題を持ち込まれたくないと正直思ってしまった。

責められたくなかったし、自分が間違いを犯したと認めたくなかった。

7 コメントやフィードバックを強く求める【欲しい言葉は決まっている】

結果を出したい、成功したいと強く思う者は、人よりフィードバックを強く求める傾向がある。

可能な限りパフォーマンスを上げたい。この思いから、うまくいっていないことや改めるべきことに対してフィードバックを求めたがる。

だが、人に意見を求めても、すべてを受け入れるわけではない。とくに否定的なものにはなおさらで、自分の仕事について悪く言われることがあまりないからかもしれない。ネガティブなフィードバックを聞かされると、自分は期待に応えられていない、あるいは期待されなくなると思い、深く傷つく。

いつもみんなを喜ばせたい。

それができなければどうするか？　話を聞きやすい人から自分が聞きたいコメントを聞き出せるように、環境を変えてしまうのだ。

人からのフィードバックを望んではいるが、言われたことを客観的に重々しく受け入れなければならない状況に身を置きたくはない。人のフィードバックに学び、次に同じようなことがあったときに対応できる力を持ち合わせていないのだ。

ある経営者が反省を込めて話してくれた。

「落ち込んだときは、誰に話を聞けば僕がどれだけすごいかを言ってくれるか、わかっています。なので、その人たちの意見を聞きます。自分を慰めるんです。どうやって自分に都合よくまわりの環境を変えようかなんて考えたことはありません。でも、気づけばそうしてしまっているんです」

8 気分の両極端を行ったり来たりする【超・気分屋】

仕事で成功したいと望む者は、どうして批判的なフィードバックを受けつけないのか？彼らが賢く、すでにある程度の成功を収めているなら、どうして真実を見つめられないのか？

理由は2つある。「自己嫌悪」と「自己批判」の問題があるからだ。

どちらも彼らの心の中の気分変域の片端にある。これから見るように、彼らはときに驚くべきスピードで自己批判と自己嫌悪に向かって移動する。

図1・1の正規分布が示すのは、タスクの達成、責任の感じ方、フィードバックへの反応の推移だ。左端に、タスクの遂行と完遂に関して非常に自己批判的な人物がいる。右端には、過敏に反応する集団がいる。

ハーバード・ビジネススクールの同僚だったジョン・J・ガバロ〔ハーバード・ビジネススクールのベイカー財団教授（組織行動学）、UPS財団の人的資源管理教授〕によると、責任感がすごく強い人は、ありとあらゆる人を喜ばせないといけないと考える。そのため、自分に課せられたことはすべて成し遂げようとする。

責任感がすごく強いから、あらゆるプロジェクトで期待を上まわる結果を残そうとする。たしかに、常に期待された以上を成し遂げることで、さらに多くの（最大限の）仕事

図1・1　不安曲線

結果を出したいと強く望む者がつまずき、うまくいっていないと感じると、自分に責任があると見なし、ただちに自分は失敗者だと思い込む。そんなとき、彼らは心の中で右の8〜10から、左の1または2に移動する。図が曲線を描いていることで、気持ちの揺れがあることがわかる。

が与えられ、大きな成果を上げられる一面はある。

だが、少しつまずいただけで、大したことないと割り切れず、自分はだめだと思い込んでしまうのだ。

自分は超有能だと自信に満ち溢れる人が、誰かの期待に応えられず、その人たちを失望させてしまったと感じると、自分はだめだと思ってしまう。

そこで彼らは自分はこれまで何をしてきたか、この仕事を続けてよいのか、人との付き合い方はどうか、困ったときに助けてもらえるのか、といったことを自問しはじめる。[3]

ある友人が話してくれた。

「自分がだめだと思ってしまうと、自分の能力を疑い、自分のあらゆることに対して懐疑的になる。こんなふうに自分にすごく批判的になると、何もかもおかしくなってしまう。目の前が真っ暗になってしまうんだ」

成功を求めて仕事に邁進する人は、君の仕事はすごいじゃないか、君はやっぱりよく仕事ができるなと言ってもらいたいがために、できることは何でもする。

そうしてまわりの環境を操作すれば、自分の望み通りにできる。引き続き仕事が遂行できるところまで自尊心を引き上げられる。

否定的なことを言われたり、ミスがあったりしてもすぐに立ち直れるから、傍(はた)から見ると回復力も自信もみなぎっているように思われるだろう。

だが、これは気分の両極端を行き来しやすいだけにすぎない。

非常に野心の強い人たち特有の気分の振れはすぐにわかる。とくに一緒に暮らす人たちには一目瞭然だ。

彼らとの生活は一筋縄ではいかない。どんな気分で職場から帰ってくるのかわからない。だが、機嫌がすごくいいかすごく悪いか、どちらかだとすぐに知ることになる。

最高の気分で帰宅し、どんなことでも聞いてもらえるかもしれない。

あるいは家に入ってくるなり悪口を言い出し、ちょっとしたことも気に障るのか、ピリピリして誰の意見も聞き入れそうにない。「今日はあぶないぞ」と感じさせる。

ある友人は、自分のその日の気分はすぐに伝わるようだと話してくれた。子どもたちは彼が車のドアを閉める音を聞いて、今日は近づきやすいかどうか判断したという。

彼の子どもたちにも話を聞くことができた。

「お父さんが車のドアを静かに閉めたら、ひどいことになりそうだから、自分の部屋にすぐに行ったよ。ドアをバンと強く閉じたら、駆け寄っていって抱きついて、『ねえ、あれをして』『これをしてよ』とおねだりできたんだ」

9 人と比べる 【他人が常に気になる】

「人と比べる」は本書の中心テーマで、のちほど論じる。

だが、ここで認識してほしいのは、他人がどれだけの仕事をしているかという観点から自分の業績を測ってしまうことがあれば、のちに述べる「人と比べる罠」にはまってしまうということ。そんなことをすれば、行動を変えることも、自分の弱さに向きあうこともできなくなる。

人はキャリアステージ、年齢、世代を基に、自分の仕事と他者の仕事を比較する。

それに、自分を正しく評価できるかどうかは、受け取る評価の質だけでなく、言ってほしいことを言ってもらう状況を作っているかどうかとも密接に関係する。

結果を出したい、成功したいと強く思う者の中には、自分の仕事ぶりや業績は相対的にどうなのか判定できないのであれば、別の仕事を探そうとする者も少なくない。ほかの人と比べて自分はどうかがよくわからないと、仕事を変えたり、会社を辞めたり、別の業界で仕事を探そうとするのだ。

また思い込みや認識の欠如から、意識的に、あるいは無意識のうちに比較結果を歪めることも多く、間違った自己評価に行き着くこともある。

10 安全な仕事しか請け負わない【計算高いリスクテイカー】

結果を強く求める者が「安全な道」しか選ばないのは、矛盾を感じる。

彼らは前進が望めるのであれば進んでリスクを受け入れる一方、リスクを冒して失敗することはなるべく避けようとする。

彼らは計算高いリスクテイカーだ。リスクの高さを算出し、勝算があると思えば賭けに出る（だが、自分にはかなり有利な賭けだとわかっているから、それほど大きなギャンブルではない）。

一流の法律事務所の弁護士に、弁護士はリスクテイカーかどうかたずねてみればいい。会計士に聞いても同じ答えが得られるはずだ。金融機関の専門家に聞いても、コンサルタントに聞いても、きっと同じだ。

この人たちは仕事をやり遂げることがモチベーションになっているが、現実的で達成可能なタスク以外に心を動かされることはない。

ロンドン本社の一流法律事務所に勤務する弁護士は、次のように述べる。

「トム、できる弁護士は、能力がないとか、愚かだとは絶対思われたくないんだ。みっともないところを見せてしまうと、非常にまずいことになるからね。弁護士としての面子を守るためなら、どんなこともする。バカだと思われちゃまずいんだよ」

結果を出したい、成功したいと思う者は、いざ試みようとしていることや仕事ができそうもないとわかると、ひるんでしまう。それがこなせるかどうか不安になり、ひどく気に病む。

重要だがリスクの高い仕事でミスをし、マイナスな気持ちになることは避けたい。そんなことになると、どうしてその仕事を引き受けたのかと心の中で自分を罵倒する。自分を容赦なく痛めつけるのだ。

部下が避けるべきリスクを負うことがあっても否定的な言い方をするかもしれないが、自分に対しては心の中ではるかに厳しく批判する。

そうなりたくないから、確実にこなせると確信してから仕事に取り掛かる。計算されたリスクだけを受け入れるのであれば、自分の弱さを胸に突きつけられずにすむ。

11　罪悪感に苛まれる【全部できないとダメ病】

結果を出したい、成功したいと思う者は元々野心的だから、自然と多くの仕事を負うことになる。やることリストに次々書き足すことで、ジョン・J・ガバロの言う「**役割過重**」と「**役割間葛藤**」に陥る可能性が高くなる。

役割過重とは、達成できる以上の役割と責任を負うことで、どの役割を優先するか考えなければいけない状態をいう。

それに対して役割間葛藤は、ある役割が別の役割に優先されることで、ほかの責任が取れなくなることをいう。

役割間葛藤が生じると、結果を強く求める者たちはやらなくてはならない仕事がすべて遂行できなくなると思い、罪悪感に駆られる。その結果、毎朝起きるたびに、何をするにもどうにも時間がないというジレンマに陥る。[4]

こんなふうに常に罪悪感にとらわれると、仕事もキャリアも楽しめない。

加えて、怠け者だ、仕事を満足にこなせないやつだと思われるのをおそれて、正直に、自分は罪悪感にとらわれていると認めることもできない。

心の中では「自分は未熟である」と不安に苛まれているにもかかわらず、外に対しては何があっても動じないと虚勢を張ることになるのだ。

自分に「11特徴」がないか確かめる

11の特徴を読むと、「自分もそうだ」と思うかもしれない。たしかに11の特徴は多くの人に見られる。しかし、あてはまるものがあるからと言って、キャリアに支障が生じるわけではない。

むしろそうだと気づけば、大怪我をせずにすむ。自分はこんなことをよくしてしまうと意識できれば、今より生産的になれる。

キャリアアップや仕事の満足度を妨げている特徴がどれなのか考えるために、11の各項目にいくつか質問をまとめた。

1 与えられた仕事は何としても成し遂げようとする

・申し分のない仕事をしても満足できないか？ いい仕事をしても、「もっとうまくできたはずだ」と自分を責めることはあるか？
・友人の経歴がうらやましいと思うことはあるか？ どんなに仕事をこなしても、彼らのほうがずっとうまくできると思ってしまうか？
・常に「自分の役割」を探している？ 難易度の高い課題に取り組んで、自分には能力があると証明しなければならないと思うか？

2　「緊急」と「重要」の区別がつかない

・やることリストに優先順位を付けられない？　その中から重要でないものを切り捨てられない？
・何もかも一度にしようとしていないか？　複数の仕事を同時にこなそうとして、手を広げすぎてしまっていないか？

3　人に任せられない

・仕事を誰かに任せたものの、結局自分でやらなくてはいけなくなることはどれくらいあるか？　そんなことになってしまうのは、部下にはそれができないと思うからか？　その部下が「自分と同じようにできないのでは」と心配になるからか？
・仕事を任せたのに、常に目を光らせて、仕事ぶりを細かくチェックすることがある？
・人に仕事を任せられないのは、教える時間を割きたくないからか？

4　現場で活躍するプレイヤーから「管理者」にうまく移行できない

・一社員として自分の仕事をするのとは違って、管理職の業務は落ち着かないし、どうしたらいいかわからない？

・自分がどれだけ管理職としてうまくできているかわからないことがあるか？　はっきり数値化できず、モヤモヤしてしまうか？

・自分は管理職に向いていると思っていたが、マネジメントの仕事がじつは嫌いだったり、人を管理する仕事が思ったほどうまくできないと感じたりすることはないか？

5　どんな犠牲を払っても今やっている仕事をやり遂げようとする

・納期に間に合わせられるか不安になり、夜眠れないことはあるか？

・（今の仕事のペースも悪くないのに）すべてを今より速くする方法を常に求めていないか？

・仕事を成し遂げるため、自分と部下を極限まで追い込むようなことがあるか？

6　むずかしい話を避ける

・言わなければならないことがあっても、それによってその人を、あるいはその人と自分を不快にするなら、できる限り遅らせる？　あるいは言わないこともある？

・言い争いや、相手に自分の考えを伝えることは極力したくないから、部下の業績評価を甘くすることはあるか？

・もっとよい結果を生み出すために話し合うことなく、好ましくない結果を受け入れることはあるか？

7　コメントやフィードバックを強く求める

・あなたの仕事について話してくれる人を求めていないか？　自分が求めていることだけが耳に入るようにはしていない？
・否定的な意見は聞きたくないか？　自分の仕事について嫌なことを言う人とは話さないようにしていないか？
・必ず肯定的な反応をしてくれるとわかっている人やグループに心当たりがある？

8　気分の両極端を行ったり来たりする

・常に極端に機嫌がいいか悪いかのどちらかで、そのあいだの普通の状態はほとんどない？
・上司からちょっと何か言われただけで過剰反応し、明日には仕事がなくなると思ってしまう？　逆にちょっとほめられただけで、大きな昇進が待っていると期待することは？

9　人と比べる

・誰かと比較して自分の業績やキャリアを考えることはないか？　自分の前任者と比べ

て、自分の業績やキャリアを判断することは?
・仕事が明確に評価されないとわかると、それが期待できる別の仕事を探したり、ほかの部署への異動を願い出たりするか?

10　安全な仕事しか請け負わない
・むずかしいと思う仕事を依頼されたとき、問題なく仕事を遂行できると判断したうえで、引き受けることはないか?
・みっともないことにならないよう、あらゆる手を打つことはないか? むずかしい仕事で、それをすればスマートには見られないから引き受けない、ということはあるか?

11　罪悪感に苛まれる
・一生懸命働いてすでに多くのことをやり遂げているのに、「まだ十分じゃない」「もっと重要な仕事をこなさなければ」と感じてしまうことはないか?
・少し休むと、「怠けている」「仕事が遅い」と感じることはないか? 人に後れをとるから、休暇を取りたくない? 昼食の時間が長いと、たるんでいると思う?
・1日12時間ではなく、8時間働くとき、「楽をしている」と感じるか? 会社もチームも失望させてしまっているかも、と思うか?

2章

恰好悪くてもいいから望ましいことをする

順番通りに、確実に、最大成長する

11のチェック事項に対して、どんな答えを出しただろうか？

「人に仕事を任せられない」「コメントやフィードバックを強く求める」といった特徴を確認することで、何ができるだろう？

結果を出したい、成功したいと思って仕事に邁進するモーターを常時稼働しておくことができるのだろうか？

言うまでもなく、自分に改めるポイントがあるとわかったところで、自分はだめだ、と気持ちが萎えるようなことがあってはならない。

結果を出したい、成功したいと強く望む者の多くは、進む道に障害物があっても、「自分が得意なこと」をして乗り越えようとする。すなわち、ルーティンの枠を出ない行動を取って、生産性を下げないようにするのだ。

成功を強く望む者には、「変化に抵抗する力」がある。この性質がポジティブにもネガティブにも作用する。

結果を出したい、成功したいと強く望む者の「変化に抵抗する力」は本章で示す3つの図で読み取れると思う。

だが、その前に成功したいと強く望む者の「変化に抵抗する力」とはどういうものか、言葉で説明しよう。きっと理解が深まるはずだ。

変化への抵抗の「ポジティブな面」だけ使う

先ほどの質問に対してあなたはどんな答えを出しただろう。結果を出したい、成功したいと強く思うなら、一つひとつ答えを出しながら不安を覚えたかもしれない。やり方を変えたほうがいい。

仕事でさらに成功し、満足を得るには、変わらなければならない。

おそろしいことだ。なぜなら「自分を変える＝手綱を離す」ということで、自分を完全にコントロールできなくなるかもしれない。自分に正直に向き合って今の自分を知らなければならないくらいなら、不安を抱えて生きていくほうがましだ。少なくとも自分を変わらずコントロールできる。

そうすれば、たしかに引き続き強いイメージを外に示せるかもしれない。だが、自分の生きる目的はなんだろう、自分にとって何が大事だろうとふと自問することはないだろうか？　孤独感に苛まれることはないだろうか？

成功を望む者は、おそらくこうした不安に常にとらわれることになる。自分のやり方を押し通そうとして、うまくいかないケースが増えるからだ。

自分を変えることでこそ、泥沼から抜け出す道が見える。権力や影響力のある人たちもこの道を見つけなければならない。

■「地位」「権力」があるから安全でいたい

ＣＥＯから大手法律事務所のパートナー（共同経営者）、影響力のある投資家、フルタイムでデイケアサービスを行う人たちまで、誰もが自分を変えられず、ひとり不安を抱えている。

こうした不安を取り繕うことで、一時的に安心できたとしても、その一時しのぎによって最終的に痛い目に遭うかもしれない。

不安が増して収まらなければ、真実にいつまでも向き合えない。その結果、自分が聞きたいことだけにしか耳を傾けなくなる。

ある会社の元社長が話してくれた。

「ずっと本当に聞くべきことに耳を傾けられませんでした。かなり早くから自分が聞きたいことだけを聞ける状況を作り、そういう部下たちを求めていました。

この自己満足的な負の連鎖を断ち切り、学ぶべきことを学ばなければならないと認められたのは40歳のとき。自分について何を言われるか常に不安でしたし、密かにおびえていました」

ある組織行動研究所の人事部長は、熱心に仕事をする者たちの多くがどんな不安に苦しんでいるか、ずばり指摘してくれた。

その説明によると、彼らの心配事は、

・「これが必要だ」と具体的に求められること

・うまく伝えられない私的なこと

に二分されるとした。

前者は、給与や福利厚生、手当のほか、概して会社にかかわることだ。

対して後者は、上司や同僚との「関係」のほか、「自分は何を学び、どんなふうに成長できるか」「どんなことに意味を見出し、どんな充実感を味わえるか」といった悩みだという。

企業の経営者が給与を上げたり、昇格させたりして社員を表面的に満足させることに終始し、彼らのこうした懸念に対処できなければ、どうなるか?

社員は強い不安にとらわれる。社員の不安は非常に高まり、リスクを冒すこともしなければ、誰かに心を開いて本音で話すこともせず、首を切られることがないよう、ひたすら上司に気に入られようとする。

その結果、学ぶことも成長することもやめてしまい……**ついには与えられたことも成し遂げなくなる。**

ある経営幹部が30年以上見てきた部下の中には、常に不安を強く感じる者たちがいた。彼らは自分の仕事について何か言ってほしいと求めるが、正直なコメントを聞き入れることはなかったと経営幹部は指摘する。

「自分は認めてもらっていない」「仲間外れにされている」「十分に成長できていない」と感じている様子もうかがえたそうだ。

そこで、経営幹部は彼らにたずねた。

「真っ暗で何も見えないと思うとき、考えるのは退社か、それとも残ることか?」

彼らの答えは、給料、事業内容、業界でのステータスの点で会社に魅かれていたし、自分はいい仕事をしている、目的もはっきりしている、組織に受け入れられていると感じられていたから勤務していた、というものだった。

そんなふうに感じられない、真っ暗闇で何も見えないと思い、彼らは退社を決意することになった。

■「受け入れられている」感覚が前に進む力になる

今考えなければいけないのは、どの組織でも、結果を出したいと思う人が、自分は受け入れられている、正当に評価されていると感じられる状況を作り出すことがこれまで以上にむずかしくなっていることだ。

とくに大企業に勤務する人は、昔以上に不安を感じているだろう。小さな会社に勤める人たちも、現在の不安定で先の見えない状況に不安を強めているかもしれない。

よくわからない新しいテクノロジーに仕事を奪われつつある……。

国内で仕事をしたいのに、グローバル化が求められ、居場所がなくなりつつある……。

これまで精力的に仕事をする人たちに何人も会ってきたが、あなたもそのひとりなら、強い不安をきっと抱えていることだろう。

傍から見れば平然と落ち着いているように見えても、心中穏やかでないはずだ。

図2・1　成長の逆三角形

逆三角形の左上「不安」から下の「勇気」に移動することによってのみ、最終的な目標である「弱さ」に到達し、可能性を広げることができる。

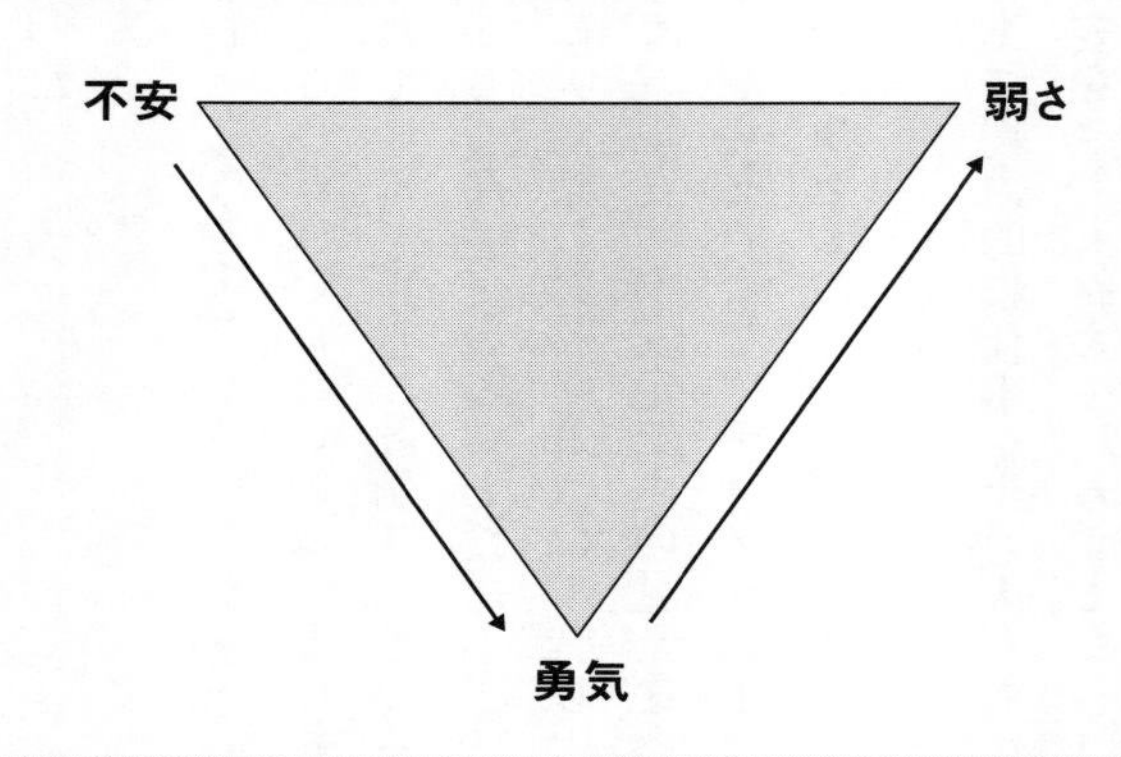

よってリスクを冒す行動を取ることもなければ、人に心を開くこともない。何かに共感したり、人の意見に耳を傾けたりすることもほとんどない。

それでもやっていけるかもしれないが、その代償は？

自分に満足することはほとんどないだろう。学び、成長し、経験を積むことを楽しめない。

自分の潜在的な力も、当然引き出せない。

■自分の「弱さ」を認められる人が強くなる

図2・1に、変化を妨げる「不安」と、不安を克服するのに必要な「勇気」、変化を起こすときに見せなければならない「弱さ」を示した。この3点を感情は移行する。

聡明で野心的な者の多くは、「不安」にとどまってしまう。だがそのままでは、不安が蓄積し、恐怖で動けなくなる。この心理的な穴から這い出すどころか、穴の深い部分にさらに沈み込んでしまう。

ある時点で穴に沈み込むのをどうにか止めて、這い上がらなければならない。勇気を振り絞り、可能性を探ろう。

心理的、精神的に支えてくれる人に手を伸ばし、「勇気」を持って学ぶことと、自分の「弱さ」を認める姿勢を示すことが求められる。

成長は直線で起きず「三角形」をたどる

かつてタイガー・ウッズは間違いなくスポーツ史にその名を刻む偉大なゴルフプレイヤーになると思われた。

ウッズは、ジョージア州オーガスタで開催された1997年のマスターズ・トーナメントで、2位に12打差をつけて優勝を果たす。

まさしく圧倒的な勝利で、オーガスタ・ナショナルはウッズにこれだけの圧勝を二度とさせないため、コースを再設計したほどだ。

だが、ウッズがマスターズで優勝したあと、当時のコーチ、ブッチ・ハーモンはウッズに、「君は4日間すばらしいゴルフをしたが、スイングに問題がある」と言った。スイングを固め直す必要があるとアドバイスしたのだ。

ハーモンはわかっていた。ウッズが変化を受け入れず今のままプレイしたとしても、トーナメントでは勝てるかもしれない。しかし、ジャック・ニクラス［史上最高のゴルファーと称され、メジャー優勝回数は歴代1位］のような偉大なプレイヤーにはなれない。

ウッズの立場で考えてみよう。マスターズで圧倒的な勝利を収めたあと、自分のスイングを変えようと思えるか？

すでにこれほどの成功を収めているのに、新しい技術を模索する勇気があるだろうか？たとえ新しい技術を習得できたとして、これまでの輝きを失う危険を冒す必要があるだろうか？

■不安・弱さ・勇気の自分を変える3点セット

図2・2に、仕事に対する臨み方が4つ示されている。

成長したいのであれば、自分が弱く、もろくなる状況に身を置いてみなければならない。

この図の左側にある通り、仕事に対して、「望ましくないことをそつなく無難にこなす」と、「望ましくないことをぎこちなくこなす」が選べる。

図2・2 **自己成長のルート**

左側のスペースから右下のスペースに移動することで、「変化」が始まる。

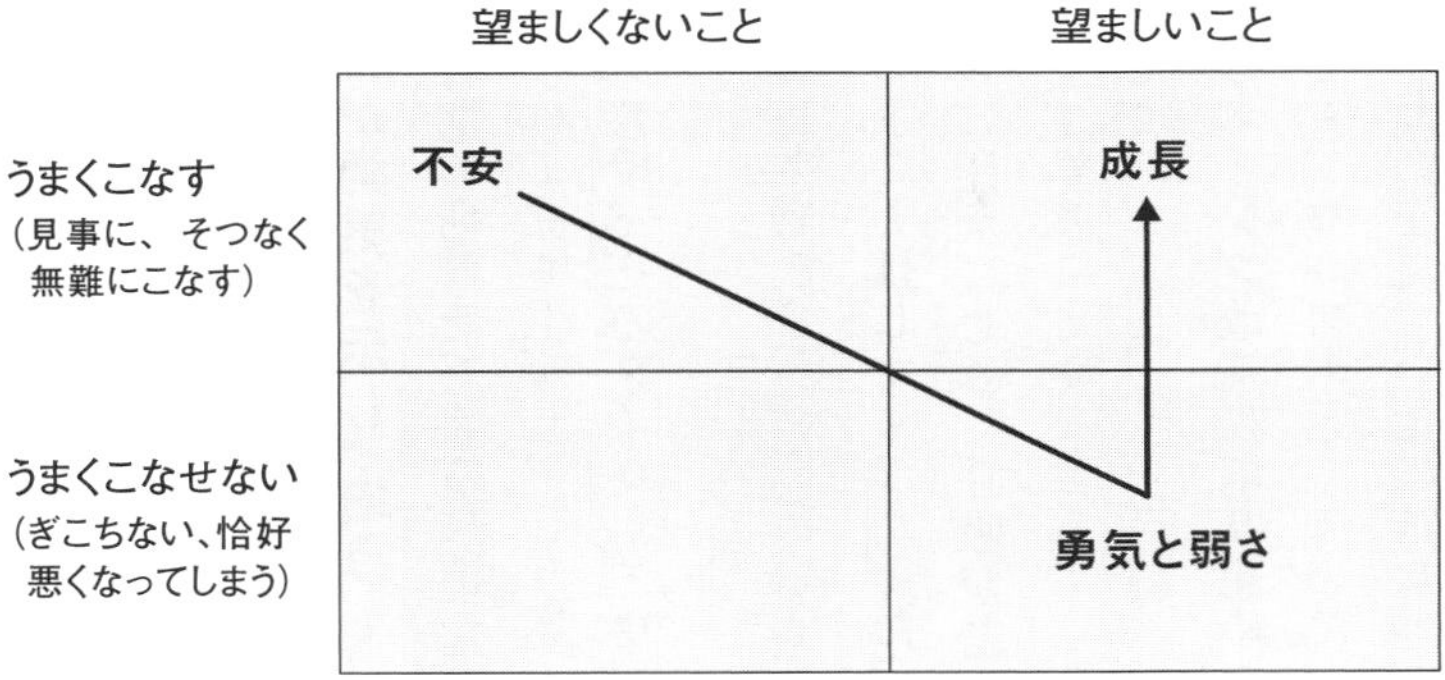

	望ましくないこと	望ましいこと
うまくこなす（見事に、そつなく無難にこなす）	不安	成長
うまくこなせない（ぎこちない、恰好悪くなってしまう）		勇気と弱さ

また右側「望ましいことを見事にこなす」と、「恰好悪くてもいいから望ましいことをする」が選べる。

ほとんどの人は右上のスペース「成長」をめざすべきだと考える。「望ましいことを見事にこなす」ことで、大きな成功がつかめると思えるからだ。

あるスキルを習得し、望ましいときに望ましい場で望ましい形で発揮できるのであれば、最高だ。

問題は、「望ましいことを見事にこなす」段階にどうすればいたれるかということだ。

右上の「成長」にいたるには、その下の「勇気と弱さ」のスペースを通過するしかない。

何かを「見事にこなす」には、何かを「恰好悪くてもいいから」しなければならない。

それ以外に道はない。

まずは弱さやもろさを見せてしまうことだ。そうやって変化が期待できるときこそ、学び、成長し、満足が得られるのだと信じてほしい。

■「挙手」が勇気を示し、培う

ある4日間の研修を終えるにあたり、ウッズの話をした。話し終えると、45歳の経営幹部が手を挙げて立ち上がり、こう述べた。

「デロング教授、そのタイガー・ウッズの話は受け入れられません。公平ではないと思います」

そこで口を挟んで、いや、そんなことはないです、あなたはわかっていませんなどと冷たくあしらうことはしたくなかった。

手のひらに汗がにじみ、呼吸が苦しくなった。どうにか、「なぜ公平でないと思うのですか」とたずねることができた。

彼は答えた。

「ウッズはスイング改造に取り組めたし、右下の『勇気と弱さ』のスペースに行くこともできた。でも、ウッズの近くにいたのはそのコーチだけですよね。ウッズが望ましくない状況にあったのを見ていたのはたった1人です。

私の会社には4500人の社員がいます。私が何か新しいことをしようとすれば、4500人全員に見られます。大変なプレッシャーですが、私は常に望ましいことを問題なくこなしている姿を手本として示す必要があります」

部屋はしんと静まり返った。参加者は私がどう答えるか、耳を澄ませていた。

「あなたが正しいと思います」私は一言そう言った。

発言した経営幹部は、タイガー・ウッズのことも自分のこともよく見えていた。彼も参加者全員も、あの場にいた誰もがすでに重要なことを理解していた。

「最初はうまくできないかもしれないこと」を試みるには、自分をさらけ出す勇気が必要だ。

質問してくれた経営幹部は、はからずも果敢にそれを試みていたのだ。

■「前の行動」へのリバウンド

仕事で結果を出したい、成功したいと強く思う者にはなかなかできることではない。彼らは恰好よく見せたい、今のイメージを崩したくないといつも気を使っている。愚かに見える、能力がないと決して思われたくないのだ。

しばらく前になるが、「イメージがすべて」(Image Is Everything)というキヤノンの広告キャンペーンに言い難いものを感じた。

イメージはあくまで表面的なものだと私は認識していたので、そんなメッセージを打ち出す彼らに違和感を覚えた。

あらゆるものが目にも留まらぬ速さで進行する今の世界、たしかにイメージがすべてだ。若い管理職も、幹部役員も、自分のイメージを傷つけたくない。

だが、これでは自分の存在を薄っぺらくしてしまう。まわりの人たちにどう見えるか気にするあまり、行動を変えることができなければ、したくないことをあえて試みようとは思えなくなる。

その結果、どうなるか？

「望ましいことを見事にこなせる」ようになるために、「恰好悪くてもいいから望ましいことをする」ようにはならない。ひたすら「望ましくないことを無難にこなす」を繰り返すことになる。

「恰好悪くてもいいから望ましいことをする」のは簡単だと言いたいわけではない。

ある経営者に聞いたが、彼は家に帰ると、家族を部下のように扱っているという。上には何も言わせないという態度は職場でも家庭でも好ましくない。だが、彼は不適切な対応を改めることができなかった。それが改められるとは思えなかったし、そのつもりもなかった。今の状況から飛躍しようと思えなかったのだ。

上の者には何も言わせないという態度の彼が行動を改めようとするとき、頭の中ではこんなことを考えているのかもしれない。

「今より公平な考え方をして、みんなの意見を受け入れるようになったらどうなるだろう？　部下を図に乗らせることになるし、『あの人もずいぶん丸くなった』と言われるかもしれない。家に帰れば子どもたちは言うことを聞かず、面倒を起こし、親なんてちょろいもんだと思うかもしれない」

私たちは変わろうとしても、これまでしてきたようにしたいとどこかで思うものだ。バンジーコード［バンジージャンプなどで用いられる伸縮性のある素材でできたロープ］が腰に巻きつけられているようなもので、以前の行動に習慣的に引き戻されてしまうのかもしれない。

不安な場面の「とらえ方」を変える

緊張していると自分でもわかる（不安が一段階か二段階増している）ようなことがあれば、大事なことを経験しているのかもしれない。このような状況において、多くの者は足を止め、一歩後退してしまう。

たとえば会計士、プログラマー、弁護士、エンジニア、外科医、投資銀行家、一流アスリートなど、とくに高い専門技術を備えた人は、面子を失うようなことはできればしたくない。自分がだめだと思われることを極端に嫌う。

優秀にもかかわらず、気持ちよくいられる状況（コンフォートゾーン）から離れると、どうして強い不安を募らせるのだろう？

端的に言えば、自分のイメージを守ることがいちばん大事だからだ。

もうひとつ、「組織に受け入れられない」ということもある。たとえ経営幹部がリスクを冒して変革を試みようと思っても、会社に常に受け入れられるわけではない。その結果、幹部たちは人によって違うことを言うはめになる。各方面にいい顔をしたいからだ。

ある経営幹部が打ち明けてくれた。

「最初にリスクを冒して変革を試み、問題ないとわかれば、社長は『やってみろ』と言います」

だが、別の幹部役員は不満を口にする。

「現場では変革を支援すると何度も確認したのに、うまくいかないと変革を推進した者たちを遠ざけて孤立させ、罪をなすりつけます。彼らを行き場のない場所に追い込んで、『全部あいつらのせいだ』としてしまうのです」

人は自分のイメージを壊すことは代償が伴うと認識している。なので、これまでの自分を変えて、新しいことを試みるとなると二の足を踏む。

自分のイメージを壊さなければならないのなら、人間関係を犠牲にし、能力向上や新しいスキルの習得を図ることは避ける。

人事異動に費用をかけたくないという企業もある。

社員は高い生産性を発揮できるかもしれないのに、グローバルな経験や別の部署での挑戦の機会を与えず、ずっと同じ部署で短期的な利益を上げればいいと命じるのだ。

野心的な社員が新しい仕事にチャレンジしたいと強く言うことがあれば、上司との関係は悪くなり、昇進も期待できない。仕事が回されなくなる可能性もある。

■じっくり「能力」を伸ばして定着させる

賢く仕事をこなす人が新たな挑戦を試みようとしても、自分自身が最大の障害になり、結局「望ましくないことを無難にこなす」安全策に終始することになる。

仕事で結果を強く求める者は必要なスキルをすばやく習得し、すぐに高い評価と報酬を得ようとする。ゆえに、**何か新しいことを時間をかけてじっくり学ぶのはむずかしい。**

ある友人はゴルフを年3回プレイしただけで上達が望めないと思い、やめてしまった。ニューヨーク州ウエストチェスター郡の有名なゴルフクラブ、ウィンゲッドフットでプレイしたが、4番ホールでボールを拾い上げ、一緒にラウンドした友人たちにもうやめると伝えたのだ。自分の技術にもその日のプレイにもうんざりし、コースを離れ、友人たちに月曜日に会社で会おうとメモを残してゴルフ場を後にした。

もう一度図2・2を見てほしい。右上の「成長」に移動する道はまるで見えないから、そこにいたるために通らなければならない右下の「勇気と弱さ」に移動することは当然むずかしくなる。

とくに組織においては、何が先にあるかわからない状況が常だ。

たとえば、20年前に一流事務所に入社した弁護士。

当時は彼に仕事を依頼したいクライアントが何人もいた。自分から売り込む必要などない。待っていれば、依頼が押し寄せてきた。

だが、法曹界は変わった。一夜にして競争が激化したのだ。

今の弁護士は弁護士の仕事だけしていればよいわけではなく、自分から仕事を取りにいかねばならない。20年前にこの世界に入った弁護士の中には寒風吹きすさぶ中に置き去りにされたように思う者もいるだろう。

まさしく業界の法が変わり、仕事は別の場に移動したのだ。

「望ましいことを見事にこなす」ためにすべきことが認識できなければ、その下の「恰好悪くてもいいから望ましいことをする」アクションもイメージできない。これでは、何をすべきかわからないままだ。行動など起こせるはずもない。

勇気を出して「恰好悪くても望ましいこと」をする

業界で仕事を始めたばかりの人も、経営者として広く名を知られる人も同じだ。若いコンサルタントからCEOまで、ほとんどの人は新しく試みることに抵抗を感じる。恰好よくない、なんか変だ、自信がなさそうだと思われたくない……。

その結果、リスクをとって成長し、革新的なことを試みようとしない。これまでしてきたことにしがみつこうとする。

どんな経験を持ち、どんな地位にあろうと、結果を出したい、成功したいと望む者ほど、「恰好悪くてもいいから望ましいことをしよう」と往々にして思うことができない。

次の4つの質問に答えて、図2・2右下の「恰好悪くてもいいから望ましいことをする」を経て、その上の「望ましいことを見事にこなす」に自分はたどり着けるか、考えてみよう。

① 過去10年間に自分の行動あるいは仕事に大きな変更を加えたことがどれだけあるか？自分は愚かで恰好悪く思われてしまうかもしれない、少なくとも自分が何をしているか自信が持てない状況で、勇気を持って何かしようと思ったことはあるか？

② 仕事と人生でとったリスクをリストアップしたら、どれくらい挙げられるか？　過去5年、過去1年にはどれくらいあるか？

③ 仕事やキャリアにおいて大きな変化を考えたとき、どんな不安や心配があるか？　大きな変化を試みるとして、何をいちばんおそれるか？

④ 職場では自分はまったく正直で、裏表などないと思えるか？　上司に言いにくい事実を伝えた、部下に公明正大に対応した、自分のミスや認識不足があったとチームに一度でも認めたことがあるか？

多くの者はこうした質問に対し、不安で日常の行動を変えることができないと答える。自分も同じだと思うかもしれないが、心配する必要はない。**これが自分の行動を意識し、変化にいたる第一歩だからだ。**

図2・3を見てほしい。図2・2（75ページ）の上に、図2・1（72ページ）の「成長の逆三角形」が載っている。

「望ましくないことを無難にこなす」から、「恰好悪くてもいいから望ましいことをする」への移行は、不安から勇気に移ることにほかならない（図2・3の左上のスペースから右下のスペースへの移行）。

図2・3　成長の逆三角形と行動

図2・1と図2・2のモデルを統合・調整した。

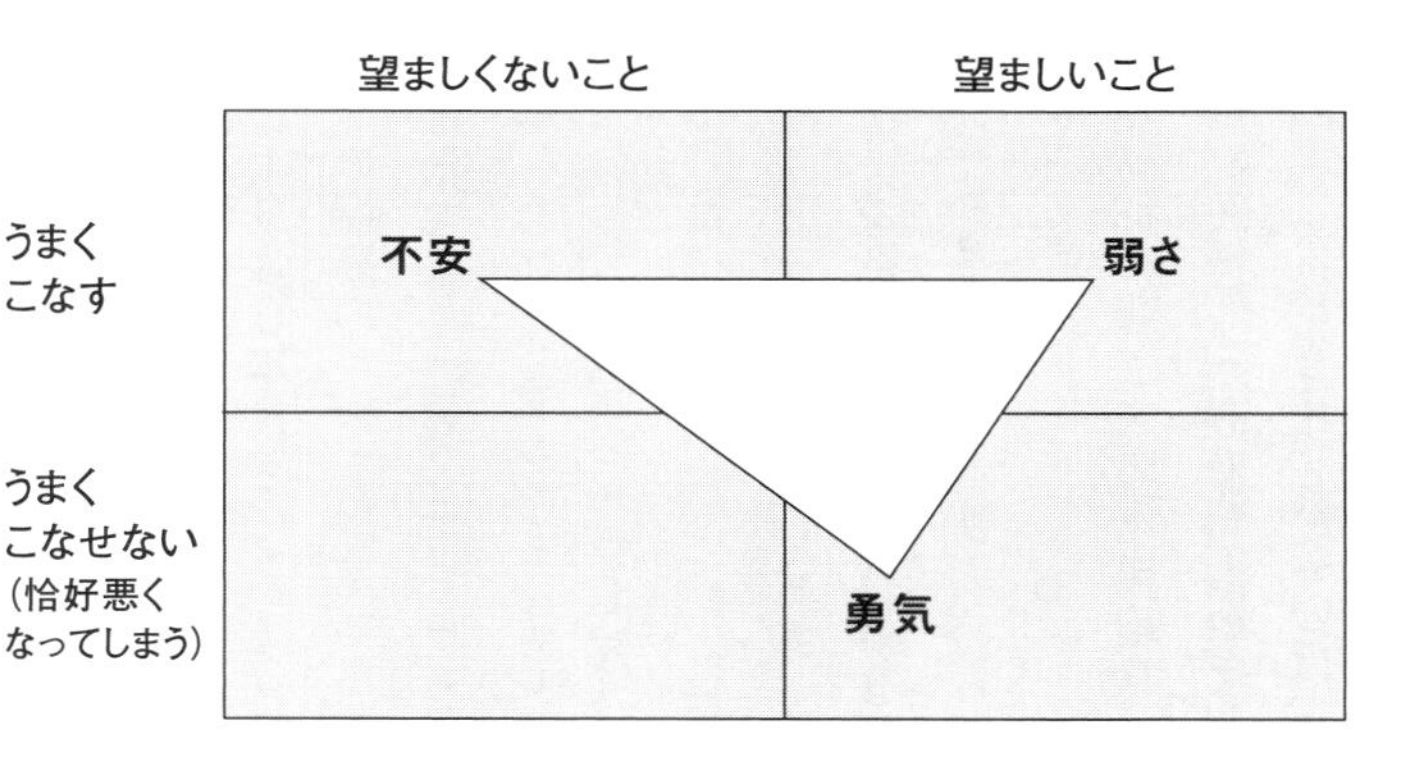

「不安」を押し殺してリスクを冒す勇気がなければ、右下の「恰好悪くてもいいから望ましいことをする」スペースにいたることはできない。

そこにたどり着いたら、今度は自分の弱さを認め、わからないものは「わからない」と正直に白状し、新しいスキルと知識の習得を心がけなければならない。

その結果として、「望ましいことを見事に行う」右上のスペースに昇華できる。

下手でも「踏み出した人」を、人は讃える

「自分は自分の弱さを受け入れることができる」と思ってほしい。

最後にそれができた人の勇気の出る話で本

章を終わりにしたい。

モーリス・チークス（1956～）は、フィラデルフィア・セブンティシクサーズなどで活躍した1980年代を代表するプロバスケットボール・プレイヤーだ。味方に最高のタイミングで最高のパスを出す名ポイントガードだった。

引退後は指導者に転身し、セブンティシクサーズのアシスタントコーチ（1994～2001）、ポートランド・トレイルブレイザーズのヘッドコーチ（2001～2005）、セブンティシクサーズのヘッドコーチ（2005～2008）などを歴任し、手腕をふるった。

だが、チークスの名を聞いて多くの人が思い浮かべるのは、トレイルブレイザーズのヘッドコーチを務めていた2003年4月25日のダラス・マーベリックスとの一戦の前、セレモニーで示した粋な行動だ。

トレイルブレイザーズの本拠地ローズ・ガーデン・アリーナでは、試合前にアメリカ国歌斉唱のセレモニーが執り行われようとしていた。

国歌斉唱の大役を任されたのは、地元オレゴンのコンテストで優勝した13歳のナタリー・ギルバート。

ところが、ギルバートは緊張のピークにあった。突然歌詞が出てこなくなってしまったのだ。歌えなくなり、涙ぐんでしまった。

会場は静まり返る。みんなどうしていいかわからない。誰も助けに行けない。

突然どこからともなくチークスが現れて、狼狽（ろうばい）したギルバートに近づく。そして、一緒に国歌を歌い始めた。

ギルバートはすぐに落ち着きを取り戻し、また歌い出した。本来の歌唱力を取り戻して、感情を込めて歌えるようになった。

チークスはギルバートの肩をたたいて励ましながら、傍らでずっと一緒に歌っていた。

ローズ・ガーデン・アリーナの観衆も大声で歌い出した。

カメラはダラス・マーベリックスのヘッドコーチ、ドン・ネルソンをとらえた。ネルソンも歌っている。

審判も歌っている。

観客はさらに大声で歌い出した。

アリーナ中のすべての人が、ギルバートが歌えるように励ましている。

目をぬぐう人もいる。

そしてチークスは歌いつづけた。

見事に歌い終えると、チークスはギルバートを抱きしめ、すぐに選手とスタッフの元に戻った。

チークスは、重圧を感じつつも右下の「恰好悪くてもいいから望ましいことをする」に移動する意味を教えてくれたのだ。

チークスはお世辞にも歌はうまくなかった。音程はメチャクチャだった。でも、それが問題だっただろうか？

チークスは歌がうまいかどうか、気にする人がいただろうか？

チークスは若いギルバートに向かって歩きながら、間違いなく不安につつまれていた。だが勇気を持って歌い出し、自分をさらけ出したのだ。

自分の弱さを乗り越えたのだ。

あの日ローズ・ガーデン・アリーナで彼が取った行動は、輝かしいバスケットボール選手、コーチとしての人生に、さらに大きな意味をもたらした。

もちろん状況は違うが、誰もがモーリス・チークスと同じことができる。

不安を乗り越えて、違う行動を取ることができるのだ。

勇気を出して、「恰好悪くてもいいから望ましいこと」をして、ついに「望ましいことを見事にこなす」境地に到達できる。

そしてこの移行を通じて、成長できるはずだ。

本章で紹介した図を見ればわかるように、成功にいたる道はまっすぐではない。予期しない方向に迂回（うかい）しなければならない。

だが、それによってさらに大きな仕事ができるし、人生の満足感が味わえるのだ。

Part 2

３つの大きな心配

クリアになれば行動できて力が出る

FLYING WITHOUT A NET

3章

目的
やり抜く「旗印」になる

2章の終わりに紹介したモーリス・チークスの話に強く触発されて、「自分も恰好悪くてもいいから望ましいことをしよう」と思ったかもしれない。しかし、ビジネスでそれを行うのはなかなかむずかしい。

困難な仕事を引き受ける、苦労すると最初からわかっているタスクに飛び込むとなると、頭でやろうと思っても、実際に行動にはなかなか移せない。不安が生じるからだ。

今の私たちが生きる時代は「不安の時代」とよく言われる。

この不安定な時代で誰もがストレスと緊張に苦しんでいる。結果を出したい、成功したいと望む者はとりわけ強いプレッシャーにさらされる。そして**プレッシャーを自分で呼び込んでしまっていることもよくある。**

仕事は不安定。

限られた時間で多くの仕事をするよう求められる。

出世競争も厳しい。

求められる仕事の水準が引き上げられている。

職場ではみんな驚くような速さで動いている。

意味のある仕事をする意識が高まっている。

職場で自分の仕事がなくなるように思えて、一層ストレスを感じる……。

何であれ、不安の度合いは現在の仕事環境において増しているのだ。


不安は感情の万力のように機能する。野心的に仕事を進める者のまわりを固めてしまい、変化の幅（「恰好悪くてもいいから望ましいこと」をする）が制限される。人に共感して、隠し事はしない。間違いを認めることができれば、仕事をスムーズに進められるし、満足も得られる……ある程度、頭ではわかっているかもしれない。

だが、不安に駆られると、自分の弱さを見せられなくなる。

これから見ていくように、状況によっては文字通りその場から動けなくなってしまうのだ。

プロフェッショナルが経験するあらゆる不安の中でも、「目的」に関連する不安や心配は上位にランクインする。

「目的」からどんなふうに不安が生じるかはっきりしなければ、目的が持つ力、そしてそれによってどんなことがもたらされるか、考える必要がある。

「目的」に引っ張ってもらう

1966年公開のシニカル・コメディ映画『アルフィー』の主題歌は、「それでどうなるんだい、アルフィー」(What's it all about, Alfie?)と歌い出される。これは自分の存在理由、存在意義をふと考える人たちのテーマソングでもあるかもしれない。

人が正常な行動ができなくなる大きな不安と心配に、次の3つが考えられる。

1 目的と方向性の欠如
2 孤立感——目をかけられていない、職場で疎外されていると感じる
3 無価値感——自分は重要でないと感じる(例「私は必要?」)

自分がどんな会社や組織にいて、どんな家族を持っているか、はたして自分以外の誰が気にするだろう？

自分が会社で目立つ存在かどうか、自分以外の誰が気にするだろう？

たしかに対人関係や組織において誰にも気にされないと、強い不安感を覚える。

それに、W・B・イェイツ［アイルランドの詩人・劇作家］の言葉を借りれば、「世界が秩序を喪失して／混沌たる状態に陥っている」[1]時代において、あてどなく漂流を続けるのはおそろしいことだ。

途方もない変化に直面したり、混乱に巻き込まれたりするようなことがあっても、誰もが自分は重要であると思いたい。

私たちは自分がどんな人物で、どんな状況で仕事をしているか、理解しておく必要がある。重要なのは、私たちは「自分のしている仕事」について知りたいということだ。

ヴィクトール・フランクル［オーストリアのユダヤ系精神科医］が第二次世界大戦直後に書いた『夜と霧』[2]という本がある。

フランクルの『夜と霧』は、地球上で何をして、どんな人物に、何になるべきか、読者に問いかける。

ここハーバード・ビジネススクールに入学した学生たちも、たびたび私のオフィスに相談しにやってくる。

同じようにMBA取得を目指す学生が900人はいると知って、自分は正しいキャリアを選択したのか、新しいキャリア・パスを見つけるべきではと悩んでいるのかもしれない。自分は履歴書にあるような人物ではないかもしれないと思っているようだ。

そんなふうに考えながら、自分やまわりの人との関係のほか、自分の家系や価値観、動機や必要性など、自分のベースとなる問題を自問する。[3]

そして、多くの者は自分にどんな才能があるか理解しようとする。仕事への意欲といったものも突き止めようとする。これによって自分がどんな仕事をするか導かれ、決定されるのだからたしかに重要だ。[4]

なぜ才能や仕事への意欲を知りたいかといえば、彼らはまだ仕事の経験が十分でなく、自分は正しいキャリア選択をし、正しい方向に向かっていると確信したいからだ。

そして、すべて「目的」につながっている。彼らMBA候補生は仕事の中に、仕事を通じて何か重要な意味を見出したいと考えている。

多くの者にとって、重要な意味は「ステータス」ということになる。端的に言えば、名のある企業で働くか、尊敬される職業に就くか、評価が得られる仕事をしたいということだ。

ある学生は、「『ディズニーで働いている』と言えたらうれしいです。だって『幸せをもたらすことを大事にする場所で働いているなんてすごいじゃん』ってみんなに言ってもらえますから」と話してくれた。

「P&Gの社員になりたいです。P&Gは世界的に有名な企業ですから」と話す学生もいた。

口にすればすごいと言ってもらえる。これが強力なブランドイメージを備えた企業の強みだ。

同じように、学生たちはハーバードのMBAプログラムで学んでいることをよく謙遜して口にするが、たしかに本校の学生であることを誇りに思っている。

だが、私たちが自分自身をどうとらえるかは、仕事や組織から得られるステータスを超えた問題だ。非常に深い心理問題が、自身のイメージ形成に影を落としている。

私たちのアイデンティティは、私たちが自分自身のことをどう語るかで決まる。これは強調しておきたい。

重要なのは、本当の自分について語る必要はなく、自分自身が人生で行っていること(personal journey)を自分に向けて話せばいい、ということだ。

たとえば仕事でひどい思いをしたとして、「自分は失敗した。けれど、困難な状況で知識を学び取れる経験ができたので、大事な出来事だった」と思えるだろうか?

目的を追求しながら、私たちは経験を積み、自分自身を形成する。

自分たちの物語を書き換えて実際とは違うものにしたり、自己妄想に彩られたものにしたりしてはいけない。

そうではなく、自分が経験したことを見つめ直し、そこから自分はこんなふうに学び、成長し、発展したんだと物語を語ろうとする。

過去にとらわれるのではなく、過去は活用できるのだ。

■つねに目標が「ある状態」にする

私たちの多くは、不安に彩られた形で自分の物語を語る。

方向性と目的を明確にできないと、不安も高まる。仕事を始めたばかりの人にも、CEOにもあてはまる。年齢を経て一定の成長を遂げればこの不安に悩まされないと思うかもしれないが、そうではない。

たとえば、ハーバードMBAプログラムで学ぶ若者たちは学歴エリートに違いないが、話を聞いて思うのは、彼らのかなり多くが大きな不安を抱えているということだ。

彼ら20代のMBA候補生に共通するのは、人生でどんな仕事をすべきか明確にイメージできない自分をあまりよく思っていないということ。

ファンという27歳の学生から面談を求める連絡をもらった。人生と進むべき道について、私のアドバイスがほしいという。

オフィスに来て、フアンは言った。

「デロング教授、教授はご自分の仕事に大変な情熱を持って取り組んでいるとお見受けします。ご自身のキャリアに満足していると思います。僕も先生のように心から満足できるキャリアを歩みたいです。今はMBA取得に向けて勉強していますが、何をしたらいいかまるでわかりません。自分がどんな道に進み、何をすべきかはっきりイメージできるには、どうしたらいいですか？」

「46歳になるまで、自分の才能と今の仕事が自分の目的にかなっていて、すべて完全につながっているとわからなかったよ」と私は答えた。

だがそこでわかったのは、フアンはまだ自分の道が見つけられないことをずっと不甲斐なく思っているということだった。若く野心も意欲も非常に強いから、自分が何をすべきか、早く目標を探し出したいと願っていた。


人間は目標を追い求めるし、成功したいと思う者は野心的な目標の実現に駆り立てられる。

フアンのようにこれから仕事を始めようとしている人も、すでにキャリアを積み重ねている人も、しっかり目的を持って活動できれば、最大の成長を遂げることができる。

どこに向かえばいいのか？

なぜその方向に進む必要があるのか？

一体どうしてこんなことをしているのか？

こうしたことがわからなければ、いつか自信を喪失してしまう。自分の人生に、疑問を抱いてしまいかねない。

あるいは72ページの図2・1「成長の逆三角形」に示したように、増大する不安に飲み込まれてしまう。

■ただ忙しければいい？

自分を雇ってくれたCEOが辞任したことで、サンジェイは名誉ある仕事から退くことにした。初めて大きな仕事を与えられたが、それは引き受けず、時間を置いて考えることにした。

自分は大学で教えたいのか？　コンサルタントの仕事をしたいのか？　退職前に、何か別の大きな仕事をしたいのか？

数か月過ぎたが、自分が次にすべきことが見つかるか不安になった。

どこかの会社に中途採用で受け入れてもらえるかどうかも心配になった。

そのサンジェイからある晩、電話を受けた。

「人生や仕事や家族について長く考えていると、一層不安が募ります。どんな仕事でもすればいいいじゃないかと思うんです。そうすれば、『僕の人生の本当の目的は何だろう?』と考えずにすみます。

ただ忙しくしていればいいのであって、そういったことは考える必要はないのでしょうか?

……やっぱり人生にも仕事にも目的が必要だと思います。目的がなければ、不安や心配は乗り越えられません」

誰もがそうだが、次の仕事を探しているときに限らず、定職に就いていても、自分はこの方向に進んでいていいのか不安になる。会社に雇用されているからといって、不安が解消されるわけではない。高給を受けて一流企業に勤務する人も、目的意識を失ってしまい、不安に苛まれている。

ジョン・J・ガバロ〔54ページ注参照〕はロバート・J・リーズとともに著した『When Professionals Have to Lead(リーダーの役割を果たすとき)』(未邦訳)で、金融サービス、コンサルティング、医学、大学教育、会計などの分野で仕事をする人たちのガイドとなるリーダーシップのあり方について説明した。[5]

このリーダーシップ・モデルにおいて、リーダーが最初に果たすべきは、組織で働く人たちの「方向性」を示すことだ。

彼らは見取り図を求めている。だが、目の前の仕事に集中しているので、信頼できる人たちの指示を受けて、大きな視点で自分の仕事をとらえる必要がある。

よくあることだが、仕事熱心な人が本社から異動になったりするときは、「離れても自分は本社の仲間とつながっている」「彼らと常に一緒にある」と感じてもらうことが必要だ。それによって目的を見出し、不安を抑えることができる。

自分の仕事が大きな目的に関連していると感じているか、考えてみよう。組織で働いている人は、次の①~③の問いに答えてほしい。

① 自分の仕事が「どれほど重要か」理解しているか?

② 自分に与えられた仕事が「組織の大きな目標」にどのようにつながっているか、上司ははっきり示しているか?

③ 自分は「仕事をこなしている」だけだと思うか? それとも、自分がしていることは「全体に不可欠なもの」だと思えるか?

リーダーや経営者は次の④~⑥にも答えてみてほしい。

④お金のためだけに働いている？　自分のしていることが大きな意味を持っていると信じているか？
⑤自分の努力がほかの人に仕事をもたらすと知って、満足できるか？
⑥経営する会社や組織に大きな貢献をしていると感じるか？　自分の知識とスキルを、個人としてだけでなく、組織の成功に間違いなく利用できているか？

目的が「並外れたこと」を可能にする

明確な目的意識を備えていれば、不安で達成が妨げられることは普通ない。困難や挫折があっても、野心的な目標を達成した人たちは歴史において枚挙に遑(いとま)がない。

チャールズ・オライリーとマイケル・タッシュマン［両者とも経営学者。組織におけるリーダーシップ論を説く］は、**人は目的を持って方向性を定めることで、並外れたことができる**と断言する。[6]

27年刑務所に入れられていても、国をアパルトヘイトから救い出すことができる。

冬のさなかにアメリカの平原を幌(ほろ)馬車で突き進みながら、神を崇拝しつづけることができる。

世界で初めて月に人を立たせる国になれる。

国を分断していた壁を壊すこともできる。

よって、結果を出したいと強く思う者は、しっかり目的意識を持つことで、不安を乗り越えて道を切り開き、野心的な目標に向かって突き進むことができる。


だが、目的を遂げることが現代人にはむずかしいものになりつつあるのもまた事実だ。

1つには、所属する組織が常に効果的に機能しているわけではない「チームの問題」がある。社員一人ひとりの方向性や、会社としての大きな目標を必ずしも明確に示せていない。社員一人ひとりが意味のある、満足の得られる仕事を見つけるサポートを十分に施すことができていない。

もうひとつ、これまでとは仕事の性質が変わり、人々が「自分が掲げる目的はこれでよいのか」と疑問に思い、どうしたらいいかわからなくなっている「自己目的への疑念」がある。


たとえば、かつて専門知識によって法務関係の仕事を進めていればよかった弁護士が、今はクライアントを取って来いと言われる。

自分の仕事を愛していた女性医師が、今は収益を重視する行政機関や保険会社を相手にしなければならない。

加えて、目的は時間とともに変化し、満足の基準も変わる。

経営のトップに昇りつめようと猛烈に仕事をしてきた幹部が、今は出世以外の生きがいを見つけようとしている。

■目的の「有無」と向き合う

自分がしてきたことに満足できなかった、目的を達成できなくてがっかりしたという思いを封じ込めたことはないだろうか？

今いる業界や会社で（今思うと）間違った仕事や変化を受け入れてしまったと後悔することはあるかもしれないが、「自分はどうして今この仕事をしているのか？」と心から考えてみたことはあるだろうか？

おそらくないだろう。

私たちは目の前の仕事を日々こなすのが精いっぱいで、「目的は何か」という大事な問題を考えることができない。

どうして私たちは忙しく仕事を遂行しようとするのか？

そうすれば自分の気持ちを確認するようなむずかしい問題に直面せずにすむからか？

だが、「目的は何か」という大きな問題を、私たちは心の奥底で常に考えている。じつは結果を出したい、成功したいと思っている人がとくにそうだ。

誰もが自分は重要な仕事をしていると思いたい。

自分は人と違うことをしていると信じている。

ただ「仕事をしている」と感じるだけなら、いかにうまくできているか気にする必要はないはずだ。

だが、目的を持たずに仕事を続けていれば、いつか不安に忍び込まれる。その不安のせいで目指す達成感と満足感を得られなくなるわけではないが、むずかしくしてしまう。不安を感じるようなら、あなたは目的を持たずに仕事に臨んでいるかもしれない。

目的を欠いてしまうかもしれない原因を整理すると、次の4つに分類できる。

①「組織」がうまくいっていない
②「仕事環境」が変化した
③個人的に「求めること」が変わった
④「自覚」の欠如

どれが自分にあてはまるか見てみよう。そして、それに対して何ができるか考えてみよう。

組織の「言行不一致」性——目的意識を保つには？

多くの組織は、社員やスタッフに方向性と目的意識を持って仕事に臨んでほしいと願うが、さまざまな障害がそれを困難なものにする。

会社で働く者には、どれだけ自分の仕事が重要か、その根拠とともに頻繁に伝えられるかもしれない。だが、目の前の締め切りが厳しかったり、問題が随時発生したりすると、なかなか行動に移せない。

CEOは、各社員がそれぞれ重要な役割を果たしていると知る必要があると考えるかもしれない。だが、組織が社員のこの行為を評価することはない。よって幹部も部下が目的を見出す手助けをしようとは思わない。

このように経営陣の意思と行動が一致していないことで、社員はどうして自分は働くのか（それもどうしてそんなに一生懸命働くのか）、よくわからなくなってしまう。

クリス・アージリスは、どうして経営者たちの中には言っていることとやっていることが違う人がいるのか、その理由を研究した[7]。

問題を明らかにするにあたって、アージリスは自身の経験を思い出している。

第二次世界大戦中、彼はシカゴの造船所の、とある部署の部長を務めていた。

ブルックリンの軍需工場に戻るにあたり、造船所の労働者たちが送別会を開いてくれた。

数年後、ミシガン湖畔を訪れた際に以前の部下たちに会いに行き、自分は部長としてどうだったか、たずねた。すると、部下たちは堰(せき)を切ったように、アージリスに次々と言葉をぶつけた。

あなたはひどかった。最低の部長だった。

では、なぜチームを離れる際、送別会を開いてくれたのか、アージリスはたずねた。

彼らはほぼ同時に答えた。

あなたがいなくなるのがうれしかったからだよ。祝賀会みたいなものだった。

アージリスは、組織とリーダーによる壊滅行為の典型例を長年研究、収集してきた。

アージリスによると、破綻する組織とそのリーダーには、信奉理論（組織が目標に掲げることがそのまま組織の目標となる理論［建前］）と実践理論（組織内で何を行い、どのように処理するか、組織の者たちをどのように扱うかの理論［本音］）が染みついている。

造船所の元部下たちが指摘するには、アージリスはそれぞれの作業プロセスをオープンに話し合うつもりがあると話していたが、まったくそんなことはしなかった。新しいアイデアを歓迎するとも言ったが、それもなかった。

言ったことと違うことをすれば、部下に苦しみを与える。こうだと期待していたのに、実際は違う結果を与えられるのだから。

言っていることとやっていることの違いが大きくなると、相手の痛みも不満も怒りも増す。

職場でも上の人たちの言っていることとしていることが違うと感じることはないだろうか。もしあるなら、社長やほかの役員にあなたは会社にとって重要だと言われても、「それにふさわしい扱いを受けていない、だから信用できない」となるだろう。

たとえば、「アイデアを創出し、部署を超えてチームを引っ張ってくれる君の手腕を大いに買っている」と言われたが、ほかのスタッフはほかの仕事を評価されて昇進や昇給を手にしている。

こんな扱いを受けているのに、チームを維持、発展させるために、どうしてこれほど猛烈に働くのか。

自分の仕事は価値あることか？

「弊社にはこんなチームもあります」と言いたい会社に、うまく利用されているだけでは？

このように組織がうまくいっていないことで自分の目的を見出せないとき、あなたは次の2つをしてしまっているかもしれない。

1　言われたことが信じられず、冷ややかな態度を取る

上司に仕事を与えられ、この仕事が社にとっていかに大事か言われても、そうと思えないことが多くなる。

上が新しいプロジェクトを立ち上げるときは、何か別の計画を進行しているとまわりに触れまわる。

2　自分が何者か、よくわからなくなる

組織において、もはや自分の存在意義がよくわからなくなる。

自分の役割は何で、自分がいかにチームに貢献し、社に利益をもたらしているかよくわからない。

自分は自分をどう感じているか、組織は自分をどう見ているか、この2つに大きな隔たりを感じることも。

■ 相談・参加・環境を使う

こうした状況で、明確な目的意識を取り戻す方法がいくつかある。

まず、仕事を整理してみよう。自分がすべきことと、仕事の進め方をはっきりイメージしてみよう。ひとりでもできるかもしれないし、場合によっては上司に相談してもいいだろう。

自分の目的を強く意識するため、時に新たな責任を負ってみてもいい。部門を超えて別のチームに参加したり、目的意識が感じられる部署に出向いて援助したりしてみよう。

ときには劇的な変化を起こすことも必要かもしれない。ほかの部署に移籍したり、仕事を変えたり、大学に戻ったり、まるで違う仕事を始めたりすることも考えられる。

「前と同じ」が通用しない
——時が経つなか目的意識を保つには？

就職したとき、役職に就いたとき、あるいは自分で会社を興したとき、どれほど興奮したか思い出してほしい。

あのときは目的が明確だった。働く理由がわかっていたし、自分がすることに大きな満足を得ていた。自分が何をしているか、なぜそれをしているのか、どこに向かっているのか、わかっていた。

非常にはっきりした目標があった。

だが、状況は変わった。

こちらから売り込む必要のなかった1980年代、ボブは法律事務所に就職した。仕事は放っておいても飛び込んできた。

だが、社内の法務部で法律業務を処理する企業が増えたことで競争が激化。

ボブはクライアント開拓については何もわからず、時代に取り残されていると強く感じた。上級幹部には厳しく責め立てられ、否定的なフィードバックを突きつけられる。そのたび、自分はこの仕事に向いていないのではと感じた。

ひとつ言えるのは、ボブはクライアントの開拓方法を知らなかった。

ボブが目標にしてきたのは、法律の幅広い専門知識を最大限活用することだ。これをずっと行ってきたし、自分も満足できたし、クライアントにも喜んでもらえた。

だがここに来て、社内で求められる基準が一気に上がったように感じた。今は頼りになるパートナーではなく、まるで仕事ができないやつと見なされている。若い社員の何人かには給料に見合わないお荷物と見なされている。実際彼らは自分より報酬は少ないが、ずっといい仕事をしている。

自分は会社の目標達成に貢献できていないと日々感じるようになった。

■周囲の変化を「合図」にする

ボブの勤める法律事務所は間違いなくこの状況をうまく処理できたはずだ。ボブの法律の知識は重要だから、専門知識を備えたボブは事務所になくてはならない存在だと明確にする。そうすれば、彼に時代にあった新しい役割を、腰を据えて考えてもらうことができたはずだ。

残念なことに、組織の幹部は社員の仕事の目的に価値を見出せなくなることがよくある。

よって、自分の目的がはっきりしないということになったら、自分で対処しなければならない。**業界や会社に変化があれば、自身の認識も変えるときと受け止めるのだ。**

ボブのような人は、自分ではどうすることもできない出来事によって直面する問題が生じたと気づく必要があった。だが、それをすぐに認識するのはむずかしい。

その代わりに、自分がかつての価値を失ったと思い、不安になる。この不安によって自分の殻に閉じこもり、「望ましくないことを無難にこなす」に終始してしまう。

次の4つの質問に答えて、どんな出来事が自分の価値を失わせたと感じるのか、考えてみてほしい。

①業界のどんな「トレンド」で、会社や顧客に対する自分の価値が変わってきているか？
②組織内のどんな「変化」によって、自分は以前よりも効率や生産性が落ちたか？
③過去10年間がキャリアのピークだったとして、どんな「スキル」や「知識」によって有力な社員となれたか？　そのスキルや知識が、組織内外の出来事によって価値が減じたということはないか？
④「組織が向かう方向」に自分は向かっていないと感じるか？

ボブの勤める会社は何か違うことをしただろうか？

ボブは何か違うことをしただろうか？

この2つの疑問については、後の章で論じる。だが、今は「ボブの勤める会社が社としての新しい方向性を明確にできなかった」、そして「現在の拡大しつつある法律業務において、ボブに居場所を明示できなかった」問題を考えてみよう。

会社はボブに必要な指導を与えたり、スキル開発を提案したりすることはなかった。会話を重ねて、変わりゆく会社でのボブの役割を理解してもらおうとしなかった。

ボブは自分の仕事がなくなるのではないかと不安にとらわれていた。自分より若い弁護士の態度を気に病み、その結果これまでの自分の仕事の仕方に余計に固執し、「恰好悪くてもいいから望ましいことをする」ゾーンにいたれなかったのだ。

目的を「適切」に切り替える

たしかにあなたは変わった。

最初はコンサルティング会社でバリバリ働いて出世したいと思っていたかもしれないが、今は自分がやるべきことを充実させたいと思っている。

あるいは若い頃は自分の仕事を通じて世界に変化をもたらしたいと思っていたかもしれない。今は歳を取り、養うべき家族もいる。収入を多く得たいし、仕事も安定させたいと、目的がまるで変わったのだ。

変化はドラマチックでもなければ、思ったほど重要なものでもないかもしれない。

これまで働いてきて、今は個人的な成功より、部下の育成に大きな満足を見出すかもしれない。

長期的なプロジェクトや実現してみたい目標も出てきたかもしれない。

転職したり、人生の大きな出来事（子どもが生まれた、身近な人がなくなった、離婚等々）を経験したりして、目的に変化が生じたかもしれない。

目的が変われば、その変わり方の大小を問わず、不安に苛まれることがある。だが、その状況に置かれても、人生の変化によってこれまでと違う目的を設定しなければならないとは認識できないかもしれない。

それをせず、今の仕事に一層不満を感じたり、自分がしていることに一層不安を強めたりしてしまう。

これまでと違う目的を設定しなければいけないと認識できないから、仕事をするうえで自分に何が欠けているのか、人に相談することもできない。

新たに設定する目的を実現するには別の部署に移籍したり、転職したりする必要があるかもしれないが、その必要性も認識できない。

■ **仕事の「感覚」を確かめる**

個人的な変化によって目的を変えるべきだろうか？

次の３つの質問に答えてみてほしい。

① 5年前または10年前と、「現在仕事で成し遂げたいと思うこと」に、変化が見られるだろうか？

② 「仕事で楽しんでいること」（スキルや知識を適所で使ってみることなど）が明らかに、あるいは微妙に変化したということはあるか？

③昔と今で、「自分の仕事について語ること」に変化がある？　私生活や仕事上の興味や状況が変わり、もはや同じように仕事はできない？

自分を「没頭できる状況」で囲む

明確な目的が持てず、日々の仕事に支障をきたしている。

不安に満ちた日を過ごしている。

75ページの図2・2の左側（望ましくないことをする）から右側（望ましいことをする）に移動できない。

そういうことがあれば、行動を起こさないといけない。

自分がそんな状態にあると認識することが最初の大きな一歩だ。そこにいたるうえで、これまで私が書いてきたことも役に立つはずだ。

さらに次の2つの選択肢を考えてほしい。それによって不安を乗り越え、目的を持って変化、成長が遂げられるはずだ。

①自分の仕事に打ち込む【没頭の追求】

②曖昧にせず、率直に話す【曖昧さからの脱出】

①自分の仕事に打ち込む【没頭の追求】

結果を出したい、成功したいと願う者が仕事を放り出してしまう、熱心にかかわることをやめてしまうことはよくある。

彼らはできる仕事は完璧にこなすが、進んでリスクを受け入れ、新たなものに挑戦し、生産性を最大限上げようという気概は感じられない。

自分の仕事に打ち込むには、「仕事の仕方」や「場所」を変えて調整する必要があるかもしれない。

上司に包み隠さず率直に相談することが必要だ。自分に欠けていると思うことを話してみよう。上司がヒントを与えてくれるかもしれない。

自分の役割とそれが組織でどんな力を発揮できるか、明らかにする必要もあるだろう。自分の能力を最大限発揮できると思える新たな仕事を与えてもらうことも大切だ。

真逆と言えるかもしれないが、仕事に完全に打ち込んでいると感じるために、社内外の異動を求める必要もあるかもしれない。

何もしなくてもいいというわけではないのだ。放っておいても起こるわけではない。責

任を持って自分で調整しなければならない。それによってふたたび目的を持って仕事に集中して取り組める可能性が生まれる。組織がそれをしてくれるわけではない。

目的のある仕事を見つけるには時間と労力がかかるが、試みる価値は十分ある。

さまざまな調査によると、組織に積極的に尽力し、組織の方向性を支持しようとする人は仕事もよくできる。仕事で最高の結果が出せる人は、たしかに組織と非常に強くつながっている。

また、組織に対して熱心に働くだけでなく、目的を持って組織とかかわろうとすることで、リスクをおそれず、状況に応じた行動が取れるし、「恰好悪くてもいいから望ましいことをしよう」と思える。

こういった人ほど、新しいスキルと広い知識を身につけるために、自分の弱さを一時的に見せるのは意味があると認識している。

このような姿勢で組織とかかわり、結果を強く出したいと思う数名に話を聞くことができた。組織に積極的にかかわろうとする考えが、次のコメントに表れている。

「これまで仕事をたくさんしてきましたし、上司も大勢いました。社外の人や他社のために仕事をしていた時期もあります。

でも、ここで経験しているようなことは一度も経験したことがありません。

経営幹部も社員も明確な目的を共有しています。私がどう時間を過ごし、いかに同僚と協力し、どのように上司からフィードバックを得られるかわかります。幹部たちが組織内外の人たちとどう接しているかも知ることができます。

こんなことは誰にも言ったことはないですが、ここで働けるのなら給料は安くてもいいです。

時々、夜遅くまで同僚とプロジェクトに取り組んでいます。家族と一緒にいる時間も少なくなっています。暑く、換気の悪い部屋で、冷えた中華料理を食べることもあります。そんなとき、気づけばひとりでこんなことを言っているんです。

『こんなに夜遅くなっても、この会社でこの人たちと一緒にクライアントのために働けてうれしい。おかしいかもしれないけど、ほんとにそう思う』」

こんなに何かに入れ込んだことがあるだろうか？

ここまで尽くす必要はない。ただ、自分が行っている仕事と職場に、揺るぎない信念を持たなければならない。

仕事に完全に打ち込めているかどうか、具体的に次の基準で考えてみよう。

□「職場の価値観」が自分の価値観と一致していると感じられる

□「幹部同士の連携」が取れていると感じられる
□日々の仕事が「自分の望むキャリアの方向」に導いてくれていると、時に感じられる
□信念を持って仕事に取り組んでいる。この仕事が「天職」のように感じる
□自分の「スキル」と「知識」が効果的に発揮できている感覚がある
□「仕事への期待」と「現実」が乖離(かいり)していない

②率直に話す　**【曖昧さからの脱出】**

第二次世界大戦中、ウィンストン・チャーチルは、連合軍の将校たちに送る機密作戦文書をまとめていた。

チャーチルが記した文書の1枚に、「縁にご注意」(Watch the borders)とあった。これはよくある言い回しで、タイピストに対して、「用紙に余白がほとんどないから注意せよ」と伝える文言だ。

だが、将校はその一文を目にし、これは敵軍の侵入を阻止すべく、イングランド南東部のイギリス国境を監視せよ、との命令だと思い込んだ。

幸いなことに、これでイギリス国境への侵入はなくなった。チャーチルと将校とタイピストのあいだに生じた誤解のために、数千人の兵士が命を落とさずにすんだのだ。

一方、結果を出したいと強く思う者は、事を曖昧にせず、明確にしないと気がすまない。上司や顧客やほかの人たちにはっきり言ってもらわないと、不安が募ってくるのだ。

上司に企画を提出し、それについてどう思ったかたずねると、向こうはうなずくだけ。ダメだと思っているのだろうか？

がっかりさせたくないから、何も言わないのだろうか？

「一応受け取るが、期待していたものより、はるかによくなかった」ということか？

曖昧な反応を突きつけられると、たちまち最悪の事態を想定する。曖昧な反応が繰り返し突きつけられると、否定的な思いにとらわれ、どんどん悪いシナリオを書き上げてしまうのだ。

もはや自分の居場所はない。自分が求められる時代は終わった、今はまるで使いものにならないと思われている……。

曖昧な態度を突きつけられることで、不安をどこまでも成長させる肥沃な原野に飛び出してしまう。

顧客にも、上司や役員にも、頼めば自分に明確に話してもらえると期待していい。だが、実際にそれを求める者は多くない。

聞きたくないことを聞かされるのをおそれて、はっきり説明してもらうことを望まないのだ。向こうはあのときうなずいたが、それはまぎれもなく失望の意思表示だったと、わざわざ知りたくない。

だが、曖昧にされて不安になるなら、真実を聞かされたほうが絶対にいい。曖昧な状況に置かれた人は、自分がまさに曖昧な状況にいると気づいていない。事実が明らかになったほうが安心できるはずだ。

たとえ否定的なフィードバックであっても、それで自分が今どこにいて何に取り組む必要があるかはっきりすれば、すべて前向きに受け止められる。

■「曖昧」を一つひとつつぶしていく

私は教師として知らぬ間にこの間違いを犯してしまった。その場でもっとはっきり気づいていれば、相手に不安や不満を感じさせることはなかったと、今は思う。

ある日、MBAの授業を終えて教室を出ていこうとした。学生の前を足早に通り過ぎ、次の授業に備えようとしていた。

今の授業はよかった。うれしいことに学生たちもよく発言してくれた。

教室から急いで出ようとすると、ひとりの学生が私を見上げて声をかけた。

「デロング教授、授業もディスカッションも本当にすばらしかったです」

一瞬立ち止まってその学生を見つめた。少しぽかんとした表情を向けていたかもしれない。

そして何も言えず、すぐに教室の外に出てしまった。次の授業にも90人の受講生が参加するが、あと10分しかない。その前に健康問題を抱える学生とも話さないといけない。さらにその授業には国外から保護者が何人か参加する予定だ……。

あの日、言葉を寄せてくれた彼に対して、どんな思いや感情を抱いたか？　どうして彼に何も言わなかったのか、自分でもわからない。

当の学生（ブルースとしておく）は、それから5日後に私の研究室に行くから話を聞いてほしいと言ってきた。

ブルースはあの授業のあと、ひとコマも授業に出ていなかった。

研究室に来てもらうと、本題に入る前に、まずは世間話をしようとした。

だが、ブルースは口を開くなり、自分は授業でうまくやれているか、授業での発言はどうか、と私にたずねた。

君は今のところうまくやれている、と私は答えた。

そこでブルースは、「自分は教授に不快なことを言ったとか、怒らせるようなことをしたでしょうか」とたずねた。

どうしてそんなことを聞くのだろうと思った。

そこでブルースは5日前のあの授業のあとの出来事を語り出した。私が出て行ったあと、どうやら彼は何か問題があることを私に言ってしまったに違いないと思っていたのだ。

教授は自分の話を聞いてくれない、教授は自分が非常に偉いと考えていて（ブルースはこの日の面談の後半でようやく話してくれた）、自分の質問に答える必要などない、とどうやら思い込んでいたようだ。

ブルースはそれからあの日の発言について言及した。私がその言い方を不愉快に感じたと思い込んでいた。

さらにこれまでの授業での自分の発言も振り返り、自分は好ましい発言ができているか知ろうとした。私への質問は、常に後ろ向きだった。心配なあまり、授業であまり発言しない学生よりもずっと自分は評価が低いのではと思い込んでいたのだ（ブルースは授業でよく発言するし、優秀な学生だ）。

私の研究室で言葉を口にしたとき、ブルースは完全に不安にとらわれていた。

たしかに私はあの状況で違う対処をすべきだった。

「申し訳ない、急いで次の授業に行かなければならず、今は話ができない」とブルースに言うべきだった。

まずはそれを認めて謝罪した。そのうえで、君は私の反応を否定的に解釈しているとブルースに言い添えた。誤解しているよ、と。

あのとき私は次の授業に急いで行かねばならず、その前に学生の話を聞くことになっていて、ほかのことは考えられなかったと彼に伝えた。

ブルースはすべてを知ると、驚きを隠せない様子だった。

30歳のとき、ポートランドのメモリアル・コロシアムで、父とバスケットボールの試合を観ていた。

ポートランド・トレイルブレイザーズとヒューストン・ロケッツの一戦を観戦しながら、父に5人の子を育てながら仕事をするのはどうだったか、ふとたずねてみた。

「父さん、僕が大学に入るまでの10年間はすごく暗かったと思うけど、どうして？」

たしかそんなふうに聞いたと思う。

父は一体何を言っているのかと、私にたずねた。

私は言った。

「その頃、父さんは仕事から帰ると、夕食の席ですごく静かだった。大体いつも家族と一緒にいたけど、みんな自分たちは何かまずいことをしたか、問題を起こしたかと心配になったよ。夕食を食べ終えると、父さんはソファで新聞を読みながら寝てしまった。父さんは子どもたちみんなのことをいつも怒ってるんだと思っていた」

父は答えてくれた。

「もう本当のことを言わないといけないな。父さんは当時、仕事がうまくいってなかったんだ。たしかにおまえたち5人と十分に時間を過ごせなかった。でも、父さんはいつだっておまえたちの成長を見るのがうれしかった。大きくなるおまえたちがほかの子と同じように悩みを抱えていたこともわかっていたけど、おまえたちを怒っていたなんてことはない。それは違うよ」

私たちには曖昧なコミュニケーションを読み違える反射神経のようなものがある。防ぐには、次の方法で問題を明確にするのがよい。

□「わからない」とはっきり伝える。曖昧な態度や言い方をした人に、「うなずき」や「どちらとも取れる言い方」の真意がわからないと伝える

「申し訳ありませんが、何を言おうとしているのかわかりません……」とはっきり言うこと

□はっきり「不安である」と伝える。曖昧な言い方をされて、ちゃんと理解できているのか心配なら、そのままにしておかないこと。遠回しに言うのではなく、はっきりと伝えよう。

「それは私がよくないということですか？」

往々にしてこちらの心配は取り越し苦労で、相手に本当のことを言ってもらえれば、不安が和らぐ

「確認」で進む・戻す・引き返す

「当事者として全面的にかかわり、まわりと率直に話し合う」ことで、目的を持って仕事に励むことができる。

図2・2（75ページ）、図2・3（85ページ）に4つのスペースがあった。1つのスペースから別のスペースに移動する、すなわち「望ましくないことを無難にこなす」から「恰好悪くてもいいから望ましいことをする」段階に、さらには「望ましいことを見事にこなす」にいたるには、「当事者として全面的にかかわり、率直に話す」のが不可欠だ。

そして、目的こそが、この旅に必要な移動手段であり、乗り物だ。

荒れた道に入り込んでも、目的があればそこを抜け出す動力と道筋が得られる。**新しいことに挑戦し、仕事のやり方を見直さなければならないときも、目的がはっきりしていれば、4つのスペースを望ましい形で移行できる。**

すでに見てきたように、結果を出したい、成功したいと強く望む者の多くは、ある段階

でつまずいてしまう。これも、自分の目的を明確にすることで、防ぐことができる。マンネリ化からも抜け出せる。

成功したいと強く思う者は、自分のキャリアがほかの人に比べてどうか、自分の仕事は公平に評価されているか、自分はキャリアの目標にどれだけ近づいているか、あれこれ考える。しかし、自分の目的についてあまり深く考えることはほとんどない。目的を見つけるのはとてもむずかしいし、今すぐ達成に動き出せるものではないと考える者もいる。

だが、あなたには自分の目的は何か、折にふれて考えてほしい。仕事を始めたときに何を目指したか、今の目的は何か、将来どんなことをしたいか、考えてみよう。

あなたの目的が「世界を変えたい」といった壮大なものでなくてもいい（大きなものでももちろん構わない）。

目的は無数で、形もとらえ方もさまざまだ。

大手の企業で目覚ましい活躍をしたいということかもしれない。

まわりの人やチームを成長させるリーダーになりたいと思うかもしれない。

自分は評価されている、大きな仕事ではないかもしれないが自分も貢献していると感じたいということかもしれない。

何であれ、自分の目的は何かよく考えてみてほしいし、それに近づこうという気持ちを持ってほしい。

それによってあなたは前進しつづけることができる。人生の航路で不安に駆られても足を止めてしまうことはない。

4章

孤独

みずから孤立する不思議な心理

仕事で結果を出したい、成功したいと強く思う者は、「自分は組織の輪の中にいる」と思いたい。

成功している賢い社員は自信満々で、組織に属しているなどという所属感覚は必要ないように見えるが、その自信の裏にじつは次のような不安が隠れている。

私は合格点に達している？　ほかの社員と同じくらい優秀？　必要不可欠なAランク・プレイヤー？　それともただの使い捨て社員？

こうした自問を、出世頭も繰り返す。そして肯定的に答えられないと、不安になる。

上から目をかけられなくなった？

出世街道から外れた？

自分は組織の外から内部を見つめているのでは？

こうした認識が正しいか正しくないかは、問題ではない。実際問題、彼らは経営陣に目をかけられているかもしれないが、心の中では会社から排除されていると感じている。

この認識が現実に影響をおよぼす。自分は見限られたと思い込むと、仕事に支障をきたし、充実感が得られなくなる。現実に除外されていなくても、不安で生産的でなくなる。

そのうちに同僚、上司、経営陣との衝突も避けられなくなる。

ひとりか仲間かで「パフォーマンス」が変わる

成功したいと望む者の多くは、「自分は排除されている」と思うと、とくに過敏に反応する。

あなたはどうだろう？　自分も最近同じようなことを経験したと思うだろうか？

答える前に、先ほどの「自分は組織の外から内部を見つめているのでは？」と不安に駆られたひとりを見てみよう。

ロブ・パーソンは上司のポール・ナスルを強く慕っていた。

ウォール街でナスルと知り合い、ナスルを通じて会社を二度転職した。ナスルはクライアントの気持ちがわかるビジネスマンだった。単に会社の決められた商品をセールスするだけでなく、クライアントが本当に求めるものをカスタマイズして売り出した。

1990年代初頭、モルガン・スタンレー社長のジョン・マックから誘いを受けて、ナスルはマックの会社に飛び込む。

ナスルは前の会社で一緒だったロブ・パーソンに最初に声をかけて、モルガン・スタンレーに来てもらった。

ナスルとパーソンは言葉にしなくても心が通じあうほどお互いを信頼していた。クライアントとの会合では目を交わしただけでお互いの考えを感じ取った。よく一緒に飲みに出掛けては、ウォール街を同じ目で見ていることを確認した。

パーソンがモルガン・スタンレーに移ったのは、1つにはついにウォール街のエリートの仲間入りを果たしたと、かねてよりまわりの人に知らしめたかったから。

ゴールドマン・サックスとモルガン・スタンレーの2大金融機関を知らない者はいないし、高い給料も約束された。

それに、本社には一流校の卒業生が顔をそろえている。敵対する社員同士の足の引っ張り合いなど皆無のように思えた。

■モルガン・スタンレーの「歩く火山」

当時のモルガン・スタンレーの方針には、他社から来た者がいきなりマネジング・ディレクター（専務取締役）としては迎えられないという掟があった。まずはエグゼクティブ・ディレクター（常務取締役）として入社し、そこから上をめざす必要があった。

そこで、パーソンはモルガン・スタンレーで事業の変革に成功すれば、11か月以内に昇進と昇給が約束されると理解し、前の会社のマネジング・ディレクターを辞して、モルガン・スタンレーにプリンシパル［各部署の部長もしくはディレクター（局長）。マネジング・ディレクターの下の役職］として入社した。

パーソンの仕事は、業界10位、市場シェア2％の部署の業績を引き上げること。その前に5人のマネジング・ディレクターが同じ仕事を試みていたが、5人とも結果を出せず、1年で退社していた。

パーソンが引き継いだとき、部署のエグゼクティブ・ディレクターもヴァイスプレジデント（部長）もアソシエイト［35ページ注参照］も覇気が感じられなかった。自分たちはビジネスを学べていないし、能力をまるで発揮できていないと思っていたようだ。業界他社で活躍する友人たちに後れをとっていると感じていたのかもしれない。

さらに給料も思っていたほどの額を手にしていなかった。自分のキャリアを思うにつけ、落胆と不安の念に駆られていた。

パーソンは魔法使いのようにクライアントとサービスを拡充した。部下を連れ出し、社員一人ひとりに次から次へと仕事を作り出した。

パーソンは歩く火山だった。いたるところで噴火し、もっとしっかりしろと大声で叱り飛ばす。空港でもレストランでも職場でも噴火した。

戦略的に考えていない、言われたことに迅速に対応しない、ぐずぐずしている。そんな部下がいれば、ほかの社員の前で容赦なく叱り飛ばした。

一方で、クライアントには思ったことを口にせず、おだやかに対応した。だからクライアントには愛された。クライアントの言うことには耳を傾け、クライアントの誰とでも仲よくなった。クライアントは何週間も前に電話をかけてきて、パーソンのスケジュールを空けてもらおうとした。

パーソンの部署の業績はみるみる上がった。急速にノンストップで成長を続けた。モルガン・スタンレーのみならず、ウォール街の関係者は誰もがパーソンの手腕に目を見張った。

もっとも熱い視線を向けていたのはポール・ナスルだ。

パーソンを迎える前、部署の業績の落ち込みに歯止めがかからなかった。それがパーソンをリーダーに迎えるや、11か月足らずで市場シェアは12・2％まで上昇したのだ。

パーソンは部下に厳しいと聞いていたが、それについては何も言わなかった。

ちょっとやりすぎじゃないかと時々冗談交じりに言う程度で、君の言動はモルガン・スタンレーの幹部が望む組織のあり方に逆行していると膝を突きあわせて話し合うことはなかった。

総務部も、パーソンとナスルのどちらにも状況を確認しなかった。

■成績がよくても「人柄」で判断される

パーソンの昇進が審議されることになり、ナスルはパーソンの昇進に関する書類一式を審議委員会に送った。審議委員長はナスルの書類にプラス面とマイナス面の両方が記されていることを懸念した。

委員長は当時の社長ジョン・マックと手短に話し、ポストに空きがあってもロブ・パーソンを昇進させることはないということで意見が一致した。

ナスルはマック社長のオフィスを訪れ、パーソンの昇進の可能性についてたずねた。社長はパーソンの昇進はないと答えた。

社長と少し言葉を交わし、ナスルは社長室を出てトレーディングフロアの自分のオフィスに向かった。

エレベーターに向かって歩いていると、あらゆることが頭の中をめぐった。

僕は会社にいられるだろうか？　何をいつ、ロブに伝える？　なんて言えばいい？

ロブをがっかりさせてしまう。まずいことになっている。社長は管理職としての僕の能力を疑っている。

ロブが辞めたらどうなる？　市場シェアは？　ロブの代わりが務まる人がいるだろうか？　ロブがいなくなると、僕の報酬はどうなる？　ロブが辞めれば、彼のクライアントもついていってしまうんじゃないか？

社内で昇進と昇格の内示が出される1か月前、ナスルはパーソンに伝えることにした。とにかく話してしまおうと思ったのだ。

ナスルは仕事のあと、パーソンを飲みに誘った。何杯か飲んだあと、パーソンに言った。

「ところで、ロブ、君は昇進できない」

パーソンはしばらくナスルの顔をじっと見、汚い言葉を吐きつけて、店を出ていった。

翌日、パーソンは出社しなかった。

パーソンはその日の午後6時頃、昇進審議会の委員長に連絡を取って、面会を求めたのだ。

その夜、委員長に会い数時間話した。パーソンは思うところを口にした。

「僕は昨日からずっと自分の業績一覧を見ています。これまでウォール街のほとんどの企業に、『うちは2倍の給料を出すから来ないか』と言われました。それでも僕はここでずっと一生懸命働いてきました。僕は信じて疑いませんが、マック社長はウォール街で最高の会社を作りたいはずです。社長を信じています。

だから別のことで相談したい。ある条件で、モルガン・スタンレーに残りたいのです。

それは二度とポール・ナスルが上司でなくなることです。

ポールには二度と会いたくない。あの男にだまされました。僕はあいつを全面的に信用していた。

なのに今もこうして会社の中を見つめている。選ばれた者たちを見てるけど、僕は彼らに受け入れてもらえなかった。

マネジング・ディレクターに絶対になりたかった。

そうはならずに、そしてまたもや僕は外から見ている。僕はまた彼らの仲間に加えてもらえなかった。ポール・ナスルに土壇場で切られたからです」

パーソンは、モルガン・スタンレーのマネジング・ディレクター昇進にすべてを懸けていた。

パーソンは一流校を出ていない。誇れるような学歴はない。

毎日、ブロードウェイ1585番地のモルガン・スタンレー本社に入り、心の奥で思った。

ここで活躍する人たちに比べれば、自分は劣っている。モルガン・スタンレーの栄えあるマネジング・ディレクターの仲間入りなどできないのではないか。

そしてこんなことも言った。

「僕はいつも外でギシギシ怒りをたぎらせていました。

優秀な人たちに対する〝ひがみ〟みたいなものがどこかにあって、その人たちの世界を壊してやろうと思っていました。その人たちの仲間に、僕は決して加えてもらえませんでしたから」

■事実より「どう思うか」のほうが強力

ポール・ナスルとロブ・パーソンの話をこれほど長くつづったのは、**自分は仲間に入れてもらえていない、排除されているという思いがあらゆる形で起こりうる**と示したかったからだ。

最後になるが、ロブ・パーソンは昇進審議会に受け入れられることはなかった。それ以前から、モルガン本社の多くの社員と違っていい大学を出ているわけではないことで、自分は排除されている、仲間に入れてもらっていないと歪んだ感情を抱いていた。

皮肉としか言いようがないが、自分は排除されているというその感情によって、いたるところで火山のように怒りを爆発させてしまい、昇進が見送られたのだ。

もうひとつ、パーソンがモルガン・スタンレーに入ってきたとき、配属先のメンバーも、自分たちではなく、パーソンが部署を統括する職に就いたことで、自分たちは排除されていると感じていた。

入りたい集団に入れてもらえないとおそれるのは、どの職場で働く人も同じだ。それぞれがある集団から締め出されていると感じると、「グループの端にいる」人は次のようなことを自問する。

「私はそこに入っているのか、いないのか？　そこに所属しているのか、していないのか？　このグループ、チーム、組織に入れてもらえるのだろうか？」

なかには組織にしっかり入り込んで、安心できる状態にある人もいるだろう。しかし大半の人は、組織の外に押し出されてしまうかもしれない不安を感じている。そんな思いに駆られると、人とは違う、異常な行動に出る。

組織の内部を覗（のぞ）き込んで心配し、そして、それまでとは違うことをして、さらに孤立してしまう。

こんな悪循環にとらわれて、自分は排除されていると思い込み、いつしか組織の外に本当にはみ出し、追放されてしまう。

あなたは、この悪循環にはまっていないだろうか？

自分は孤立している、仲間に入れてもらっていない、排除されていると感じることはないだろうか？　それで不安になることは？

結果を出したいと強く思う者たちの多くは、自分がそんな状態にあると自覚できない。彼ら成功したいと思う者の中には、それを認めることができない者もいる。

結果を出そうとこれだけ仕事をしているし、自分のすごさは誰もがわかるはずだから、そんな自分が注目されていないとか、無視されているとは、およそ認められないのだ。

自分がどれくらい組織から孤立しているか認識するために、次の①～④の問いに答えてほしい。

①自分は職場の人たちとは違う、どこか「劣っている」と感じることがあるか？
自分は彼らより年上あるいは年下である、ほかの会社から転職してきた、まわりより学歴や知識が劣っていると感じることはあるか？

②あなたは仕事で結果を出しているが、上司はあなたではなく、ほかの者を評価していると思うか？

あなたが何をしても、どれだけうまく対処しても、常に自分以外の人が評価されていると感じるか？

③今の会社と会社の文化に合わないと思うことがあるか？

うまく溶け込むために自分は何ができるか、いつも悩んでいないか？

④昇進が見送られたり、当然自分の仕事だと思っていたものが回ってこなかったりすると、自分は「無視されている」と思うか？

まだ自分は昇進できる状態になかった、その仕事は自分よりほかの人が適任だと考えられるとしても、どうして自分には望むものが与えられないのだろうという念を打ち消すことができないか？

組織に属しているかいないかの「境界線」

ある集団に受け入れてもらうには、そこにかかわろうとすることが不可欠だ。

残念ながら、あなたもほかの多くの人と同じように、さまざまなことが要因となって、仕事と組織へのかかわりが薄れているかもしれない。

意識しているいないにかかわらず、組織のメンバーと気持ちが通じ合っていないのだ。

これまで紹介してきたように、自分が除外されていると感じたことが原因かもしれない。

あるいは会社とビジネスが縮小したことでやる気を失い、上司の指示を忠実に遂行できなくなったのかもしれない。

理由が何であれ、キャリアにも、会社にも、仕事にも、以前のような気持ちで臨むことができない。それができないことで、組織の中で孤立し、より一層孤独を感じることになる。

自分が実際に孤立しているのか、そう思っているだけかはどちらでもいい。そこから不安が生じて新しいことに挑戦できなくなるし、仕事のやり方を変えられないのだから。

その結果、「恰好悪くてもいいから望ましいことをしよう」とする勇気を絞り出すことができない。

■マッキンゼーは「仕組み」で解決

社員を組織に受け入れることをコアバリューに据える企業。そんな組織で働ける幸運な人もいる。

そんな職場なら、自分は自分の仕事に強くかかわっているという「コミットメント」の感覚や、組織の目標と価値観との結びつきを強く感じられるはずだ。

たとえば、コンサルティング会社のマッキンゼー・アンド・カンパニーでは、働く人の多くが不安を感じることはない。マッキンゼーが社員を組織に受け入れることを使命に掲げているからだ。

マッキンゼーの元ディレクターは、次のように話す。

「マッキンゼーについて何か悪いことを言いたいのですが、いい思い出しかありません。何よりいいと思ったのは、私が社を去ると決めたときの対応です。おかげでこの会社で仕事ができて本当によかったと思いました。辞めたあとも会社に迎えられていると思えます」

この元ディレクターは15年以上マッキンゼーに在籍していた。だから丁重な扱いを受けたと思われるかもしれない。

だが、2、3年で辞めた人もほぼ同じことを言う。

マッキンゼーは社員ひとり当たりの支援費用を、ほかのどの会社よりも多く捻出している。社員には6か月の有給も与えられる。

こんな会社だから、たとえ退社しても誰もがマッキンゼーの一員であると感じるのだ。

キャリアカウンセリングは、仕事や役職を問わずすべての社員が受けられる。

さらに驚くべきことに、マッキンゼーを離れた人は、会社とのコミュニケーションが増す。マッキンゼーは、社を離れた人たちが将来、会社に仕事をもたらしてくれる、支援してくれると信じているからだ。

■「アンカー」が制約になる

ここで言いたいのは、会社が社員のことを考えようとすれば、個人が会社に献身しようとする思いも増すということだ。

だが、会社に献身しているという思いは、会社から与えられるのではなく、個人の「こうしたい」という夢や、「あんなことしなければよかった」という悪夢から生まれたり消えたりすることもある。

結果を出したい、成功したいと思う者は、自分がどれほど強く会社と密接につながっているか、自分にも他人にも言い聞かせる。会社に忠実で仕事熱心であると思おうとする。仕事にも組織にも自分はもはやつながっていないと感じることを認めたくないからだ。

だが、彼らはマッキンゼーのような活気ある会社で働いていてもアノミー〔親密感の欠如によって生じる疎外感〕を感じてしまう。

会社の文化も上司も同僚も、「君はまぎれもなく社の一員だ」と感じさせようとしてくれているのに、自分の内なる何かによって「孤立している」と思い込んでしまうのだ。

組織とつながろうとすること、そして離れようとすることを理解するために、1970年代後半に心理学者エドガー・H・シャインが唱えた「キャリアアンカー」(キャリアを固定する錨(いかり))の考え方を見てみよう。

キャリアアンカーは「価値観」や「動機」、「必要性」から成っており、これらが私たちの仕事を進める手段や方法になる。

シャインによると、仕事を通じて「動機」も「才能」も「自己イメージ」も形成される。ここから私たちのキャリアがすべて導かれ、制約を受けるのだ。

事実、この自己イメージがキャリアアンカーとして機能し、キャリアの選択時にも転職を決断する際にも影響をおよぼす。そして個人の将来の目標を形作り、未来のビジョンに彩りを添える。[1]

要するに私たちは、さまざまな要因によって、仕事や会社に縛りつけられている、もしくは結びついているなどと無意識下で感じている。

次の3つを考えてみよう。自分は組織につながっているか、それとも孤立しているか、感じ取れるはずだ。

①技術的な能力
②昇級を続ける「階層の旅」
③組織に属しているかいないかの「境界線」

①技術的な能力——すべては「スキル」あってこそ

最初に、知識と技術（スキル）を考えてほしい。

仕事を始めるにあたり、まずはしかるべきスキルの習得に邁進しなければならない。これにより、チーム、グループ、組織の戦力として迎えられることになる。高いスキルを身につければまわりから認められ、組織との絆も築ける。自分もそこにつながっていると感じることができる。

会社としては、技術的な専門知識を身につけた人には、責任を持って多くの仕事をこなしてほしいと求める。個人としては、能力を発揮すれば報酬が得られ、会社とつながっていると感じることができる。

一方、新たなスキルを習得できなかったり、能力を発揮できなかったりすると、自分は劣っていると感じてしまう。以前は好意的に受け止めてくれていた人たちに、「『あなたは思ったほど賢くない』『仕事もできない』『出世できない』と思われている」と勘ぐってしまうのだ。スキルを習得できなかったことで、もはや自分は会社に期待されていない、排除されていると思い込んでしまうことになる。

人はそれぞれのレベルで学習する。法律事務所に新しく入れば、法律を知るだけでなく、組織内での円滑な業務の仕方も学ばなければならない。サポートしたり、サポートされたり、ほかの人たちとの働き方を学ぶ必要がある。ほかの人からの支援やフィードバックがない状態でも仕事が進められるようにもしなければならない。税金、訴訟、不動産など、法律の特定分野に長(た)けているとまわりに思われる必要もある。

組織内の査定や評価もそうだが、「自分は組織に属しているのか」「中心メンバーか」と

いう認識も、マーケティングやセールス、高い生産性といった身につけている技術によって決定される（図4・1参照）。

②昇級を続ける「階層の旅」——梯子はやっぱり上りたい

次にしなければならないのは、いかに組織内の梯子を上がって昇級を遂げるかということだ。

子どもが学校に入学するにしろ、教授が大学で仕事を始めるにしろ、新たに組織に加われば、梯子が何本か上に向かって延びているのを目にすることになる。家庭人としても社会人としても成長するには、目の前に立つ梯子を上っていかなければならない。

昇級し、大きな責任のある仕事を次々に与えられれば、自分は組織の一員だと感じられる。

だが、組織から外れてしまった、仲間に後れをとっていると思うことがあれば、出世競争に敗れつつあると不安が生じ、居ても立ってもいられなくなる。自分の能力に疑問を持たずにいられなくなるのだ。

重要な仕事が自分でなく別の人に与えられることがあれば、自分は組織に受け入れてもらえていないある種の「証拠」を突きつけられ、いよいよ不安に駆られる。

自分ではない誰かが目をかけられているのではないか心配になる。

図4・1　スキル・仲間・昇級の関係

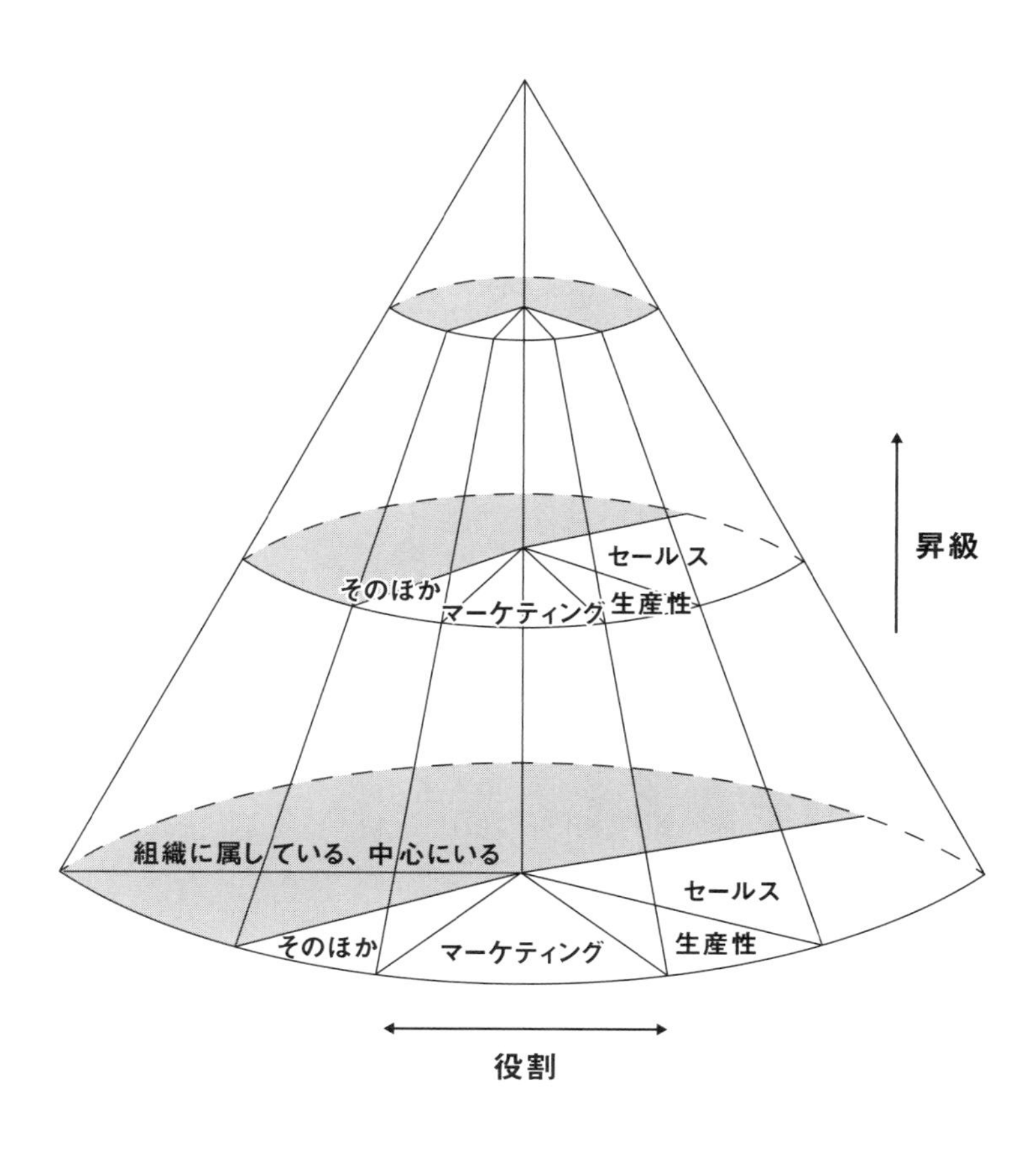

エドガー・H・シャイン『キャリア・アンカー　自分のほんとうの価値を発見しよう』
（Pfeiffer & Company, 1993）図17より

ハーバード・ロースクール教授アシシュ・ナンダは、あらゆる昇進条件を満たしてきた、ひとりの若く野心溢れる弁護士の例を挙げている。

この若い弁護士は香港で国際的な任務にあたるように命じられた。ロンドンの本社を離れて5年後に戻ると、大変なスピード出世を果たした同僚たちがいて、自分は後れをとっていると思った。本社を離れてから、会社が重視するものも変わっている。

どのパートナーも自分の専門分野に集中している。

自分もパートナーになれたが、本社の新しい部署の責任者には別の人が命じられた。自分より若い人が選ばれたのだ。

もはや自分は要職に就ける社員ではなくなった。並の弁護士に身を落とし、若手からは早く引退して自分たちにポストを明け渡すべきだと思われている。若い弁護士に陰口をたたかれているのも知っている。

自分は出世競争に敗れたと思った。これが長年この法律事務所に尽くしてきた結果だ。金の時計は得られず、くやしさで腹部に激痛が走った。

今話した弁護士の認識が正確かどうかは、ここでは問題にしない。

彼は新しい部署の責任者に命じられなかった。その事実が、彼に見知らぬ土地に迷い込んだように感じさせたのだ。

高度な能力と弁護士としてのステータスがあったにもかかわらず、追放されたと思い、さまざまな不安に苛まれることになった。

③組織に属しているかいないかの「境界線」――「思い込み」が現実に影響しはじめる

3番目に対処すべき局面は、ほかの2つとは違って具体的ではない。だが決して重要でないわけではない。自分は会社の中枢に受け入れられているかどうかという意識にかかわるからだ。

自分は組織に属しているかどうか考えたとき、次のようなことを自問すると思う。

- **自分は組織、チーム、グループと「精神的なつながり」があるか？**
- **組織の方向性や目的を決めるうえで、「自分の発言」が生かされているか？**
- **この組織で自分は小さいながらも「意味のある役割」を果たしていると思うか？**

自分はグループや組織とつながっていないと感じる人が、どんな行為を取るか。容易に想像がつく。

たとえばウィリアムはある委員会の会議に呼ばれなかった。その委員会から参加要請がなかったのはそれで三度目だ。

一度目はとくに気にならなかった。

二度目は妻に伝えた。

だが、三度目は、何かおかしい、自分はもはや重要な決定を下す特別委員会に迎えられていないと感じた。

何が起こっているのか会社の仲間にたずねたり、友人に思うところを聞いてもらったり、所属部署の長に確認したりはしなかった。

ウィリアムはひたすら孤立感を強めた。

ランチはひとりで、もしくはアシスタントと取った。

自室のドアを閉め切り、ずっと閉じこもっていた。

さらにまずいことに、自分は締め出されていると確信する材料を、ほかの社員の言動に見出すことに時間を割いてしまった。

ウィリアムは話してくれた。

「もはや僕は戦力ではないと感じました。自分のキャリアが心配になり、仕事は手つかず。非常に苦しい状況でした」

人は仕事で排除されていると思うと、不安に飲み込まれてしまうことがここでもわかる。

ウィリアムの認識は正しいとは思えないが、それは問題ではない。問題は実際にそうだと思い込み、その妄想によって業務に支障をきたしてしまっていることだ。

ウィリアムは真剣に仕事に取り組まなくなり、上司の目に余るようになる。**その時点で自分は排除されているという認識は現実になる。**ウィリアムはやる気がないと思われ、誰も彼をチームや会議に呼びたいと思わなくなるからだ。

結果、ウィリアムはさらに孤立感を強め、排除されていると思ってしまう。

自分で作った「重力」に気づく

結果を強く求める者は、〝重力〟に引きつけられるように自分は取り残されていると感じ取る。あなたもそうなら、自分は排除されている、望まれていないというサインや兆候を反射的に探してしまう。

よくあることだが、そのあとはひとり引きこもり、自分はいかに排除され、いかに捨てられたか、うじうじ考えてしまう。

自分は拒絶され、まるで孤島に追いやられてしまったように思い込んでしまう。**注意してほしいのは、外的な力ではなく、あなた自身が作り出す重力によってそう感じ取っているかもしれないということだ。**

1章で、かつての若い部下スティーヴのことを書いた。上司だった私は、彼のプレゼンについてその場で意見を示さず、期末まで伝えずにいた。すると、スティーヴは事実を歪めて、自分で話を作り上げてしまった。

あのシカゴのプレゼンでミスしたせいで、出張に連れ出されることはなくなった、代わりに自分以外が同行していると考えるようになった。スティーヴはその時点で上司である私のあらゆる行動を見るにつけ、私に偏見を抱かれている、支持が得られることはないと思ってしまった。

スティーヴの考えを誰も改めることはできなかった。

スティーヴは自分が作り上げた話が真実と信じて疑わなかった。

■「質問」で重力を発見する

マイク・マーティンはウォール街で指折りの有能トレーダーだった。

当時私が働いていたモルガン・スタンレーは、このマーティンを大手銀行から引き抜いた。

モルガン・スタンレーの上層部とスタッフは社内で祝杯を上げた。最高だ。いちばんの競争相手からいちばん有能なトレーダーを引き抜いたのだ。

1か月後、マーティンから電話をもらった。

「トム、僕は戻ることにしました」と彼は言う。前の銀行に戻るというのだ。

「え？　戻るってどういうこと？」と私はたずねた。

マーティンの話を聞いているうち、建物がガラガラ崩れ落ちていくような気がした。

「モルガンにいた1か月、僕の部屋に来て挨拶してくれたのはトムだけです。上層部のほかの人たちは自己紹介もしてくれませんでした。アシスタントをつけてほしいと何度お願いしても、誰も対処してくれませんでした。こんな扱いを受けたことはありません。これ以上、無理してモルガンで働く必要はないと思います」

私はマーティンに謝罪した。ほかの経営幹部であるパートナーたちに代わって、謝罪の言葉を伝えた。

マーティンは私に、謝罪の言葉などいらない、もう決めたことだから、と言った。

そして、モルガン・スタンレーに移籍したのは、自分のキャリアで最悪の決定だったと、私との会話を終えた。

どうやら、私たちはマーティンを島にたどり着く前から孤立させてしまっていた。迎える前から私たちから排除し、切り捨てていたのだ。

組織としても、組織の一員としても、恥ずかしいことをした。

意図的なものではなかった。どんな組織も社員を、とくに有能な社員を排除することなど望んでいない。

自分は組織につながっていないと感じてしまうと、誤った認識にたちまち引き寄せられる。

自分は無視されている、意図的に排除されているというストーリーを頭の中で書き上げてしまう。

人と話してみることはせず、ひたすら不安にとらわれてしまう。

組織とつながっているという感覚を失い、いきり立ち、狼狽する。

こうなると、自分のやり方を変えられないし、できるかどうかわからないことは引き受けたくないし、指導を受けることもむずかしくなる。

代わりに殻に閉じこもり、うまくできることだけをやろうとする。

これである程度不安は和らぐが（自分の得意なことをすれば気分がよくなる）、組織のほかの人たちを引きつけることはできない。可能性を求めて成長し、さらに野心的な目標を成し遂げる代わりに、その場にとどまるだけだ。

自分が作り出した重力に引き込まれているかどうか判断するために、次のことで気持ちが下がったことはないか、考えてみよう。

①ミーティングで「なんだか自分は無視されている」「避けられている」「排除されてい

る」と感じる

②誰にも相談せず、組織内で自分の重要度が減っているのではと疑い、ひとりであれこれ考える

③疑念が生じても上司やまわりの人に話してどういうことか確認せず、たちまち大きくしてしまう。ついには疑念を超えて、確証にいたる

④上司の身振りや同僚のそっけない発言にいたるまで、あらゆることに「自分が排除されている」動かしがたい事実を見出そうとする

⑤不安を解消するために、自分がいちばんうまくできることで能力を示そうとする。自分が「まずい」と思われかねない仕事は一切引き受けないようにする

⑥状況はよくなるどころか、自分はさらに孤立していると思えてしまう。ついには別の仕事を探すか、気持ちよくできる仕事だけしようとする

これらの「引力」を感じたことがあるなら、そこから完全に逃れられることを認識してほしい。

どうすれば、この負の重力から逃れられるか、見てみよう。

重力を解く3つの対処法

あなたが仕事で結果を強く求めるタイプで、その自分が無視されていると思うのであれば、この負の重力を逃れ、組織に属している感覚をまた持つことができる。

ただし、**「いつ」「何を」「どのように」**行うかが鍵を握る。

まずは、①**「いつ行うか」**から考えてみよう。

■すぐ動く

・孤立感にとらわれてしまう前に、何か行動を起こすこと

「いつ組織から除外されていると感じたか?」をたずねると、会社やチームに入って早い段階で経験したことから話し始める人がほとんどだ。

だが、組織が意図的に誰かを排除することは考えられないし、その人の一定期間の仕事から判断してそうするとも思えない。

そうではなく、じつはある人物や出来事に対しての個人的な反応から、「自分は排除されている」と思うことが多いのだ。

誤解によることもある。たとえば、上司がなんとなく口にしたことを、新しく入ったやる気のある部下は曲解してしまったりする。

どちらにしろ、新しく入った人たちも起こってしまったことはそのままにせず、しっかり対処すること。気にする必要のない発言をいきなり突きつけられたとき、すぐに確認すれば、不安に駆られずにすむ。

誰かに否定的な判断を突きつけられたら、早い段階でその事実を明らかにしよう。あなたがミスを犯したのであれば、それを正すために何をしたらいいか考える。そうすれば、自分はふたたび組織に属していると感じることができる。

一方、新しく入った人に対して組織が即座に判断を下し、決してその〝決めつけ〟が改められなかった事例も目にしたことがある。

ある会社の部長は言う。

「1か月半か2か月で、その人物が社を背負って立つ人になるか、いい仕事ができずに終わるか、大体わかります」

それはどうなのか——新しい人たちをどう見て、どう評価したのでしょうか、とたずねると、部長は答えた。

「感覚でわかります。あと、彼らと楽しく過ごせるかどうかもあります」

仕事の能力に基づいて判断したかたずねると、部長は頭の後ろに手をまわし、ゆっくりと笑みを浮かべてから、苦しそうに答えた。

「……彼らの仕事をもっとよく見るべきだと思います。でも、ずっとこのやり方で来たので、変えることができません」

まわりに否定的な印象を持たれたなら、あなたの自尊心を保つためにも、修正をはかる必要がある。そんな印象を持たれて組織で孤立していると思ったときには、次の方法ですぐに対処してほしい。

これが負の重力から逃れるために、②「何を行うか」だ。

■「確認」と単刀直入な「コミュニケーション」を

・一歩引いて、自分は何かが見えなくなっているかもしれないと認める→「視野の狭窄（きょうさく）」に陥っていないかの確認
・そのように思うにいたったきっかけをもたらした人物と、単刀直入に話してみる→ダイレクトでクリアなコミュニケーション

新人、ベテラン問わず、この2点を誰かと話すのは容易ではない。とくに、仕事で結果を強く求める人は、いちばんおそれていることを現実として受け入れるのは怖いはずだ。

上司や会社に直接確かめるようなことをすれば、出世が遠のく気がする。**だが、上司や同僚に率直に話してみれば、気持ちが落ち着き、不安が解消することがほとんどだ。**

注意してほしいのは、くどくどと自分がおそれていることを話したり、自分の立場を守ろうとしたりしないこと。

何が不安なのか、手短に要点だけ伝えよう。

結果は大抵、自分がチームの重要なメンバーであると言ってもらえて安堵するか、親切な提案を受けるかだろう。いずれにしろ、これまでの孤立感は和らぐ。

人に言われるからではなく、言われないから孤立感を感じてしまうこともあるかもしれない。

たとえば、ゴードンは、10年間で2つの中小企業に勤務したのち、フォーチュン社に加わった。ゴードンは最高の教育機関でMBAを取得し、前の2社で大変な業績を上げた。フォーチュンでも大活躍が期待された。

だが、ゴードンは会社の要職から外された。

何かミスをしたわけではない。だが、大きな組織で居場所を失ったのだ。

まず、入社直後に所属部署の再編があり、新しい上司のもと、新しいチームで仕事をすることになった。

新しい上司も新しいチームメンバーも気持ちのいい人たちだったが、昼食に誘われることはほとんどなかったし、(ゴードンにすればこちらがもっと衝撃的だった) 重要な仕事をまわされることはなかった。

ゴードンはこの状況で2つの間違いを犯す。

上司とすぐに話さなかった。上司のオフィスに行き、勇気を奮い起こして「自分は仲間に入れてもらっていない」と感じていると相談するまでに、数か月が経過していた。

そして数か月置いたことが2番目の間違いだった。ようやく上司と話したとき、最初の20分間は不満をあげつらうことに終始した。

上司は衝撃を受けた。ゴードンがそんなふうに感じているとは思いもよらなかった。だがそのうちゴードンにいらつき、「もし君がそんなふうに感じるなら、ここは君にとって望ましい職場ではない」と言い放った。

この上司はのちに、「ゴードンにそんな厳しいことを言うべきでなかった」と自分の上司に報告している。一方で、ゴードンの態度に感情を抑え切れず、冷静さと礼儀を欠いてしまったとも述べている。

自分の不安を伝えることは感情的に健全で、原因を正直に知りたいということにほかならない。だとしても、少し時間を置いて、次の質問を考えてみよう。

これが負の重力から③「どのように」逃れるかのヒントになる。

冷静に、ちゃんと「空気」をとらえる――「CEO」を見る

- 自分は「過剰反応」していないだろうか？
- 明確な言い方であれ、何気ない言い方であれ、誰かからのフィードバックをあまりに「個人的」に受け止めていないか？
- 組織、とくにCEOが、社員を受け入れようという方針で、それを実践しているか確認しよう

3番目の「組織、とくにCEOが、社員を受け入れようという方針か確認する」のはむずかしくない。

自分たちはCEOに好きなようにしていいと奨励してもらっている、自分は組織に属していると感じられるのであれば、結果を出そうとする者にはよい働き場だ。

「CEOが社員にさまざまな意見を求める」「熱心に働き、（自分の仕事で結果を出すだけでなく）ほかの人にも影響を与える社員に高い報酬を出そうとする」「どのレベルの社員も学び成長できるプログラムを導入しようとしている」なら、組織はおそらく社員全員を受け入れようとしている。

社員を組織に受け入れようとするCEOを3人挙げよう。

会社のトップはどんなタイプの人物を求めているか、この3人のCEOについて知ればわかるはずだ。

・全員で面接する「ホールフーズ」のカルチャー

ジョン・マッキー［ホールフーズ・マーケット共同設立者］は、社員を組織から締め出すのではなく、仲間に引き入れるために並外れた努力をするCEOだ。

ホールフーズの会長として、新人を採用し、組織の一員に引き入れるすべを理解している。「組織に受け入れること」「人を受け入れるコミュニティ」を何より大事にしている。

ホールフーズのチーズ売り場に新たに人を雇うとなると、チーズ売り場の関係者全員に候補者を面接してもらう。そして、誰を雇うべきで、誰を雇うべきでないか意見を述べてもらう。全員の意見が一致しないと採用しない。ホールフーズのどの部署でもそうだ。

なぜ全員が意見を述べるのか？

関係者全員に「新しく仲間になる人はうまくやれる」と思ってほしいからだ。

それによって、新しく入った人がうまくできなくても「やっぱりね」と言うようなことはないし、成果を出せるよう早い段階からサポートできる。

・離職率が極端に低い「サウスウエスト航空」のカルチャー

サウスウエスト航空は学ぶべき企業として各方面から賞賛を受けているが、従業員を社に取りこもうとする姿勢も評価を受けてしかるべきだと思う。

サウスウエストの前社長コリーン・バレットは、次のように言う。

「弊社では正式雇用前に1年間の試用期間を設けて、雇用者と被雇用者双方が『自分に合うか』判断するようにします。この期間に被雇用者は期待するものを与えてくれる職場か判断でき、雇用者はその人物が社に溶けこんでくれるか見極められます」

ほかの航空会社と比べてサウスウエスト航空の離職率は非常に低く、カスタマーサービスは常に業界一の評価を得ている。

多くの人が働きたいと考える企業だから、サウスウエスト航空に就職するのはハーバード・ビジネススクールに入学するよりむずかしい。

・順応期間を作る「ザッポス」のカルチャー

最後に、ザッポス創業者のトニー・シェイ。

トニー・シェイは従業員が一丸となって協力しあえる組織を作りたいと願っていた。そのうちに、新しい社員に組織に順応してもらう期間が重要だと気づく。そこで彼は、従業員が「自分も重要な戦力で、まぎれもなくザッポスの一員だ」と感じてもらえる順応期間を作ることにした。

新入社員には3週間の研修を受けてもらい、その時点で会社に合わないと退社を選んでも、退職金2000ドルを支払う。退社までに満額支払われるのだ。

だが、そこでザッポスを去る者は誰もいない。社に真剣に向き合ってもらっている、受け入れてもらっている、組織につながっていると感じられるようになるからだ。

こうして彼らは研修を終え、ザッポスの目的を理解し、業務にあたる。

もちろん、社員がCEOや企業を常に選べるわけではない。

また、今紹介した3人のCEOのように、すべてのCEOが従業員を熱心に組織に取りこもうとするわけでもない。

ここで言いたいのは、CEOの姿勢をよく見れば、その会社が社員を受け入れようとしているかしていないか一目瞭然ということ。

- CEOが一部の内輪の関係を重視し、ほかのものは一切受け入れない
- 従業員が自分も貴重な戦力だと感じることもなければ、知識とスキルを磨ける研修期間もない
- CEOが社員に受け入れられていない

こんなときは、別の会社を探したほうがいいかもしれない。

では、結果を出したい、成功したいと強く思う者たちに不安とストレスをもたらす3番目の原因を考えてみよう。

それは、「**自分が重要だと思えなくなってしまうこと**」だ。

5章

意義

「特別」な感覚の絶大な効果

不安の第3の原因「意義」は、ほかの2つ（「目的」と「孤独」）よりも微妙なものかもしれないが、「知らぬ間に侵されてしまう」といった得体の知れないものではない。

何が自分を重要でないと思わせるか？

上司から励ましの言葉をかけられることがない？

自分の代わりはいくらでもいると思うことがある？

組織に対して自分はそれほど大きな貢献をしていないと思ってしまう？

結果を強く求める者は、「自分が努力しているのは重要なことだ、そんな自分の仕事をまわりは評価している」と思いたい。

そう思えることが大事で、それによって仕事を続けられる。自分は組織にとって必要不可欠な存在であると思いたいのだ。

一方、それはとくに重要でない人もいる。「よくやっているな」とたまに肩をたたかれるだけでいい。

だが、多くの人は、たとえ一流企業で高給取りになっても、それだけで満たされることはない。

自分は組織にとって重要でないと感じる「意義の欠如」によって、不安がどのように無意識のうちに生じ、行動に影響するか？

ある熱心な経営幹部の話をしよう。彼女は自分と組織とのつながりを見出せずにキャリアから外れてしまった。

「簡単じゃない」からがんばれる

カラはミシガン州の3大自動車メーカーの1社で働いていた。管理職のひとりだが、ほかの多くの管理職と異なり、彼女はブルーカラーの家に育った。父はデトロイトの生産工場で働いていて、カラは公立校に通っていた。

自動車に思い入れがあり、職場のリーダーとして活躍したいと思っていたカラは、エンジニアリングとビジネスの2つの学位を取得した。

１９９０年代後半、大学卒業直後に好きな自動車メーカーに就職が決まったカラは、大喜びした。会社は浮き沈みがあったものの、そのときは上向きで、将来さらなる成長が期待できた。

最初の配属先は正直魅力的ではなかったが、自動車の豊富な知識、そして熱心に仕事に取り組んだことで、たちまち上司から高い評価を得る。

1年後にはかなり責任あるポジションに昇格。マーケティング、エンジニアリング、財務、二度の海外駐在などを経験し、管理職に就いた。

さまざまな仕事をこなすなかで、とくに才覚を発揮したのが、市場の新たなトレンドを見据えた新車のデザイン開発だ。常に最高の評価をもらい、かなりの賞与と昇給を手にした。最初の10年はすべて順調に進んだ。

だが、その後自動車産業は不況の波に飲まれ、会社は経営危機に陥る。同僚の多くは解雇され、カラの部署も二度の縮小を余儀なくされた。だが、直属の上司も含めて上は何の痛みも負わなかった。

カラはすでに廃止されつつあった生産ラインの管理者に命じられた。最大のショックは、やりがいを感じていたデザイン担当から外されてしまったこと。その後は主に財務処理の仕事を負わされた。

新しい上司は半分隠居したような人だった。いい人ではある。しかし、カラの仕事ぶりが評価されることはなく、仕事に対するフィードバックもなかった。基本的に事なかれ主義の人だった。

新しい部署で数か月勤務して、カラは初めて間違った場所にいるような気がした。

これまでも壁にぶつかることはあった。そのたび、持ち前のエネルギーと知識で乗り越えてきた。

だが、今は誰にも助けてもらえない。さらにまずいことに、それほど仕事に熱意を持てなくなっていた。友人には、今の仕事は居眠りしながらでもできると話した。誰かに今の状況についてすごく聞いてほしいが、話せるような人はいない。かつて目をかけてくれたふたりの管理職もすでに退社している。

それに、仲間がたくさん首を切られているのに自分は幸運にも残れている、なのにこの状況に不満があるなんて思われたくない。

だからカラは好きでもない仕事をそつなくこなしたが、リスクを負うことはなかった。自分から仕事を求めることも、研修に参加することも、異動を希望することもなかった。

今の仕事が必要だった。夫と自分のどちらかが失業してしまえば、住宅ローンが払えなくなる。

だが、「望ましくないことを無難にこなす」ことで、カラが満たされることは決してなかった。

■変化させている「実感」が欲しい

この時期は学びたいという意欲も熱意もなかった。プロフェッショナルであるという自覚もまるで感じられなかった。

35歳にして、人生最大のピンチにあった。暗い日々を悶々(もんもん)と過ごしながら、自分はもはや会社に大きな貢献をすることはないと思った。

今の場所に閉じこめられ、変わりたい、成長したいという気持ちが持てなかった。

カラも仕事で結果を求める多くの者と同じで、「自分の仕事は重要で、組織に変化をもたらしている」と実感したかった。最初の10年はそう感じられたし、職場でも私生活でも充実していた。

だが、そのように感じられなくなり、動けなくなってしまった。来た仕事を効率よく進めるだけで、やり方を変えることは一切ない。自分の仕事が重要だと感じられず、何か新しいことをするとなると極度に不安になる。

変化を求めていたが、避けてもいた。

職場に「コミュニティ」を作り、従業員に意義ある充実した仕事を与えようと、いろんなことが論じられている。

知識豊富なリーダーは、カラのような人に「自分の仕事が重要だ」と感じられるようにしなければならないと認識している、と思うかもしれない。

言うまでもなく、経営者の多くは、どの社員にも自分は重要であると感じてほしいと願っている。

だが、残念なことに、必ずしも思うようにはいかない。

あらゆる職場で何が起こっているのか——社員は自分が重要な仕事をしていると感じたいのになぜ実現できないか、ここで考えてみよう。

「言葉」が絶大な力を持つ

日々の仕事に意義を見出すことが大事だと認識するために、自ら離職したにしろ、少し充電期間を置きたかったにしろ、「仕事がなかったときのこと」を思い出してみよう（解雇されて絶望した時期でなくてもかまわない）。

そこであなたは家族と過ごす時間が取れたかもしれないし、趣味に打ち込んだり、ずっと行きたかった場所を訪れたりすることができたかもしれない。

だが、結果を出したい、成功したいと強く思う者は、ネガティブな気持ちになる可能性が高い。自分はもはや重要ではないかもしれないと思ったことだろう。

最初は頭の片隅をよぎるだけだったかもしれないが、仕事から離れている時間が長くなるほど、この思いは増すはずだ。

とある会社のCEOを務める友人は、社を去ってしばらく時間をおいてから別の会社のマネジメント職に就いたときのことを話してくれた。

「いちばん残念なのは、自分が重要だと思えなくなったことかも。自分は人の人生を変えていたと思う。仕事もうまくやれていたと思うし、人に評価してもらってもいた。傲慢に聞こえるかもしれないけど、私がいなくなれば会社は悪くなる。私の妄想にすぎないけど、そんなふうに思いたいんだ」

同じように自分は重要でないと思うことがあるだろうか？

仕事をしていてそんな思いに駆られることがあるだろうか？

驚くべきことに、誰もが自分は重要だと思いたいが、上司の多くはそんな部下の気持ちに気づかない。

次ページのリストを見て、上司または組織の影響力のある人に次のことを最後にしてもらったのはいつか、考えてみよう。

□調子はどうか、気にかけてくれた
□「よくやった」と言われた
□「何かサポートできることはないか」とたずねられた
□「あなたのがんばりがあるから、うまくまわっている」とさりげなく言われた
□「あなたの仕事が組織の大きな目標によい影響をもたらしている」とはっきり示してくれた
□会社に、重要と思われるチームまたはプロジェクトへの参加を求められた
□最近やり遂げた仕事が評価されただけでなく、それがグループの前進に不可欠なものであったと思わせてくれた
□上司もグループも、あなたをどれだけ頼りにしているか言葉にして伝えてくれた

過去数か月の職場を振り返ると、どの項目にもチェックが入らない可能性はある。どの企業も目先のことしか判断できない。生産性と利益を上げること以外考えられない。結果として、多くの企業が社員に仕事の意味と重要性を感じてもらうことができなくなる。

どの組織でも、結果を出したいと強く望む者は「はっきり言葉にして伝えてもらいたい」と願っている。

ベテラン社員たちは、自分はもうキャリアのピークを過ぎたと感じている。

キャリアの半ばに差し掛かった中堅層は、改めて自己評価をして、このまま今の仕事を続けていいのか、もっと重要なことをすべきでは、と考えてみる。

若い人は組織に自分の居場所を見出そうとする。

どの世代であろうと、みんな自分の仕事が重要であると思いたいのだ。

残念なことに、上司は部下のこうした思いを感じて、部下を気遣うことはないかもしれない。

「自分の仕事について、はっきり言葉にしてほしい」という思いはなぜ労使間で共有されないのか？

その理由を解明するために、あるミレニアル世代［1980年代から1990年代中頃に生まれた世代］の仕事熱心なグループを見てみよう。

■「消極的な姿勢」の裏にあるもの

ベテラン幹部の中には、この世代の若者たちは「態度」に問題があると考える人もいる。

今のミレニアル世代は、「なんでも」「今すぐ欲しい」傾向があり、その資格があると感じている。彼らはコンピュータとともに育ってきたから、あらゆる人とあらゆるものから即時に反応を得て情報を与えられると考えている。

これがミレニアル世代の考え方で、組織においてもそんなふうに非現実的なことを期待する。結果として物議を醸すことになる。

そういう人もいるかもしれないが、そうでない人もたくさんいる。

多くの若い人たちがこうした姿勢を示すのは、むしろ上司の態度に問題があるからではないだろうか。はっきり言えば、上司は若い人たちの貢献を認める努力をしていないのではないだろうか。

確証はないが、管理職も直属の上司も、若い人を管理することもメンタリングすることもできていないように感じる。

上の者たちはあらゆる責任と仕事を押し付けられている。だから組織に新しく加わった人たちや、キャリアの中盤に差し掛かり、現在の自分の立ち位置を見つめて仕事の仕方を変えようと思っている人たちと、時間を取って話すことがむずかしくなっているのかもしれない。

ロンドンの一流法律事務所の弁護士は言う。

「若手に時間を取る必要があるでしょうか？　彼らは毎日定時で帰ります。これまでを見ても、3年から5年で退社する者がほとんどです。そんな人たちに僕が何時間も付き合う必要がありますか？　時間の無駄です」

次の文を読んで考えてみてほしい。自分は重要に思われているかどうか、リトマス試験紙のようにすぐに感じ取れるはずだ。

若い人たちが職場で抱く悩みに触れられる。

これまで出会った最高のリーダー、教師、指導者の名前を書いてください。
あなたのことをあなた以上に考えてくれて、あなたの人生を変えてくれた人がいたら、その人の名前を書いてみてください。

40歳以上の人は、少なくとも1人、大体2人以上の名前を挙げるはず。そして、そのうちのひとりは大体職場の上司になるはずだ。

40歳より下の人は1人くらい名前を挙げるかもしれないが、一緒に仕事をした人の名前を書くのは稀(まれ)だと思う。アスレチッククラブのコーチや高校時代の恩師の名前を挙げる人が多いのではないだろうか。

ここ数年、同じ質問をあらゆる世代のあらゆるタイプの管理職にしているが、今言ったような結果になる。

多くの組織で悪循環が起こっている。

上の者たちは若いMBA取得者は資格があるだけで何も知らないと憤る。若い人は出社しても「消極的な態度」を改めることはないと思い込んでいる。

若い社員は消極的な態度を取っているように見えるかもしれない。しかしそれは、誰かに目をかけてもらいたい、自分は重要な存在だと言葉にして伝えてほしい、自分たちは変化をもたらすことができると気づかせてほしいと切実に求めているからだ。

それ以外のフィードバックは必要がない限り求めない。**求めているのは、自分が重要であると思わせてくれる上司であり、リーダーだ。**

上の人たちには、ちょっとしたことでもいいから伝えてほしい。

■「今の自分」に重要なものを考える

一方で、若い社員も、中堅も、ベテランも、結果を出したいのなら、自ら活躍の場を進んで見出す必要がある。

会社や組織に自分の仕事に意味を持たせてくれるよう、いつまでも求めるわけにはいかないのだ。

自分が重要であると思えるかどうかは、「年齢」「社会的動機と価値観」「そのときの精神状態（離婚したばかりとか、何か人生の危機を迎えているなど）」「現在の仕事の状況（会社が大規模な縮小を進めているとか、社風が変わりつつあるが、この問題に対して経営者はどう対処するか？）」といった問題も関係してくる。

容易に変えられないものもあるかもしれないが、対応の仕方はあるはずだ。

「どんな仕事」をしたいか？

「どんな会社」で働き、「どんな社風」を求めるか？

「どのような目的」に向けて努力するか？

こうしたことを何度も考えてみることが大切だ。

なぜなら、今あなたに重要なものが1年後にそうでなくなることもあるからだ。大きな組織で働くことが重要だと思う人もいれば、小さな、密な文化で働きたいと思う人もいる。

■「師弟制度」を復活させる――かつて最強のWin-Winだった

最後になるが、職場における自分の重要性を見出せるよう組織に求めるのであれば、「見習い制度」を今に復活させるのも手だ。

サービス業各社〔形のない財を提供する非製造業全般〕はかつて師弟制度に基づいて構成されていた。この制度では、学ぶこと、指導・教育すること、成長すること、責任を持つことが重視されていた。

今は多くの企業がこの師弟制度を外しているが、いまも暗黙裡に共有、維持している会社も少なくない。

組織に入ってきたばかりの若い人も、経験は積んでいるが新しい仕事や責務を負おうとしているベテラン社員も、「その仕事を極めた社員」に教えを請おうとする企業。

そんな企業で働くことを考えてみてほしい。いろんなことが学べるはずだ。

たとえば、経験を積んだまわりの人たちにつき、いろんなことを聞きながら、随時状況の確認を求められ、実際に自分で試みて失敗を重ね、ついに成功をつかむ。

見習い制度を通じて、自分の仕事は重要だと自然に思うことができるはずだ。

指導する側も責任を持って教育し、指導にあたる。

指導を受ける側は自分のしたことに常にフィードバックをもらい、学習の進捗と成果をチェックされる。そして期待に応えられるスキルを身につければ、責任あるポジションに昇格する。

このような見習い制度においては、指導する側もされる側も、自分が重要であると感じられる。

管理職が現場で働けなくなったと嘆くことなく、新しい人たちの指導にやりがいを感じる会社で働きたいとは思わないだろうか。

学習と成長が重視され、自分は交換可能な部品などではなく、ひとりの重要な社員として扱われる会社で働きたいはずだ。

こうした会社を見つけるのはここ何年かむずかしくなっているが、探す価値はある。そんな会社で働ければ、キャリアを通じて自分は重要であると思えるはずだ。

堅実に仕事をする人たちのむずかしさ

仕事で結果を強く求める者が、必ずしも出世を望んでいる、あるいは高い能力を備えているというわけではない。なかには静かな野心を持ち、達成意欲はありながらも自分の存在をアピールしようとしない人もいる。

仕事を始めた頃はよくできると思われていたかもしれないが、歳を重ね、会社の変化を感じながら、専門的な仕事をこなすようになり、よくできる若手から堅実な人と見なされるようになる人もいる。

とくに注目されない人もいる。彼らは大変な業績を成し遂げることができるのに、何らかの理由で二線級と思われてしまうのだ。

どの組織においても高い能力を持つ人たちはわずかで、堅実に仕事を進める人が大多数というのが現実だ。

よって精力的に仕事をしたいと頭の中で思っても、どこかの段階で多数派にまわってしまうかもしれない。

その場合、おそらく自分の存在意義に疑問を抱くことになる。堅実に仕事をこなす〝問題のない人たち〟は、組織で注目を浴びることはほとんどないからだ。

堅実に仕事をする人たちのモチベーションを高め、彼らにチームの一員であると感じてもらう。明確な指示を与えてキャリア設計を立ててもらう。

組織のどのレベルにおいても、残念ながらこうしたことを戦略的に考えられる幹部や管理職はほとんどいない。

フォーチュン500のある幹部は話してくれた。

「実に多くの社員が組織内で目をかけられずにいます。けれど、その人たちに落ち度はないと私は思います。でも、自分の会社を考えると、たしかに気をもむのはハイパフォーマーたちのことばかりで、それ以外の人たちは単に『問題ない』と考えてしまいます」

ここからわかるのは、**堅実に仕事に取り組む人は、自分は組織にとって重要だとほかの人に思わせてもらうのを待っていてはいけない**ということだ。

そうではなく、自分は意味がある仕事をしていると自らの行動を通して思わなければならない。

上司や社内で影響力のある人に、自分は組織に対してこんなことをしていると伝える。

意味がない、充たされないと感じてマンネリ化状態に陥ったと思えば、それを言葉にして相談しなければならない。

自分の「位置」が見えるグラフ――「4タイプ」に分類できる

図5・1のように、ほとんどの組織が従業員を分類している。独自の座標にあてはめて、「個人はこれだけの仕事をしているが、それが会社にどれだけ貢献しているか」を測ろうとするのだ。

図の縦軸は、「組織が求める成果基準を個人がどれだけ満たしているか」を示す。横軸は、「組織における有用性・価値(会社の価値観にどれだけ沿っているか、会社が望むような働き方をしているか)」を示している。

自分がこの座標のどこにいるかわかれば、組織にどのように対処してもらえるか判断できる。つまり、メンタリングやコーチング、フィードバックや成長の機会など、どんなものが与えられるか(あるいは与えてもらえないか)、予測がつくのだ。

これによって、組織に現実的な期待を抱くことができる。「自分はまるで気にかけてもらえていない」「いい仕事をしていようが、むずかしいことをこなしていようが、なんとも思われていない」と感じたとき、(多くの場合、間違って)不安に駆られるのを防ぐこ

図5・1 「タイプ」を示す4つのスペース

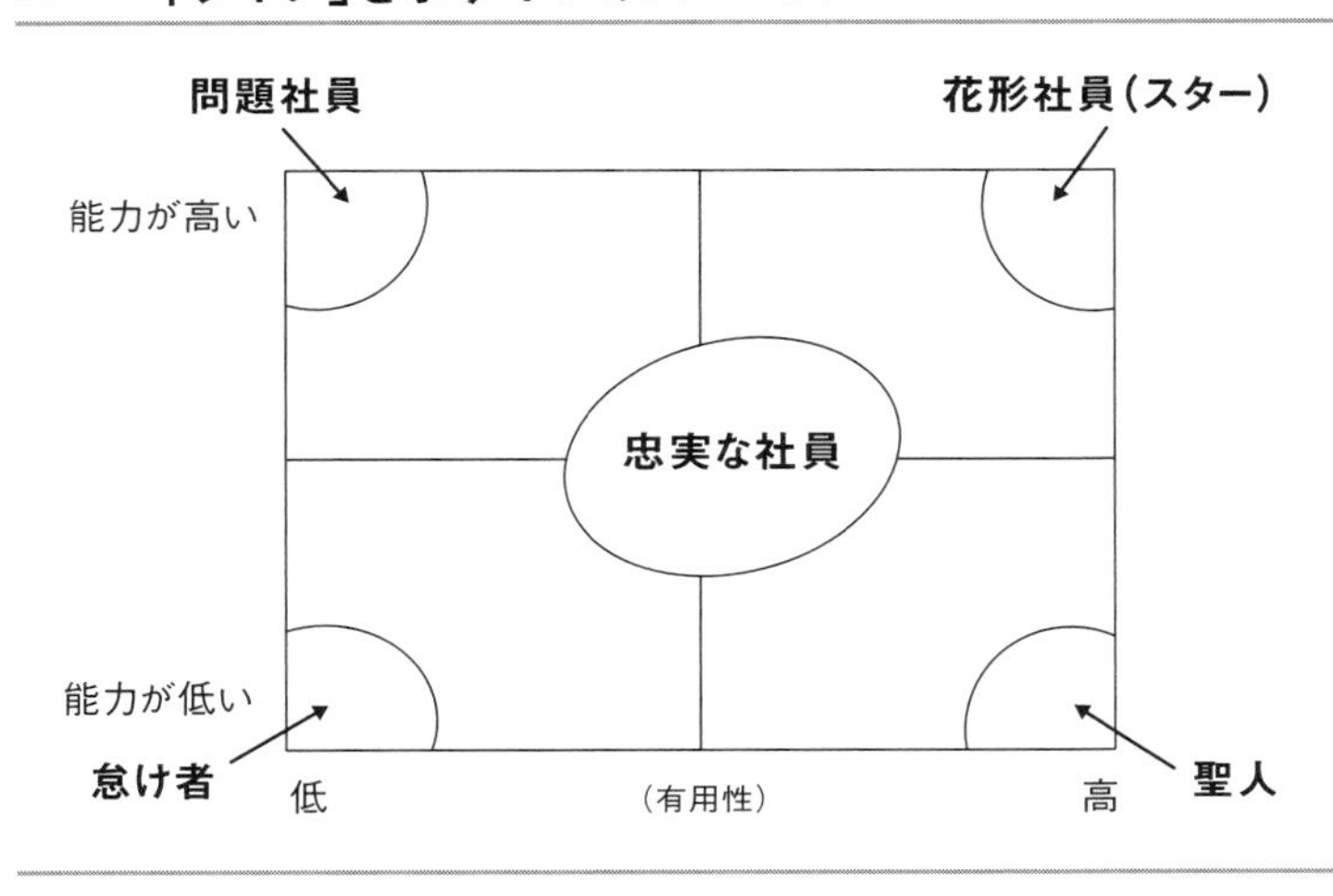

とができるのだ。

■スター――ほめの言葉が効かないことも

図5・1の右上に、なんでもできる(本人もそのつもりでいる)「スター」がいる。彼らは、「君は重要で特別な存在だ」「誰にも代わりは務められない」と言葉にして伝えられてしかるべきと考える。

だが、ある管理職は不平を漏らす。

「スターたちに対して、月曜日は彼らがどれだけすぐれているか言わなければならない。でも、それだけじゃだめなんだ。木曜日までに僕のところに来るか、電話をかけてくるから、君はよくやっている、君のおかげで社はあるみたいなことを言わなくちゃいけない。彼らがどれほどすごいか伝えるのに、いったいどれだけの時間が取られているかわからないよ」

君はすごい、特別だみたいなことを言われたら、ほめられたり、ストレッチ・アサインメント〔達成が困難だと思わせることにあえて取り組ませることで能力を伸ばす成長法〕を与えてもらったりすると思うかもしれない。だが、せっかくポジティブなフィードバックをもらっても、形だけで心がこもっていないようなら、自分はそれほど重要ではないと思ってしまうこともあるだろう。

組織に心から信頼できる上司、メンターなど、影響力のある人物を見つける必要がある。そんな人と定期的に会って、一切遠慮のないフィードバックや指導、考えを与えてもらうのだ。

あなたがいい仕事をしている、存分に能力を発揮しているなら、はっきりそう言ってもらえるはずだ。そしてその人を信頼できるはずだ。

■問題社員——仕事ができるゆえ厄介

図5・1の左上の「問題社員」に入ると判定された社員は数値目標を達成し、とても生産的だが、ほかの社員と組んで働くのが苦手だ。結果を出したい、成功したいと思う者は、人に厳しいことを言うが、自分が批判されるのは苦手だからだ。

モルガン・スタンレーのジョン・マック元社長は、社内の昇進審査会議でこんな見解を述べた。

「数値目標はクリアしているが、管理職の仕事ができていないし、価値観も備えていない者を昇進させるとなると、審議会の意味がない。平均的な社員にはこれまで通りの評価基準をあてはめればいい。だが、自分の業績を上げるだけでちゃんと管理職の仕事ができない者は、厳しい評価が必要だ」

非常に生産的な社員が、仕事に見合う評価も昇給も得られないとなると、これまでの仕事すべてに満足できなくなってしまうかもしれない。

コミュニケーション能力を高めて、社員として成熟し、組織の一員であることに満足を見出す必要がある。そのためにはコーチングを受けるのがいいかもしれない。それによって人と接する場面において何が欠けているか、よくわかるだろう。

自分のいちばんまずい点を改めることができれば、今ある能力以上のことができるし、進歩していると強く感じられる。

■怠け者――本人のせいでないことも

図5・1左下の「怠け者」のゾーンには、組織から気持ちが離れていて、まるで生産的でない人たちがいる。経済的に余裕がある会社なら、業績不振者にも目をつぶれるが、経営状態がよくなければ、厳しい態度で臨むことになる。

この状況にいたったのは、個人にも会社にも責任がある。会社は採用ミスだったととらえ、社員は組織に受け入れられていないから働く意義を見出せない。業績不振者には上司も率直に話そうとしない。さらに彼らを屈辱的な状況に追い込み、退社を待つことになる。それでもなかには退職金を手にするまで辞めずに居座る者もいる。

もし、「怠け者」として困難な状況にあるのであれば、上司やコーチに助けを求めるときだ。

今は閑職に追いやられているかもしれないが、求められた仕事ができないのはコーチングを受けられず、誰かに期待値を設定されたり、支援の手を差し伸べてもらえなかったりしたからかもしれない。

組織内で権威も影響力も備えていて、あなたのために時間を取ってくれ、あなたは重要だと思わせてくれる人を見つけるのが望ましい。

これを試みない限り、自分は取るに足らないと悩みつづけることになる。

■聖人――善良だが仕事ができない

図5・1右下の「聖人」は会社を愛し、会社の文化構築に取り組んでいる。会社の色を体に染み込ませている。

問題は、「聖人」が会社の文化構築を熱心に進めようとすると、まわりに「君は十分な利益を社にもたらしていないからそんなことをするんだ」と思われてしまうことだ。

管理職は彼ら「聖人」と向き合うのも苦手だ。彼らは善良で、コミュニティを大事にしようとする。「聖人」は組織の空気を非常に気にかける。だが、むずかしい話はできないし、業務能力改善に向けての目標の設定も容易に求められない。

右下の「聖人」にいる人は、自分は重要でないと思ってしまっているかもしれない。いわゆる「いい人」だ。自分は生産的でないとまわりに思われているとわかるか、少なくともそう感じている。

たしかにそうかもしれない。自分は生産性が低い。けれども、社内でよい社員と思われたい。

上司はあなたに無理やり改善をはかることはできないかもしれないし、あなたも上司にそんなふうに求められるのはつらいだろう。だが、自分は社内に大きな影響を与えられていると感じられれば十分ではないだろうか。

これから見ていくが、**自分が重要であると感じるうえで、「責任を果たす」ことがどのタイプの人にも関連する。**とくに「聖人」には大きな要素となる。

「責任」に自分を動かしてもらう

どうすれば自分の重要性を感じられるかに関して、「子育て」を考えてみるのがいいかもしれない。

子どもたちは（いつもとは限らないが）両親に「ちゃんとできた？」と聞かれたがっている。

よい成績を取ると期待してほしい。部屋をきれいにする子だと思ってほしい。言われた時間に家に帰ってくると思ってほしい。

子どもたちはどうしてそんなふうに思われたいのか？

期待してもらうことで、お父さんとお母さんにたしかに気にかけられていると思えるからだ。

子どもたちに、「よい成績を取ってね」「期待しているから」と言えば、「あなたは頭がいいし、しっかり勉強している」と伝えているのだ。

実際、よい成績を取れば、親の設定した高い期待も満たしたわけで、子どもは何か意味のあることをしたように感じられる。

これは仕事にも当てはまる。

重要な仕事に責任を持って取り組ませてもらえることで、自分たちの仕事は上司に評価されている、自分たちにはそれができるとわかってもらえている、であれば力を合わせて実現しなければならない、と思えるのだ。

期待は精神的な重荷になることもあるが、それ以上に自分は重要であると感じられる。

上司や顧客に、「大変だけど、がんばってほしい」と言われたら？ 達成しなければならない数字、守らなければならない期限、習得しなければならない難しいスキルなどもあるだろう。

だが、うまくいけば、自分は何か重要なことを成し遂げたと思えるはずだ。

だから、クライアントにも上司にも同僚にも、「君にはこれをしてほしい」とはっきり伝えてもらうのがよい。

あなたにも上司にも簡単なことではない。

あなたはできるかどうか判断されたくない。自分でもできるかどうかわからないのだから。

上司もあなたができるかどうか判断したくない。あなたとむずかしい話をしたくない。

だが、責任を果たすうえで、これは双方にとって重要だ。

組織に受け入れられている、たしかな目的があると感じられるのと同じで、自分が重要であると思えれば、不安に飲み込まれることはない。

自分は不可欠な存在で、大事な仕事をしていると思えれば、不安を覚えずに仕事に打ち込める。

すると、新たなプロジェクトに挑戦したり、新たなスキルを身につけたりする気持ちも湧いてくる。

ついに抵抗なく、恰好悪くてもいいから望ましいことをしようとする。

自分の弱さをおそれずにチャンスをつかもうと思えるはずだ。

結果を出したい、成功したいと思う者は、何よりも自分が重要だと思いたい。そう思えれば安心できるし、仕事を通じて影響をもたらしたいという思いも満たすことができる。「自分は重要ではない」「組織で仲間に入れてもらっていない」「目的もわからない」と思ってしまい、生産的に仕事が進められない、人生の充実感が得られないことはないだろうか？

こうした壁にぶつかると、私たちはそれを回避する方法を見出そうとせず、ひたすら問題を悪化させる「罠」に知らず知らずはまってしまう。

Ｐａｒｔ３で、目的・孤独・意義の３つの心配から発展する罠がどんなものか、説明する。これにはまると身動きできなくなり、ますます変化できなくなってしまう。

Part 3

4つの罠

行動の「蓋」の外し方

FLYING WITHOUT A NET

6章

忙しさの罠

多忙だと安心する「忙しい症候群」

結果を強く求める者が不安に駆られる。職場で孤立し、目的を失い、自分は重要でないと思ってしまう。そんな状況に置かれると、不安を乗り越えることも、見方を変えることもむずかしくなる。

仕事の仕方を変えられず、ひたすら不安の中に深く沈みこんでしまう。

彼らは聡明で野心溢れるはずなのに、何が起こっているのか？　なぜ現実を見ようとしないのか？

勇気を持って新たなことに挑戦しよう、チャレンジしようとどうして思わないのか？

自分を変えて、自分を成長させようとなぜ思えないのか？

その答えは、「罠」にかかっているからに他ならない。

■「見えない問題」に気づき、対処する

6〜9章では、満足感が得られず、生産性に蓋(ふた)をする厄介な「4つの罠」を考える。

この4つの罠にはまると、不安に駆られて、どう行動したらいいか、どう世の中を見たらいいかわからず、ひたすら自分を偽って過ごすことになる。

4つの罠は決まった順序では現れない。最初のものにも4番目のものにも、気づいたときには深くはまってしまっている。

4つの罠は、結果を強く求めて仕事を進める者たちをそれぞれの方法で不安に駆り立てる。不安にとらわれると、目標や目的を持つことができない。自分は孤独で、誰にも重要だと思ってもらえていない気持ちも拭い去れない。

どうだろう、あなたはすでに罠にかかっていないだろうか？

4つの罠ははっきりとわからない、つかみどころのない形で働くから、この質問には簡単に答えられないかもしれない。

自分では、生産的に仕事に取り組んでいるつもりだし、うまくやれていると思う。

しかし、**目に見えない機能不全もある。**それに陥っているかどうかを突き止めるには、「訓練された目」が必要だ。

目的に向かって思うように動けていないのなら、罠にかかっている可能性がある。

生きていることの唯一の証明が「成長」だ。だが、成長が見られず、自分が「罠」にかかっているだなんて……認めるのはむずかしいだろう。

結果を強く求める多くの者がこの事実を受け入れないのは危険だ。彼らは自尊心が強く、状況的事実に向き合うことができない。

事実が認められず、不安に満ちた4つの罠にはまり込んでしまう。最高ではないが、そこそこに働きつづける。自分の仕事はすごいとは思わないが、とくに問題ないと思えればそれでいい……。

これはもはや地獄の辺土だ。確実におそろしい結果がもたらされる。みんな自分の能力を発揮しようとしないし、成長しようと思わないのだから。

では、まずは多くの人に身近な罠から見てみよう。「忙しさの罠」だ。

忙しく見せたいから忙しくする

会議を梯子し、大量のメール処理に時間を費やしているようなら、すでに「忙しさの罠」にはまっているかもしれない。

結果を出そうとする者は、やらなくてはいけないTO DOがたくさんある。たしかにやりがいを感じる有意義な仕事がたくさんあって、忙しくしているのかもしれない。

だが、忙しく見せたいから忙しくしているということはないだろうか？

自分は何かを成し遂げようとしていると思いたい、まわりにもそう見えてほしい。この気持ちから、平々凡々な仕事をただ繰り返していることはないだろうか？

だとすれば、知らず知らず不安に駆られ、罠にはまっている可能性がある。

ほかの人が初めてあなたのオフィスに入ったとき、廊下ですれ違ったとき、あるいはあなたと言葉を交わしたとき、あなたは次のように見られないだろうか？

想像してほしい。

□険しい顔をしていて、切迫している感じが節々から感じられる
□話は聞いているが、早く切り上げて次のことをしたいと思っている様子がうかがえる
□早足で歩く、早口でしゃべる。ほかにやりたいこと、やるべきことがあるようだ
□いつも気が張り詰めている。いつも話しているし、いつも何か読んでいるし、いつもスマホをチェックしている

正直に答えてほしい。日々猛烈に、あわただしく仕事をこなしているとしても、〝見せかけの忙しさ〟ではないだろうか？

心の奥で、これくらい忙しく仕事をこなしていれば、不安な気持ちが消えると思っていないだろうか？

仕事の結果を求めるあまり、「忙しさの罠」にかかってしまった人をひとり紹介しよう。

■「多忙」はアピールしたくなる

サルは大手広告代理店の重役のひとりだが、「あの人は戦略的に考えられない」と陰口をたたかれている。「いろんな会議を開くけど、いつも堂々巡りで、何の結論も出ない」「まとまるものもまとまらない」とみんなによく言われている。

チームメンバーのひとりが、飲みながら話してくれた。

「あの人は、会議で自分が話に加わっていない、何を話しているのかわからない状況をひどく嫌います。

サルの会議では議論はありません。結論も出ません。

参加者は全員、ただサルの芝居を見せられるだけです。

情報提供だけの会議です。そんな会議のために、飛行機でアメリカ国内を移動して、メールを読めばわかるようなことをわざわざ伝えてもらう必要がありますか？」

サルは誰と話しても、少なくとも一度は自分がどれだけたくさんのメールと留守番電話を受けるかを口にする。**自分がどれだけ忙しいかを示すことで、自分がどれだけ重要かを思わせようとしているのだ。**

予定をぎっしり入れて、会議を開き、部下全員に参加を命じ、メールや電話で絶えず各所に連絡を入れる。そうやって自分は忙しく仕事をしていて、成果を上げていると思い込んでいるのだ。

だからむずかしい話はできないし、実際に目的達成につながる重要な決断を下すこともできない。

教員をしている親しい友人が話を聞かせてくれた。

「何年も前、仕事を始めた頃、僕は『忙しさの罠』にはまっていた。

学校では学生やほかの先生にもできることはすべてして、僕自身の研究でも忙しくしていたから、へとへとになって家に戻ったよ。

妻は3人の幼い女の子の世話で疲れていた。あの子たちの宿題も見てやらなくちゃいけないし、彼女自身もカウンセリングの仕事をしていた。さらに僕らは農場を持っていたから、そこで働く人の仕事ぶりも常に見ていてくれた。

僕はできるかぎりあれこれ熱心に取り組もうとした。でも、妻からすれば、僕は熱心なんかじゃなくて、形ばかり忙しくしていただけだ。

子どもたちに本を読んで聞かせるときは、まず薄くて字が大きくて絵がいっぱい入っている本を選んだ。早く読み終えることができるからね。

そんな本が選べないときは、とにかく速く読み進めた。

でも、子どもたちには『そんな読み方、嫌だ』と言われたよ。

あの娘たちがほんとに小さいときはページを飛ばして読んだりもした。娘たちの気をそらすことができたら、ページを飛ばして早く読み終えようとすらしたんだ。

子どもたちを早く寝かしつけて、メールや電話をチェックし、自分の『大事なこと』に集中したかったんだね。

どうやら僕に本当に大事だったのは、『僕は忙しい』と自己認識することだったかも。

僕は自分に思い込ませようとしていたんだね。僕は重要だ、子どもたちに本を1冊最後まで読めないくらい仕事をしている、と」

■忙しい人のまわりは冷める

「忙しさの罠」にかかってしまうのは伸び盛りの若い人たちだけではない。

スタートアップ企業で働いたことがある人は、創業者が会社の足を引っ張る存在に落ちぶれた姿を目にしたことがあるかもしれない。

創業者は、ビジョンを持ち、エネルギーを注いで会社を立ち上げる重要な存在だ。だが、創業後、自分の居場所を見つけるのに苦労することも。経営陣が安定し、マネジメントチームが設置されれば、もはや居場所がなくなるからだ。

責任を負う役職に就いてはいるが、創業者はもはや会社のショーウィンドウの一部でしかない。

そんな彼らが会社で存在感を失いつつあると感じたらどうするか？

折にふれて忙しく見せようとする。

ある問題について、詳細な意見書をまとめてみる。重要そうな目標を掲げてチームを立ち上げ、その長に収まろうとする。

会議を取り仕切り、頻繁に出張を入れる。だが、何の効果もない。

部下も無能ではないからわかっている。創業者は自分が会社に何の価値ももたらさないとどうやら日々強く感じているようだ……。

創業者は会社にもっと貢献し、独自の文化を作り上げたいと思っているが、同じところにとどまっているだけ。創業時と同じことを繰り返しているにすぎない。もはや個人としてもビジネスパーソンとしても進歩は望めず、会社に寄与することもない。

予定をいくつも入れて、重要と思われる役職に新たに就くことで、精力的なリーダーであると思わせたいのかもしれないが、傍から見ればただ忙しそうにしているだけで、何もしていない。

あるスタートアップ企業が500人の従業員を抱える規模に成長した際、共同創業者のひとりは例に漏れずほとんどすべきことがなくなった。結局、役職と部署を何度も替えたのち、最終的に最高文化責任者（CCO：Chief Culture Officer）に落ち着いた。最高文化責任者就任を知らせるメールが社内に一斉送信されると、各部署の社員がどちらからともなく連絡しあい、「最高文化責任者」という肩書を嘲笑った。ある者は「名無しの部署のCCO」とこき下ろした。

この共同創業者は実害がないように思えるかもしれないが、2つの点で会社に影響をおよぼす。

まず、この最高文化責任者は、何か意味のあることをしていると自分に思い込ませている。自分は重要な立場にいると思い込み、忙しく動きまわり、新たな目標を立ち上げて、新しい方針を打ち出そうとする。だが、これによって、真摯に自己分析と反省を行うことがなくなり、「忙しさの罠」から逃れられなくなる。

それどころか、社内に新しい部署を立ち上げて、自分はこれまでなかった重要な役割を担っていると思い込もうとするのだ。当然、巻き込まれる人が出てくる。

第二に、そのような役職を自分に与えるのは、経営が苦しいときには、**社員の士気を下**

げる。嘲笑うだけではすまず、怒りや疑念が広がることになる。

最高文化責任者の背後で敵意や憤り、苦々しい感情が渦巻くようなことがあれば、やがて会社全体を蝕(むしば)んでいくことになる。

■現実で「芝居」をする心理

突然悪い上司がやってきた、合わない部署に配属されたなど、仕事がうまくいかないときも、私たちは忙しくあろうとする傾向がある。自分は組織に受け入れられている、目的も持っているし、まわりに重要だと思われていると感じたいから、忙しそうにする。

まず、いかに献身的で生産的に働いているかを上司に示すため、忙しそうに見せようと画策する。

遅くまで働き、朝も早くから出社し、真剣に仕事をしていると思わせようとする。

だが、どちらも下手な芝居を打っているにすぎない。自分は熱心に仕事をしているとまわりに思わせようとするだけでなく、自分にもそうであると思い込ませようとしているだけだ。

「君は会社にまるで貢献していない」と思われることをおそれつつ、私たちは日々生きている。

事実だと認めたくないし、まわりにそんなふうに思われれば、恥と屈辱にまみれてしまう。結果を出したいと思う者たちほどプライドが高いから、到底受け入れられない。

よって、行き場がない、何もすることがない状態に陥らないよう、できる限りのことをしなければならない。

忙しくしていれば、能力を発揮できずにいるという恥ずかしい思いはせずにすむ。**その根底には、「自分は何をしたらいいのか、本当はわかっていない」という事実を認めたくない心理があるのかもしれない。**

パイ食い競争の景品は「さらなるパイ」

ＭＢＡを取得した教え子たちと、彼らのキャリアと人生の展望について話す機会があった。

ウォール街で働いていた人に話を聞くと、そのうちの多くは、「成功できるかどうかは『自分が勤勉である』と思わせることにかかっている」と話してくれた。

彼らが言うには、仕事を終えると、みんなコートを椅子に置いたまま退社したという。その晩は帰宅せず、社内のどこかで働いていたように思わせていたのだ。

「ちょっとしたトリックで、仕事がなくても組織に尽くしていると思わせようとしたんです。そうやって僕らは期待できると思わせました」

彼らは会社に長く属していて、どんな行動を取れば出世競争で優位に立てるかよくわかっていた。出世して昇給も役職も手にした人に共通するのは、誰よりも早く出社して、誰よりも長時間会社にいて、出張もいとわず、大変そうな仕事も期日までにやり遂げるように見せる、ということだった。

問題は、競争に勝てば、さらに多くの仕事が与えられること。つまり、自分は忙しいという幻想を維持しつつ、さらに（本当に）仕事に打ち込まなければならない。かつて一流法律事務所で働いていた同僚は話してくれた。

「パイ食いコンテストに勝てば、パイをさらに食べさせられることになります」

■休憩時間に「スクリーン」から目を離せない

結果を強く求める者たちの多くは、反射的に忙しくあろうとする。ハイテク業界ではとくにこの傾向が強く見られる。管理職向けのセミナーで、はっきり見て取ることができた。

ある企業は、大変な額の費用を投じて世界中から管理職をリーダーシップ開発プログラムに参加させていた。組織変革のプロセスを学び取ってもらうためだ。企業はこのプログラムを通じて、管理職がお互いを知り、お互いに学び、組織にグローバルネットワークを構築してくれることを望んだ。

最初のセッションを終えて30分ほど休憩を入れたときのこと。**参加した管理職70人はそのあいだ、会話をほとんど交わさなかった。代わりに携帯を取り出し、メッセージをチェック、返信しているようだった。**

参加者は30分の休憩中に急いでトイレに行って、コーヒーをお代わりしたが、そのあとふたたびメッセージをチェック。結局、休憩中に誰とも目をあわせることはなかった。

彼らは上級管理職だ。大きな責任を抱えている。お互いにつながっていなければならないはずだ。なのに、自分たちが集められた理由の1つを認識できていなかった。リーダーシップ開発プログラムが開催されていた数日間、参加した管理職は時間があればスクリーンを食い入るように見つめて会議室を歩きまわっていた。受信したメッセージはそれほど重要で、ほかの人と話す時間も取れないほどのものだったのだろうか？

社を離れてセミナーに参加したことで、自分の仕事が心配になった？　自分がいないあいだに何が起こっているのか、不安だったのかもしれない。

それでメールやメッセージを細かくチェックすることで、形ばかりの安心感を見出そうとした可能性もある。

だが、それによって管理職同士で率直に話をする機会を失った。人と話すことで自分を変えられたかもしれないし、今の考え方でいいのだろうかと気づくチャンスがあったかもしれないのに。

■「暇」だと逆に休みたくない

数か月前のこと、ある会社の取締役の昼食会に呼ばれて気づいたのだが、**休暇を取るときの考え方が、各人の「忙しく見せる」行動の深刻さを測るよい判断基準になる。**

取締役会のメンバーのひとりミリアムは、結果を強く求める人たちがどのようにして自分を忙しく見せるか、教えてくれた。

「忙しくしていれば、会社に対してやましい気持ちにならずにすみます。忙しくなくなると、自分はだめだと思ってしまいます。何の価値もないと感じてしまうのです」

ミリアムは笑って続けてくれた。

「いちばん忙しいときに休みを取るのがいちばんいいですね。やっぱり休みを取ったぞと思えます。

でも実際は、その時期に休みを取るのはかなりむずかしい。家にいると仕事が心配になって、全然楽しめませんから。

去年の冬は全然忙しくありませんでしたから、休暇を取るのにいちばんよかったはずです。1か月は休めたし、誰にも迷惑をかけずにすんだでしょう。上司もそうしたらいいと言ってくれました。

でも、そのときも、ただ自分を忙しく見せようとして、私にはやらなくちゃいけない大事な仕事があると思い込もうとしました。ですが、実際は会社でただ時間をつぶしていただけなんです。仕事がない、暇だと思われたくないから、そんな状況でも休みが取れなかったんです」

ミリアムは気にしすぎだと思われたかもしれないと感じたようで、恥ずかしそうに首を振った。だが、テーブルに着いていた多くの人が彼女の話を聞いてうなずいた。私も同じだと思った。

ミリアムは、「忙しさの罠」にかかっているかどうかを判定する２つの判断基準を、じつは無意識に示してくれていた。

①「仕事をいくつも抱えていて、処理しきれない」と思うとき以外、休みを取ろうと思わない？【忙殺からの逃避】
②仕事がそれほどないときがいちばん休みを取りにくいか？　じつはそんなとき、上司は少し休んでほしいと思っているし、あなたがいなくても誰も困らないのに？【暇の罪悪感】

この2つを、次の休暇を取った（取らなかった）際の行動に着目して考えてみよう。休暇を取ったときはひどく忙しく、ストレスフルだったか？　それはオフィスを離れる余裕が本当はなかった時期だったか？

逆に、昨年、会社がそれほど忙しくなかったにもかかわらず、休みを取らなかったことはどれくらいあるか？

休暇は忙しさの対極にあるから、結果を出したい者の多くは長期休暇をおそれる。休暇に対する感じ方がおかしくなっているのかもしれない。いちばん取ってはいけない時期に休暇を取って、いちばん望ましいときに休暇を取ろうとしない。

思い当たることがあれば、「忙しさの罠」にはまっているかもしれない。

忙しさの「合理化」に気をつける

かく言う私も、自分は忙しい、重要な存在だと、まわりの人に知ってもらおうとした時期がある。

自分の時間は貴重だと事あるごとに伝えるようなことはしなかったし、ひっきりなしにあちこち電話をかけるようなこともしなかった。だが、そうであると職場でも家でも事あるごとに明確に感じさせていたと思う。

ある日、夕食前の慌ただしい時間、階段の下のほうに立っていると、娘のサラが近づいてきてしくしく泣き出した。

何時間もテスト勉強をしたが、予想と違う問題が出たという。サラは先生はひどいと言ったが、ばつが悪い様子だった。どうやら授業をよく聞いていなかったようだ。そしていい点を取った友達をうらやんだ。

私は自分も何度もテストで悪い点を取ったと話そうとした。またいい点は取れるし、今度は授業もよく聞くはずだ。

そんなふうにサラの話を聞いていたとき、電話が鳴った。

仕事先からかもしれないと思い、娘との会話を打ち切って電話に出た。

ところが、それは保険の勧誘だった。これまでになかった「最良の契約」だという。興味がないと言ったが、目を離した隙にサラは階段を上っていった。すぐに電話を切って追いかけたが、サラは言った。

「その電話、私と話すより大事だったの?」

サラは背を向けて自分の部屋に入っていった。

この話から、「何事も優先順位を決めて臨む」なんてことを学んでほしいわけではない

（たしかにそれも大事だが）。

この話で伝えたいのは、**忙しさに反射的に反応してしまうのは好ましいことではない**ということだ。

どの組織を見ても、パブロフの犬のように、メールや電話、ＳＮＳに即座に反応する人がたくさんいる。

そうやって「これは上司からの緊急の用件だから出なくちゃいけない」「これは知恵を貸してほしいと求める同僚からの連絡だから答えてあげないといけない」と思い込もうとしているのかもしれない。

だが、そんなふうに振る舞えば、職場でも家でも、まわりに求められている自分とは違う自分を示してしまうことになる。

私はサラが自分の気持ちを話してくれたのに、あの電話に出て打ち切ってしまった。それと同じように、職場でも忙しいからと同僚との会話を避けてしまう人がいる。

管理職として自分の弱点を顧みることができるかもしれないのに、忙しさを口実にこれをしようとしない。自分は知識がない、チームの統制もはかれていない、とまわりに印象づけたくないのかもしれない。

「忙しければ勝てる」は幻想だ、捨てよう

スターリング・モスとグラハム・ヒルがF1で熱戦を繰り広げていた1960年代から、私はずっとカーレースを楽しんできた。ごく自然にストックカー・レース［自動車レースの競技形態の1つで、アメリカでとくに盛ん］にも興味を持ち、ドライバーたちの生死をかけた勝負に興奮した。

だが、いちばん興味を引かれたのは、ピットストップ作業だ。レースカーがピットに入ると、目にも留まらぬ速さで燃料を補給し、タイヤを換え、必要な手当てを施す。

実際、今はピットクルーの競技会もある。1チーム最大8名、総勢40名のピットクルーが参加し、ピットに迎え入れた車を修理、調整してトラックに戻す能力を競い合うのだ。

レースの緊張の中、各チームのメンバーはタイヤの5つのラグナット（車輪を車軸に固定するボルト）を1秒もかからずに交換する。10秒もかからずに、4本のタイヤを交換し、燃料補給も終える。

驚異的な効率とスピードで作業するチームワークの究極例だ。

長い1週間を終えたある土曜日、テレビのチャンネルをチェックしていたら、カーレー

スが行われていた。

とてもエキサイティングなレースが繰り広げられていた。勝負の分かれ目は、ピットクルーだった。勝ったチームのクルーはほかのチームより数秒速く自分たちの車をレーシングトラックに戻した。

そのとき、私の家はときにピットストップと同じくらい忙しく騒然としていると思った。ただし、家族はみんな違う方向に突き進んでいる。

夕食の席で何を話すかと言えば、誰が誰をいつ迎えにいくか、いろんなことをどうやって調整するかといった事務的なことに終始した。

私たち家族は、ニューヨーク郊外のウエストチェスター郡に住まいを構えていた。だが、この快適な家は私たちには必要なかった。鍵やノートのほか、その日に使ったものが収納できる大きなバスケットを置ける部屋があればよかったのだ。

私たち家族と違って、カーレースのピットクルーは緊張に飲み込まれることなく、各自すべきことをやり遂げる訓練を積んでいた。ところが私たちは何の経験も積んでいないメカニックの集まりで、うまくできるはずのないことを必死にやろうとしていた。

もうひとつ気づいたことがある。私は、「常に忙しくしていなさい」「自分の問題に集中するのが大事」と娘たちに教えていたかもしれない。大切な人の話に耳を傾けたり、その人を大事にしたりするよりも、忙しくするのがいちばんだ、と勧めていたかもしれない。

泣いている娘を脇に見ながら、部屋を通り越して、あの子をひとりにしてしまったときも、忙しくしていれば幸せに近づくと思い込もうとしていたかもしれない。

子どもたちは早い段階で気づいた。そして今はこんなふうに言う。

「パパはちょっと休むだけで人より遅れちゃうと思ってたみたい。忙しくしていれば、レースでリードしていると思い込んでたみたい」

幸いなことに、娘たちはいろんな経験をして、「忙しくしていれば人に勝てる」という考えは幻想にすぎないと気づいてくれた。

最高のピットクルーは短時間であらゆることをしなければならず、たしかに忙しい。しかし、**レースに勝つこと以上に、自分の仕事に誇りを持ち、常に新しいツールやテクニックを試して向上をはかろうと努力する。**

すぐれたピットクルーは忙しく見せたいから忙しくしているわけではない。自分の能力を最大限発揮することに集中しているのだ。

「スマホの時間」から手をつける

「忙しさの罠」に私たちは半分はまっていて、実際何が起こっているかわからない。

忙しくありたいと思う。だからこそ、そうでないとき、どうしたらいいか？

「忙しさの罠」にかかると、私たちはさながら頭を切り落とされて走りまわる鶏のように、何もわからずひたすら猛スピードで動きつづける。異常なエネルギーに駆られて、反省することも、誰かと腹を割って深く話すことも、休みを取ることもせず、貪るようにメールやメッセージをチェックし、いくつもの会議に参加する。

あるとき、この「忙しさの罠」は私たちを不安から守るようにできていることがわかる。だが、往々にしてその認識は一瞬でしかない。

だからその意識を高める必要がある。次の質問に答えて、自分はどれだけ忙しそうに見せようとしているか、考えてみよう。

□「重要な目標」に向かって本当に進んでいると思えるか？　大きな責任を負っている、重要なスキルを学んでいる、望むポジションをつかもうとしていると本当に感じられるだろうか？

□「実際」よりも忙しく見せようとしてとるアクションがあるか？

上司があなたのそばに来ると、猛烈にタイプしたりする？

どれだけ出張したか、誰かに力説することはある？

どのくらい遅くまで働いているか、週末にどんなプロジェクトに取り組んでいるか、何通のメールに返信する必要があるか、同僚に話すことはないか？

- □「スマホ」が手放せないか？

チャットやメッセージを常にチェックするか？

同僚や家族、友人と話しているときもスマホをチェックせずにいられないか？

- □仕事があまりないと「罪悪感」を覚えるか？

忙しくないとき、休暇は取れないか？

仕事がないときは無意味で退屈な仕事を入れようとするか？

- □あなたは忙しいかもしれないが、今の仕事で意味があると思える、やりがいを感じるのはどれくらいか？

そのうちのどれくらい、効率を落とさずに部下に任せられるか？

結果を悪くすることなく、どれくらい切り捨てられるか？

- □自分を重要だと感じたい、でもそれについて家族や友人に何か言われたことがあるか？

「あなたは仕事のことしか話さない」「どこにいてもいつもスマホをチェックしている」と家族や友人にあきれられたことはあるか？

重要ではないし、それほど意味のないタスク（それは結局あらゆるタスクということになるが）に固執してしまっていると認識できれば、そのいくつかは手放せるはずだ。

では、どうやって手放すのか？

メッセージやメールを常にチェックし、そのほかのことで忙しく過ごす習慣を断ち切るのはむずかしい。こうした行動を制限する最善策は各自見つける必要があるが、次の方法を試してみてはどうだろう？

①1日1時間、「デジタルデバイス」を使わないようにする
1時間、読んだり、書いたり、振り返りの時間にあてたりして、デバイスから離れる時間を作る

②部下や同僚があなたに近づいて「仕事以外のこと」を話せる時間を設ける
この時間を利用して、事務的に意見を交わすだけでなく、リラックスして対話が楽しめるはずだ

③いちばん忙しい仕事をわずかでもいいから「短縮」する
1日平均4時間電話しているのであれば、15分短縮しよう。年間16万キロ空の移動をしているのであれば、13万キロに減らすのでもいい

狂信的な忙しさから抜け出して仏陀のように悟りを開け、と言っているわけではない。そうすべきでもない。

結果を求めて野心的に仕事を進める者たちは、ただ座って高度なビジネスコンセプトを思い描くだけでは生産的になれない。

ここで目指すべきは、ただ「忙しさの罠」から逃れることだ。

何も見えないような忙しい状態にならずにすむように行動を管理できれば、逃れられる。

常に忙しくあろうとする自分を管理する方法を学び取れば、仕事の進め方を大きく変えられる。時間をかけて新たなアイデアやアプローチを考えることもできるだろう。

では、「忙しさの罠」に続く2番目の罠は何か?

「人と比べる罠」だ。

7章

人と比べる罠

私たちにどっぷり染みついた習性

「社会的相対性」〔他者との関係で測る自己〕を通じて、私たちは外部の基準で自分たちの行動を判断することになる。

「社会的相対性」は、じつは人生の早い段階から試みられる。そして、多くの要因を通じて私たちに浸透する。

「社会的相対性」を試みる過程は私たちが経験するあらゆるものに組み込まれている。そのため、自分と人とを比較する感情は制御できないと感じることがよくある。頭で抑えきれず、反射的に比較してしまうのだ。

人と比較することは常にあらゆる形で影響をおよぼす。

モルガン・スタンレーでは、マネジング・ディレクターたちは絶えず互いに比較しあっていた。

たとえば、ふたりのマネジング・ディレクターはほぼ同程度の経験を持ち、責任を負っていたが、ひとりは2万5000ドルほど多く収入を得ていた。

2万5000ドル少ないマネジング・ディレクターがこの事実を知り、激怒。どちらのマネジング・ディレクターも自分に都合のいいようにしか状況を見られず、どうして賃金の差が生じたのか客観的に判断できなかったので、両者の間に強い緊張が走った。

両者ともに「人と比べる罠」にはまっていたのだ。上司である私は、ふたりの管理に長く苦しむことになった。

さらに言えば、ふたりとも給料やオフィススペース、役職など、誰が何を持っているかを常に気にした。コミュニケーションの方法を模索する代わりに、ひたすら「人と比べる」争いにエネルギーを費やしていたのだ。

「人と比べる罠」は私たちの生活に浸透している。仕事で結果を強く求める者は、とくにかかりやすい。人生の目的や自分のアイデンティティに疑問を感じているときにこの罠にはまると、さらに好ましくないことになる。

自分はビジネスパーソンとして、あるいはもっと広い意味で重要な存在だろうかと疑問を感じるようなことがあれば、どうするか？

そんなことはない、自分は間違いなく重要だと思いたい、だからそのためにまわりの環境を操作し、自分が望むフィードバックを得ようとする。

自分は孤独だと感じるようなことがあると、どうするか？

その瞬間に、世の中はどんなふうにグループ分けされていて、各集団はどんなふうに行動しているか、観察者になりきってよく見ようとする。

■勝手に勝負して、勝手に負けてしまう

「人との比較」がさらに否定的な形を取ることもある。

自分はなぜひとりでいなければならないか、コミュニティやグループにこだわる必要がないかを理由づけして正当化しようとするのだ。

どれほど成功を収め、どれだけ目標を達成しても、この「人と比べる罠」によってこれまでの成果は見直され、成功の基準もリセットされる。

過去に何をしたかが、問題にならなくなるのだ。本当に成功した、何かを成し遂げたと思えるには、これまでなかったものが求められる。

どんなことかといえば、今まで就いたことがない役職に就いたり、成し遂げたことのないタスクをものにしたり、これまで働いたことのない会社に勤務したりすることだ。

このように、「人と比べる罠」にはまると、目標の達成は常に困難になる。そして困難な目標を達成すると、次に目指す目標の達成難易度がまたさらに押し上げられる。**「人と比べる罠」にはまってしまえば、どれだけ結果を出しても決して満足できなくなってしまう。**

ハーバード・ビジネススクールの教授に迎えられたとき、学者として究極の「成功」の1つを成し遂げたとして、友人や家族にカードや手紙で祝福してもらった。モーガンホールの自分の研究室を訪れるまでは、かなり誇らしい気分だった。

隣の研究室にいる同僚マイケル・L・タッシュマンは、著作が12冊あり、組織改革の分野で世界的に名が知られた学者だ。ケープコッドの近くにすてきな別荘も持つ彼は、優雅でまわりに協力を惜しまず、みんなに好かれていた。

だが、毎日学校に来て、彼の研究室の前を通り過ぎると、レースに後れをとっているように感じた。彼と比べると、自分はキャリアこそ長いが、業績はほとんどないと思えたのだ。向こうは12冊も本を出しているのに、こっちは2冊……。

タッシュマン教授が留守だとわかると、きっと、ジャック・ウェルチ［1981年から2001年までゼネラル・エレクトリック社CEO］のような著名な人物に会っているに違いないと思った。

彼が成し遂げたことと、私が成し遂げていないことを比べては、彼を嫌いになった。そして自分のことも嫌いになってしまった。

毎日こんな感情に駆られていた。それも1日の終わりではなく、1日の始めに……。

タッシュマン教授の研究室と反対方向からオフィスに入ればいいのでは？　彼の研究室の前を通らなければ、「人と比べる罠」にはまらないのでは？

そう思われるかもしれない。だが、逆隣の研究室にいた同僚も、ものすごい人物だった。

1997年、前年にMIT（マサチューセッツ工科大学）からハーバード・ビジネススクールに異動してきた教授がノーベル経済学賞を受賞した。ロバート・マートンは受賞時まだ46歳だった。マートン教授はフィッシャー・ブラックとマイロン・ショールズが提示したオプション価格の決定モデル「ブラック＝ショールズ・モデル」の研究に協力し、同モデルの応用範囲の拡大に努めた。そしてデリバティブ［金融派生商品］の価値評価理論への貢献により、スタンフォード大学教授マイロン・ショールズとともに、1997年にノーベル経済学賞を受賞した。

おわかりのように、私の研究室の隣にはマイケル・タッシュマン教授の研究室があり、反対側にはロバート・マートン教授の研究室があったのだ。

マートン教授もタッシュマン教授と同じくらい、周囲に協力を惜しまなかった。

マートン教授が車で出勤するのを見ると、複雑になった。手を振ってくれることもあった。あんなに頭がよくて穏やかな人は見たことがない。誰もがそう思うはずだ。

毎朝、常に引け目のようなものを感じながら研究室に着いていた。

「フレーム」でぶれずに見る

コーチング指導を受けたいと、ある会社のCEOから連絡があった。大成功した家族経営の事業を営む人物だ。スマートで、会社に身を尽くしていた。

同時に経営者としての弱み、自分が組織におよぼすマイナス要素も理解していた。コーチングを始めると、こんなふうに話してくれた。

■人から「影響」を受けやすい人

「あるCEOに、上級管理職のミーティングは特別な形で運営するのがいいとアドバイスを受けました。それから部下への360度評価も省略したほうがいい、時間とエネルギーを膨大に取られるから、とも言われました。言われた通りにすべきでしょうか？」

また別の日には、違うCEOに、「仕事に割ける時間の3割をタレントマネジメント

「社員の才能や能力を把握して人事戦略を練り、適切な人材配置や人材開発を行ったうえで戦略立案、業績評価をすること」とコーチングに費やしている」と聞いたという。自分も同じことをすべきか、悩んでいた。

自分がコーチングするクライアントが、ほかのCEOから進んで学ぼうとするその姿勢に、素直に感銘を受けた。

だが、このクライアントは、他のリーダーたちと少し会話を交わしただけで、自分の会社で同じようにしようとすることがよくあった。

想像してほしい。新しい技術システムを作り上げようとしている最中、自分たちのCEOが誰かに別のシステムの話を聞いてきて、いきなり全社のシステム一新を呼びかける。社員はたまったものではない。

このクライアントは、「学習すること」と「人と比べること」の区別がついていなかったのだ。

自分の会社以外の組織を経験しなかったこともある。ほかのCEOの行動を実際に目にして学ぶことがなかったのだ。

その結果、何をすべきか、自分で想像しなければならなかった。

幸いなことに、このクライアントは多くのことを正しく推測できた。だが、複数の選択を前にすると、どちらに時間を注いだらいいか判断できなかった。

「各国のリーダーを訪問するのがいいでしょうか？　それともリーダーシップ育成プログラムを新たに計画するのがいいですか？」

「B社の社長に会いにいくのがいいですか？　それとも会社のフィットネスセンターを誰が利用できるか指針を立てるのが先決ですか？」

このクライアントはフレーム［自分の行動理論を定式化する一連の経験。経験の幅］を欠いていたので、すぐにこんなふうに比較してしまう。

人からある手法や戦略を聞くと、ただちに「新しい方策を練る必要があるかもしれない」と考えはじめる。

その結果、リーダーとしての役割がふらつくだけでなく、部下も何をしたらいいのか不安になってしまう。

このクライアントの会社の管理職がどんなふうに意思決定しなくてはならないか、想像がつく。

私がコーチングしたCEOは、自分が抱いた不安によって「人と比べる罠」にはまっただけでなく、その罠にまわりの人も引きずり込んでしまっていた。その結果は？　多くの管理職が社を離れることになった。

■小さな「新しいこと」をしてみる

ここでの教訓はこうだ。

仕事で結果を強く求める者は、誰もが「人と比べる罠」にはまらないように、さまざまなことを経験する必要がある。経験の幅を広げるよう努めるのだ。

もっと言ってしまえば、「ルーティンワーク」をしないこと。仕事をしていればそれでいいという考え方を改めないといけない。

10年で異なる10社に勤務せよ、と言っているわけではない。ただ、今いる組織でも学び、成長できる場はたくさんある。

普段と違うチームを手伝ってみたらどうだろう。

上司にストレッチ・アサインメント〔186ページ注参照〕を求めてもいい。

別の部署の人たちと積極的に話してみよう。

トレードフェア（商談会）に行けば、他社の人に会うことができる。

社内だけでなく社外（業界団体など）の集まりに参加すれば、普段一緒に仕事をする機会のないその道のプロフェッショナルとも交流できる。

公の場でも、私的な場でも、さまざまな手段を講じて視野を広げてほしい。

視野が狭かったり短絡的な見方が身についていたりすると、執拗に自分と他人を比較してしまう。自分は機会を逸している、自分よりみんなすぐれていると反射的に思い込んでしまう。

経験を深め、広げることで、「人は自分にないものを持っている」と真っ先に空想せずにすむ。自分が置かれた状況を客観的に分析することができるはずだ。

まわりにどんな世界が広がっているか見てみよう。世の中をありのままとらえることで、人をうらやましがる自分の創作シナリオに固執することはなくなる。

職場に「対策」を持ち込む

ハーバード・ビジネススクールの第10代学部長ニティン・ノーリアは、1980年代後半にハーバード・ビジネススクールの教授に就任した。ノーリアはその際、成功に向けてどんな文化を吸収し、どんなふうに期待に応えなければいけないか、学んだという。

教授に着任した数か月後、真の師弟関係が育まれることになった。

ボブ・エクルズ教授は、当時、組織行動論の分野でテニュア［定年までの在職権］を獲得した教授だった。じつに聡明で、気品に溢れた人だった。

のちにノーリア教授もテニュアを獲得するが、テニュア獲得にあたり、エクルズ教授が教えてくれたことを、次のように話している。

「エクルズ教授は私をしたがえて学校の駐車場を抜けてオフィスに向かった。そこで少し立ち止まり、私にビジネススクールに着任するにあたって、次の規則を守ってほしいと話した。

『ニティン、この駐車場を見てほしい。そしてこれをハーバードとハーバード・ビジネススクールと君の仕事の指針にしてほしい。

まず、朝はなるべく早く来て、学部にいちばん近いスペースに駐車してほしい。ここには30台分の駐車スペースしかないから、早く来ないと停めたいところに停められないぞ。

そして夜もできる限り長く学校にいてほしい。そうすれば、帰宅するとき、君の車のまわりにほかの車はないだろう。君の車は信号灯のように目立つはずだ。

そうすれば、きっとうまくいく』」

■「目印」をオリジナルでつくる——HBSは「駐車場」で仕事の進みを確認

この話から学べるのは、誤った算定基準にしたがってはいけない、身近な判断基準を設けて、それによって自分の仕事の進行を確認せよ、ということだ。

ノーリア教授は本も記事も論文も書かなければならない。教員として学生の指導にもあたらなければならない。事務仕事もこなす必要がある。外部の研究機関との関係も大事だ。

だが、ノーリア教授がこうした役割と責任をどこまで遂行できているか確認するのはむずかしい。日常の雑務に忙殺されると、たちまちほかの教授は自分よりうまく学生指導ができているか、自分よりすぐれた本をたくさん書いているか、「他人のこと」が頭をもたげる。

「人と比べる罠」はいつの時代も、競争が激しいが、仕事達成の判断基準がはっきりしない職場環境で発生する。自分の仕事をまわりの人と比べることで、自己不信にとらわれてしまう。

ノーリア教授がしっかり仕事できているかどうかわからなくなったとき、それを見極める方法をエクルズ教授は与えてくれたのだ。

長くハーバード・ビジネススクールに勤めたエクルズ教授は、同僚の教授が「成功」できず、退校を求められたときの様子を、ずっと見てきた。彼らはハーバード・ビジネススクールのテニュア獲得を強く望んでいたが、怒りと苦々しい思いとともに去ることになってしまった。

ノーリア教授には同じように「人と比べる罠」にはまり、目標を達成できないようなことにはなってほしくなかった。そこで自分のすべきことを正しくできているか確認できる簡単な方法を教えたのだ。

「駐車場係数」を目安にすることで、自分を誰かと比べて自滅することが避けられた。

「駐車場係数」は必ずしも誰もが取り入れられるものではない。だが、自分なりの判断基準を作り上げれば、目標に向かって正しい道を突き進んでいる（あるいは突き進んでいない）かを確認できて、「人と比べる罠」にはまらずにすむ。

間違った判断基準を作り上げてしまえば、「忙しさの罠」にはまってしまうことになる。

次の判断基準を考えてみてほしい。

①「頂上」への進捗状況
目指すポジションに就くにはどうしたらいいか、目標までの道のりをチャート化したりして計画を立ててみる。そのために必要な経験と知識をどうすれば習得できるか、考えてみる

②「満足度」の数値化
今の仕事がどれほど有意義で充実しているか考えてみる。仕事をどれだけ楽しんでいるか、やりがいを感じているか判断し、数値化してみる。定期的に行うこと

③学習のレベル
今得ている知識とスキルから、その分野の「エキスパート」になれているかどうか判断してみる（ほかのものより微妙な判定基準になるが、これも人と比べる罠から逃れるうえで有効な見方となる）

「一部」との関係がむずかしい

職業問わず野心的に仕事を進める人は、自分の仕事をほかの人の仕事と比べて判断しようとし、「罠」に例外なくはまってしまう。

たとえばある病院の経営幹部に、「医師同士がうまくやれていない科がある。対処法をアドバイスしてほしい」と求められた。その科（外科）は徐々に険悪なムードになり、今では互いに口をきかない医師もいるという。

この幹部は私にたずねた。

「世界有数の医師たちがどうしてお互い協力しあえないのでしょうか？

人とうまく付き合えないということではないと思うのです。どの医師も患者と患者の家族とは親身になって話しています。

ですが、病院内の自室やほかの外科医の部屋に近づくと、まるでジキルからハイドのようにおそろしく変貌してしまうのです。

若い医師は、年上の医師たちの接し方を見て、この部署への配属を望みません。

病院の評判はいいのに、腕のいい若い医師が来てくれないのです。

どうしたらいいでしょう？」

医師を一人ひとり見てみると、なぜほかの医師に強い嫉妬を覚えるかと言えば、自分こそが病院の最高位の医師になりたいという思いがあるからだ。はっきりした医師のランキングは存在しないが、成功した手術、新しい技術の導入、著作の出版点数、受賞歴など、あらゆることによって病院内におけるステータスが作り上げられる。

誰もが、自他ともに認めるナンバー1の医師になりたかった。

ある日、手術室脇の廊下に今後の手術予定リストが貼り出されていた。どの医師も何件かの手術を予定していた。

緊急事態が発生すると、主治医が手術をできる限り公平に割り当てる。手術が終わると各医師はリストの前に来て、その手術にチェックを入れる。そのあと何をするかというと、ほかの医師がどれだけ手術を執行したか数えるのだ。

医師のひとりに、「リストを見て、何を確認しているのですか」とたずねてみた。すると、その医師は答えた。

「誰がどんなオペを執刀しているか、そのオペはどれくらい時間がかかったか、どれくらいむずかしかったか、確認します」

最後の「どれくらいむずかしかったか」と言ったとき、顔をゆがめて苦しそうな笑みを浮かべていた。

病院の医師は誰もが優秀だった。もし親戚の誰かに手術が必要となれば、迷わずこの病院にお願いしたいと思った。

手術の腕は申し分なかった。だが、どの医師も自分を誰かと比較し、競争心を持たずにいられないことで、組織を破壊していた。

ついに、もっとも実力のある医師ふたりが別の病院に移ってしまった。院長は何度も引き止めたが、うまくいかなかった。

病院内のかなり多くの医師たちが「人と比べる罠」に陥ってしまっていたのだ。

「ライバル」を冷静に観察する——彼らに振り回されない方法

仕事で結果を出そうと強く思う人はすぐに自分を誰かと比べてしまうが、それを止めることはできないし、人と比べずにすまそうと思わないのかもしれない。

たしかに、歴史に残る偉大な将校やＣＥＯなど、各分野で業績を残した人たちは、ライバルに負けまいと自分を駆り立てることで、大きな仕事を成し遂げてきた。

だが、**いつも自分を人と比べるようなことをしていれば、一歩下がって自分の仕事を客観的に見られなくなってしまう。**

アイルランド生まれの探検家アーネスト・シャクルトン（1874～1922）のいちばんよく知られる業績は、1914年から1917年に敢行した南極横断で、流氷に1年半閉じこめられた船の乗組員25名の命を守りきったことだ。

シャクルトン以前に「探検家」として活躍していた者がすでにふたりいたが、シャクルトンはこのふたりより自分のほうがすぐれていると信じて疑わず、彼らに対する苦々しい思いを抱いていた。

まず、ロバート・ピアリーは先に北極点に到達し、自分の一歩先を行っていると感じていた。ピアリーは1898年から北極点到達に4度挑戦したが、その度に失敗し、自分も死にかけたうえに、随行した部下を何人も見殺しにした。1909年、ついに北極点に到達して称賛されたものの、何人もの部下の命を奪ったことを考えれば、ピアリーは決して成功したわけではないとシャクルトンは思っていた。

もうひとり、ノルウェーのロアール・アムンセンは、1911年に人類史上初めて南極点に到達し、1926年には飛行船で北極点へ到達した。多くの講演活動をこなしたことで、世界的に名を知られることになった。

このピアリーとアムンセンに強いライバル心を抱いたシャクルトンは、1914年、25名の隊員を率いて南極横断を試みる。

だが、状況は最悪だった。時は第一次世界大戦直前、ヨーロッパ中が緊張に包まれていた。シャクルトンはあちこちに掛け合って遠征費用の工面を図るが、十分な支援は得られない。

ついにシャクルトンは私財を投げ売って南極に向かった。

南極に向かうにあたり、アフリカ大陸南端の小さな捕鯨の村、サウスジョージアで休みを取った。そこで多くの鯨捕りたちに、「普段より流氷が多いから、注意したほうがいい」と言われる。

忠告があったにもかかわらず、南極大陸から約48キロの地点で、上陸前にシャクルトンの船エンデュアランス号は流氷に閉じこめられ、破壊された。

だが、シャクルトンは奇跡を起こす。海氷上にキャンプを張り、乗組員とともに1年半以上、氷上で生活を続けたのだ。そして救命ボートでエレファント島［南極海に浮かぶ氷に覆われた山の多い島］にたどり着き、そこから嵐の海を小さなボートを漕いで１３００キロ以上航海したのちサウスジョージアに戻ったのだ。

死者をひとりも出すことなくイギリスに戻った。しかし、人々の反応は、彼が想像していたのとはまったく違った。戦火が広がり、誰も戦争以外のことは考えられなかったのだ。シャクルトンは奇跡的な航海を終えて戻ったにもかかわらず、ビアリーとアムンセン以上の名声と称賛を手にすることはなかった。

自分をビアリーとアムンセンと比べることで、大きな冒険に踏み出せた面はあるかもしれない。だが同時に、それによって自分の夢が実現できなかったとも考えられる。

十分に計画を練り、実行可能な戦略を打ち出し、資金が十分に得られる時期に決行したなら、目標を達成できたかもしれない。

シャクルトンの例からわかる通り、自分を人と比べることを繰り返せば、学びと成長の機会を失う負のサイクルにはまり込むだけでなく、健全な戦略を持たず、やみくもに目標に向かって突き進むことになりかねない。

「比較競争」は無限ゲーム——評判、給料、家、ボート……

私たちはさまざまな方法で人と自分を比べる。ほかの人の仕事と比較する基準を見つければ、常に自分の仕事と比べてみる。

たとえば大手ヘッジファンド会社を経営する友人から、少し前に不満を聞かされた。自分は金融サービス分野の長者番付10位に入っていないと言うのだ。個人資産は1億2500万ドルをわずかに超えただけで、上には上がいるという。

どれだけ手に入れても比較の基準が存在し、ハードルは常に上がる。**比較競争ゲームは刷新が随時はかられるのだ。**

基準を上げることで、「人と比べる罠」も常に強化される。そんなことになれば、人と比べるばかりで、「自分は何者で、どのような存在か」といったことを冷静に考えてみることはなくなる。

「人と比べる」比較競争の基準を吊り上げながら、ほとんどすべてのものを競争対象にする。たとえば次のようなものを比べたことはないだろうか？

- □給料
- □ボーナス
- □会社の業績
- □特典（社用ジェット機を使える。一流ホテルに宿泊し、ゴルフ旅行が楽しめる。豪華なオフィススペースなど）
- □休暇
- □家、車、ボート
- □パブリシティ（ビジネス誌の長者番付トップ100リストに挙げられているといった経歴など）
- □業界での評判
- □会社役員かどうか

ここにあるものを人と比べたことがあるだろうか？

では次に、自分はどんなふうに「人と比べている」か、次の質問に答えてみよう。

□誰かと比較することで、自分のパフォーマンスや仕事に不満を感じることがあったか？　自分が大変な成果を成し遂げたと思えなくなったか？
□誰かと比較したことで、あとから考えてみると、いちばん達成したいと思っていた目標が達成できなかったことがあったか？
□誰かと比較することで、自分ができるかもしれないことは脇に置いて、「自分にないこと」「できないこと」をひたすらうじうじ考えてしまったか？

人と比べることでもたらされる最悪の結末は、自分が成し遂げたことに満足できないということかもしれない。

マイナス面はほかにもある。

本章の最後に、「ここに行くと比較の罠にはまりやすい」というものを紹介しよう。

旧友との「再会」だ。

ここでは、ハーバード・ビジネススクールの同窓会についてお話しする。

■「時間」が経てば視点が客観的になる

同窓会には、旧友に会いたいから出席する？

たしかにそうだが、それだけではない。自分はどれほどの仕事をしているのか、昔の友と比べてみたい気持ちもある。

卒業生の同窓会にスピーチを頼まれて出席することがあるが、若い卒業生の同窓会のほうが「人との比較」がよく行われていると思う。卒業5年後くらいだと、お互いいろんなことを比べようとして、深い話が交わされることはほとんどない。

5年ぶりの同窓会となると、出席する人たちはじつは警戒している。化粧やオーデコロンは少し強めにして、自分は問題や弱みなど何ひとつないように振る舞う。卒業後に困難にぶつかった人がいたとしても、そのことを正直に昔の友に告げることはまったく不可能でないにしろ、むずかしい。

最初に大きな賞与を手にしたのはいつか、新しく買った家はどれくらい広いか、今度の休暇はどこに行くか、といったことがひたすら話題になる。

卒業生のひとりにたまたま会った。彼女は同窓会に出席する予定でいたが、最近仕事を失ってしまったという。

出席するかどうかたずねたところ、彼女は引け目のようなものを感じるのか、苦しそうに顔をゆがめた。

「行ってもストレスを感じるだけだと思います」

仕事もしていないのに出席できない、ということだった。

誰もそんなことは気にしないよ、みんな自分のことしか考えてないから、と言ったが、そうは思えませんと本音を口にした。

「先生はわからないんです。私はあの人たちと2年間一緒でした。同窓会に行けば、『何か僕たちにできることはないかな』と手を差し伸べてもらえるかもしれません。でも、心の中では、『こいつ、やっぱりだめだったな』と思うに違いありません。私は優秀な学生じゃありませんでしたから。『やっぱりこんなもんか』と思われるのが目に見えています」

私は微笑みかけて、自分が成功したとは思わない人もいるんじゃないかなと声をかけたが、慰めにはならなかったようだ。

この卒業生と少し言葉を交わしたあと、私は思った。

同窓会に出席するのは、自分は成功していると思える人だけではないだろうか？

であれば、ごく浅く、表面的な会話がひたすら交わされるだけだ。歳を重ねて知恵もつけて、少なからずキャリアで壁にぶつかった人たちが口にしないようなことをあちこちで耳にすることになるだろう。

一方、卒業して25年ぶりに再会した人たちからは、深い話を聞くことができた。これまでの人生が山あり谷ありだったと、ためらうことなく話してくれた。

私は同僚のレスリー・ペルロ教授とともに、1年生向けの組織行動の授業に使うケーススタディにしようと、１９７６年以降の卒業生の仕事と私生活をまとめていた。最初の授業で６人の卒業生が歩んだ話を紹介したところ、波乱万丈の人生に、教室中が衝撃を受けた。

学生たちは、我々がとくに苦境を強いられた卒業生を意図的に選んだと思ったようだ。ランダムに選択したと伝えると、彼らはさらに驚いた。

離婚した人は２人。学習障害を持って生まれた子どもを持つ人もいれば、配偶者に先立たれた人もいる。

将来に希望が持てず、暗く沈んで教室から出ていった学生もいた。

自分たちの夢の先に、彼ら卒業生の長い傷だらけの人生を見たのかもしれない。それまでは、目の前の平坦な道を進めば、いちばん上の役職にいつかたどり着き、十分に満足できる生活を手にすることができる、と想像していたのだ。

私たちが紹介した６人の卒業生はすぐれた業績を収めつつも、さまざまな挫折や困難を経験していた。

夢を見るのは控えるべきだと言っているのではない。

ただ、自分の思い描く理想がほかの人が示す現実と一致しないからといって、落胆してはいけない。

私たちの学生は、25年後には自分たちはこうなるのかと思い、間違いなく落胆した。「人と比べる罠」にはまると、こんな暗い現実が突きつけられることもある。

意欲も夢も奪われてしまう。

夢はたしかに人を形成するが、破壊することもある。

夢を見ることで、真にすばらしい人生に付きもののあらゆるリスクやほかの可能性にほとんど目が向けられなくなってしまうかもしれないのだ。

次章で次の罠を見てみよう。

「人を非難する罠」だ。

8章

人を非難する罠

非を認めて「稀有な人」になる

どんな人でも「期待したことができていない」と言われるとひどくつらい。

そんなことを言われたとき、心の中でこう思うことはないだろうか。

「こんなに一生懸命働いたのに、どうして非難されるんだ?」

自分よりうまくできる人がいる、もっと見事に成し遂げた人がいる。そういったことは絶対聞きたくない。

結果を出したい、成功したいと強く思う者がこの状況になったら、自分の中で都合よく処理してしまい、仕事に生かそうとは思わない。

その結果、「自分には足りない部分があるかもしれない」「態度や行動を変えよう」となかなか思えないのだ。

図8・1　問題解決の曲線

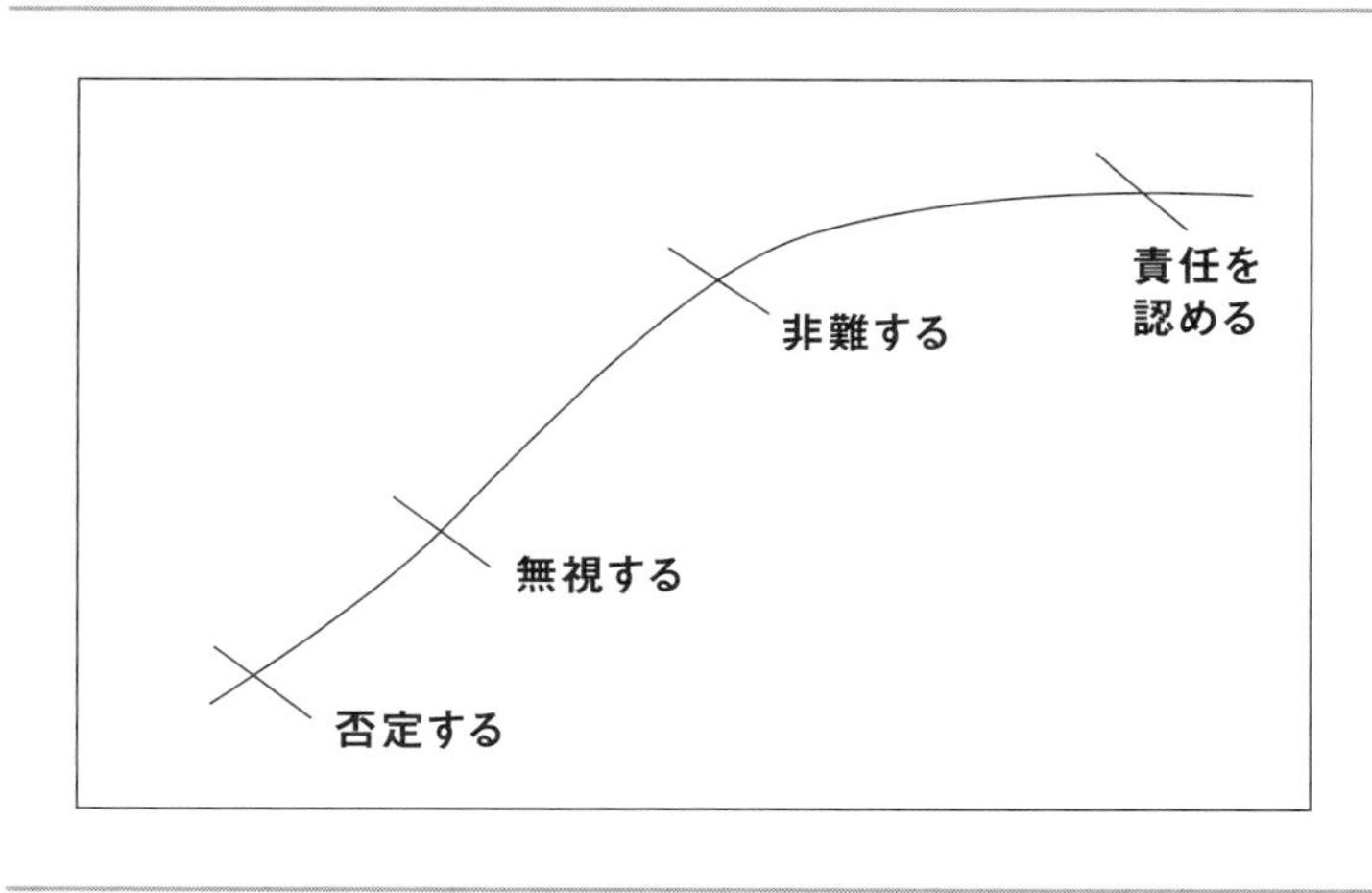

「申し訳ないです、私のミスでした」と非を認められず、「私のせいではないです。あの人のせいです」と言いつづけることになってしまう。

人のせいにすることが多いと思う人は、「人を非難する罠」にはまっている。

問題が起きると「無視」したくなる

図8・1の曲線は、問題が起きてから解決にいたる推移を表す。これによって、私たちがどのように「人を非難する罠」にはまってしまうか、見て取れる。

誰かを失望させてしまった、（さらにもっと重視すべきだが）自分自身も失望させてしまったとき。私たちは、自分に問題が存在することを認めようとしない。

この段階で、すでに「人を非難する罠」に飲み込まれている。

そのあとは、ひたすらその問題の話をしないようにする。

事態が深刻になり、立場が苦しくなって問題に対処しなければならなくなると、今度は問題を誰かになすりつける。

図8・1にも見られるが、この**「無視する」→「非難する」までの期間がいちばん長い。**ここで自分のしたことを正当化し、誰かの責任にすりかえるためにあらゆる策を練る。自分に非があると決して認めず、ひたすらその人物を悪人に仕立て上げるのだ。

2章の図2・2を思い出してみよう。あの場面でも仕事で結果を出そうと強く思う者は、4つのスペースを思うように移動できなかった。結果、変化も学習も成長も実現できない。今いる場所にとどまり、「望ましくないことを行う」に終始するからだ。

ここで急成長を続ける大手ソフトウェア会社で働くジャックの例を見てみよう。

テクノロジーの知識も先を読む能力も備えたジャックは、同社でも異例の若さで部署の長に任じられた。

35歳で昇進してからも、めざましい活躍を続けてきた。問題にぶつかったことはあったが、類(たぐい)まれな知識とスキルによって万事回避してきた。

ジャックは大きな可能性を秘めた新しいソフトウェアを売り出すチームの責任者になった。この新商品の製作はジャックの会社にしかない革新的技術によって実現できる設計だった。会社はこの開発に多額の投資を行っていた。

ジャックはこの新商品を売り出すチームの長として、自信をみなぎらせていた。

市場の動向を読み、流通戦略やマーケティングの計画を立案。進行に問題はなかった。

だが、初期テストで最初のトラブルが発生する。製品の不具合がかなりの割合で確認されたのだ。

ここでジャックはいつものように積極的に問題解決をはかる。チームに「問題解決のためにはこういった技術が必要かもしれない」と呼びかけて、設計上の欠陥対処にあたってもらったのだ。

だが、設計の微調整をはかったものの解決にいたらず、チーム内にフラストレーションが生じる。

その直後だった。ライバル会社がジャックの会社とは異なる技術で同様の製品を発売したのだ。

ジャックの会社は後塵（こうじん）を拝することになった。

ジャックの上司たちはそろって激怒。設計ミスを修正して直ちに商品を市場に出すよう強く命じた。だが、さらに遅れが続く。

ＣＥＯはジャックを部屋に呼びつけて、君には失望した、と叱りつけた。

それに対してジャックは何と答えたか？

悪いのは自分ではなく、３人の製品開発者です、と言ったのだ。

「僕は機械ではありません。３人にもらった情報を信じるしかありませんでした」

新製品を支えるテクノロジーを完全に理解せず、販売戦略を押し進めたのはジャックだ。しかし、それについては何も言わなかった。

新商品を作り出すテクノロジーについてまわりに聞いたことはあったが、よくわからなかった。そこで、細部までわかる必要はなく、製作者たちに任せればいいと考えたようだ。

社をかけた大事な商品だった。おそらく製作者たちから、「設計に問題が生じる可能性もある、発売時期の見直しを考えたほうがいい」と早くから言われていたはずだ。だが、ジャックはあくまで予定通りの発売しか頭になく、製作者たちの不安を聞き入れなかった。

チームは最終的に設計を修正し、新商品が市場に投入された。売上はまずまずだった。

ジャックはその後、「人員を入れかえて、必要なテクノロジーを細部まで理解でき、販売戦略も完全にコントロールできるプロジェクトチームを立ち上げたい」と上に求めた。

そのあいだ数か月にわたり、例の開発にあたった３人を名指しし、自分の経歴に傷をつけたと非難しつづけた。

多くの野心的に仕事を進める者たちと変わらず、ジャックも今回の問題解決で何かを学び、成長にいたることはなかった。

予定通りに計画が進まず（だが、それは彼が立てた計画だ）、何も考えられなくなってしまった。上からの叱責を受け入れられず、自分に落ち度がなかったかを見つめることができなかった。

そこで学び、変化し、成長することができず、代わりに「望ましくないことを無難にこなす」状況に収まろうとした。

ふたたび図8・1の問題解決曲線を見てみよう。

この曲線において、「しかるべき責任を認める」段階にいたるには時間がかかることをまずは認識してほしい。

問題を自分の中で処理することなく、恥をかくこともおそれず、しっかり自分の役割をはたさなければならない。そのうえで、自分の弱さをさらけ出せれば、人を非難しようなどと思わないはずだ。

他人は「行動」で、自分は「心情」で判断する

この時点で、こんなふうに思うかもしれない。

「『忙しさの罠』や『人と比べる罠』にはまることはあるかもしれないけど、『人を非難する罠』は大丈夫だと思う」

自分のミスを誰かのせいにするような人間だとは認めにくいだろう。

だが、私が知るビジネス界の人の多くは、人を非難する行為を巧みに合法化する。

意識的には、自分たちが正しいと確信している。そして無意識では、誰かを非難すれば不安を感じなくなると理解している。

結果を強く求め、「人を非難する罠」にはまってしまう者たちの心の中で何が起こっているのか。

自分に正直になって、「問題が発生したとき、どうして人を非難してしまったか」を冷静に判断できるなら、こんなふうに言うかもしれない。

「自分の本当の姿がみんなに知られると思うと不安だ。そんなことを心配する必要はないし、気にしすぎかもしれないけど、不安に思うから、自分は人とは違うと必要以上に示そうとするのかもしれない。

私は同僚よりもできる人間で、いろんなことに通じていて、繊細だ。だからミスを犯す確率は人より低い。だから私はほかの人とは違うと強調し、人のミスをあげつらうようなことをしてしまう」

「自分は人と違う」という認識をどこから引き出すのか？

私はこんなふうに考えていることに気づいた。

自分が内に秘めた感情も意図もわかっているから、ものごとを自分に有利に解釈する。同時にほかの人のことは、表面的な行動だけで判断する。彼らを観察して判断するのだ。

そのあと、その人の考えや感情ではなく、自分の考えや感情に基づいて、どうして彼はそんな行動を取るのか、ひとりよがりの論理的な根拠を示すことになる。

こんな感じだ……。

私は会社の利益を心から思い、会社の繁栄につながるのであればリスクを冒すことも辞さないが、あの男はリスクをおそれ、これまで通りの戦略を固持すべきと主張した。どうやらあの男は昇進を狙っているようで、昇進の障害になるようなことについては口を閉ざそうとするのが態度の節々に感じられる。

でも、私は違う。会社のためになるなら、昇進できなくても構わない。ほかの人と違い、私は気高く、自己犠牲をいとわない。

■私たちの「フィルター」は偏っている

ほとんど誰もが、「自分は人の動機や意図、本心がわかる」と思い込んでいるが、そんなことはない。

実際には、私たちの偏ったフィルターが知覚を歪め、何もわかっていないことがよくあるのだ。

私もそうだ。状況に応じて行動していて、人の考えや感情は直感で判断できるし、それによって人の行動を判断できると思い込んでしまっている。自分は洞察力が非常に強く、人に過敏に反応するから、気づけば誰かを批判してしまっている……。

成功を強く追い求める者は、自分は強力な共感力を備えていると信じている。

ある同僚が話してくれた。

「みんな自分は運転がうまいと思っているのと同じで、人に十分気を配ることができると思い込んでいる。でも、自分の場合は本当にそうだ。僕のいいところは相手の人となりがわかり、何を考え、何を感じているか察することができるところだ」

多くの人を前にこの話をすると、悲しそうな笑い声がどこからともなく聞こえてくる。みんな、同じように思っているのだ。

白状すれば、私もそう思っていた。

オレゴン州ポートランドの街を走りまわっていた子どもの頃から、自分は特別な存在で、人はみんなすぐに自分に引きつけられると思い込んでいた。

成長すると、今度は「自分は特別な資質を備えていて、ほかの人の考えや行動を敏感に読み取れる」と考えるようになった。

兄のカートは私がそんなふうに考えているとわかっていたようだ。

「トム、君は『誰よりもタフな人生を歩んでいる』『いろんな人と深く付き合って、彼らの痛みを感じ取れる』みたいなことをよく言ってるね。でも、みんな同じようなことを言うよ。

人は大体、自分には人を理解する特別な才能があると思っている。だから君も同じように特別な力があると考えていい。

でもね、覚えておいてほしい。**僕も、まわりのほとんどの人も、同じように自分には特別な力があると思っているんだ**」

アメリカのユーモア作家でラジオ番組『プレーリー・ホーム・コンパニオン（故郷の平原に住む人たち）』（1974〜1987）を制作したギャリソン・キーラーは、自分が作家になった動機を、ある種の心配とともに語っている。[1]

「普通の生活でいいのだろうかとずっとおそれていた。そんな不安があって、子どもの頃は（そして今も）家に閉じこもっていて、友達もいなかった。背が高くて、不器用で、これから自分は何ができるか不安だった。

でも大学に入って、こんな普通の僕にも人を引きつける『声』があるってわかったんだ。特別な才能があると気づいたんだ。そして文章が書けるってわかった。

今自分の人生を振り返ってわかるけど、僕らはみんな、普通の生活でいいのかなと思っている。

ほかの人たちと全然変わらない人生だけど、それでいいのかな？

うん、それでいいんだってわかったんだ」

自分は特別でもなんでもない、ごく普通の人間であることに不安を感じる。そして人よりずっと繊細で、他人のこともよく理解できると自覚している。そんなときに仕事でうまくいかないことがあると、スケープゴートを探し求めるようになる。

批判を受け入れなければ、自分は特別でも何でもない人間で、間違いをよく犯してしまうという不安な気持ちに飲み込まれずにすむ。

また、自分以外に罪を着せ、自分は他人の欠陥を正確に突く才能を備えているという思いをこれまで通り維持できる。

自分のキャリアに翳(かげ)りが生じつつある、仕事で何かうまくいかないことがあれば、こんな気持ちになってしまうことはよくある。

加えて、私たちのほとんどがそうだが、自分は世界やほかの人に強い影響を与えていると思い込んでいるから、いつでも自分を棚に上げて、人のせいにする。

自分は特別だし、誠実だ。

自分に非はない。責められるべきは、僕と違って凡庸なあの人か、僕のように誠実でないあの人だ。

そんなふうに考えてしまうのだ。

不当な告発、責任のなすりつけ合い

ハーバード・ビジネススクールのスコット・スヌーク教授は、『友好砲撃　なぜ北部イランでアメリカのブラック・ホークは撃墜されたか?』(未邦訳)で、なぜ「フレンドリーファイア」(味方による誤射)が起こるか、広範に調査している。

第一次イラク戦争が終結した1994年4月14日、アメリカ軍は多国籍軍とともにイラク北部のクルド人の警護にあたっていた。サダム・フセインはそれまでの5年間で約50万人のクルド人を殺害していた。

多国籍軍の「統制された」軍事力がクルド領上空に飛行禁止区域を設定し、早期警戒管制機エーワックス［敵機を発見し、空中から味方の航空部隊を指揮する機能を備えた航空機］が高度

3万5000フィート（約10キロ）以上の地点で監視していた。にもかかわらず、アメリカ空軍のF15戦闘機隊が同じアメリカのヘリコプター、ブラック・ホーク数機を撃ち落としてしまった。

ヘリコプターに搭乗していた民間人を含む26名の命が一瞬にして奪われた。任務に就いてわずか20分後のことだった。

事故の調査によって、複数の部署の関係者がミスを犯していたことが明らかになった。飛行禁止区域（NFZ）の全軍事行動の責任者ジェフリー・S・ピルキントン将軍は、戦闘機がNFZに入るのを許可するにあたり、そこにブラック・ホークがいることを誰にも知らせていなかった。

エーワックスでNFZを監視していた将校たちも、ブラック・ホークは友軍のヘリであるとF15機のパイロットたちに知らせていなかった。その結果、F15機のパイロットはブラック・ホークが友軍機だと認識できなかった。

IFFコード［敵軍を識別するシステム］も全軍防御システムに統合されていなかった。

個人、チーム、組織全体、システムの各所にミスがあった。

だが、すべてが明らかにされたのち、責任を問われたのはアメリカ空軍のジェームズ・ワン大尉ただひとりだった。

「ワン大尉は責任を負わされた」「全作戦の責任を負っていたのはピルキントン将軍だ」

「ピルキントン将軍こそ起訴されるべきだ」との意見が噴出した。

こうした責任のなすりつけ、不当と思われる告発は今も見られる。

この事故で誰も自ら責任を認めることはなかった。

「はい、私が間違いを犯しました。この大惨事の責任は私にあります」と言った者は誰もいなかった。

事故の関係者は、誰もが人に責任をなすりつけるために多くの時間とエネルギーを費やした。

組織内で責任の所在が明確にされないことを示す際、この話をよくする。聞いてくれる経営幹部は、身近に思い当たることがあるようだ。

「まるでうちの部署のようです。私たちの話のようです。『負う必要のない者に責任が押しつけられる』とのことですが、私たちの部署では『事故は起こるべくして起きている』と思うべきかもしれません」

組織では、誰もが自分への非難は受け入れず、すぐにほかの人に責任をなすりつける。

リーダーの多くは「責任を取る」と言うが、口だけだ。

「責任は私にある」と言いながら、自分ではなく誰かの首を切る。

結果を求める者の多くは自らのミスに注目が集まりそうになると、ただちにほかの人が犯したミスを声高に指摘する。

先ほど挙げたアメリカ空軍の「味方による誤射」の例と同じで、過失はひとりではなく、複数の者によって引き起こされる。

２００９年から２０１０年にかけて北米や日本でトヨタ自動車の大規模なリコールがあったが、これは言うまでもなくトヨタの一社員の責任などではない。すべてが明らかになると、あらゆる立場の人があらゆる場所でミスを犯していたことがわかった。

自分を変えるなら、自ら間違いを認める勇気と覚悟が強く求められる。「もっともらしく否定する」考え方にとらわれ、自分は悪くないと膨大な〝証拠〟を突きつけつづけるようなら、自ら間違いを認めることなどまず期待できない。

あなたが身を置く組織の文化が他者への非難をどれほど助長し、自分のミスの責任を取ることをどれほどむずかしくしているか、考えてみる必要がある。

次の質問に答えてみよう。

- □あなたもしくはあなたの同僚は、過ちを認めて懲戒または解雇されたか？
- □経営者は責任を負うと言うが、自ら過ちを認めることはあるか？

減給、降格、自分のミスを公表するなどして、自らを戒めることがあるか？
□管理職による部下への責任、非難のなすりつけが日常的に見られるか？
管理職は保身のために誰かを批判の対象にすることがあるか？
□部下は常に無能な上司が犯したミスの責任を負わされているか？

■「小さなミス」で認める練習をする

あなたの職場で「誰かを非難する」文化が感じられるようなら、価値観の異なる会社で仕事を探すときかもしれない。人を非難して責任をなすりつけることは多くの職場で見られ、はてしなく繰り広げられる。

そこで判断すべきは、非難や責任のなすりつけがどの程度広がってしまっているかだ。よくあることか？　それともごく稀か？

管理職がその場でかっとなって部下を怒っても、あとで謝罪し、責任の一部またはすべてを受け入れることはあるだろうか？

懲罰なしで非を認められるのが理想的な職場だ。

試してみよう。職場の気風を確認するのだ。

小さなミス、たとえば出荷が遅れた、プレゼンがうまくいかなかった、アポに遅れたといったことがあったとき、自分にも何らかの責任があるとして、「それは自分のミスによるものです」と意識して話してみよう。

あなたの職場が寛容なら、自分のミスだと認めても、何ら罰せられることはないだろう。

上司に責められることはないし、同僚に無能と思われることもない。

それどころか、正直にミスを申し出ることでプラスの効果がもたらされるはずだ。

あなたは正直で隠し立てしない人だと思われるだろう。自分のミスを認める勇気を持っていると見なされるだろう。

言うまでもなく、誰もがなるべく間違いを犯したくないし、自分のミスだと認めることもできる限り避けたい。

だが、ミスを認めることで解放される。「人を非難する罠」から抜け出すことができるのだ。

自分が間違っていたと白状すれば、仮に弱い立場に置かれ、攻撃の対象にはなったとしても、想像していたほどひどいことにはならない。

それどころか、安心感が得られるはずだ。

ちょっとしたミスを認めることで、大きなミスをしてしまったときにも同じことができる。

これによって、ついに「恰好悪くてもいいから、望ましいことができる」ようになれるのだ。

「イメージ」を矯正する——正直になる方法

1章で見た、結果を強く求める人たちの特徴を思い出してほしい。「人を非難する罠」が彼らにとってどれほど魅力的かわかるはずだ。

人を非難すれば、一瞬だが、自分の欠陥に目をつぶることができる。自分は指折りの有能な人間だと考える人は、プライドを捨てて間違いを犯したなど認められない。

自分のミスをある程度わかっていて、認めるのが正しいことだとどこかで思っていても、自分が作り上げた「自分のイメージ」がそうさせない。

イメージを守りたい。自分はミスをせず万事仕事をこなすという評判を維持したいから、間違いを犯したなど認められない。

そこで誰かに責任をなすりつけて責め立てれば、まわりの人だけでなく、自分も欺ける。過ちを犯したのは自分ではない、誰か別の人だと全員に思い込ませることができれば、これまで通り有能で洞察力も備えているという偽りのイメージが維持できる。

この偽りのイメージを打ち消すには、まず誰かに責任をなすりつけて非難したことがあるか考えてみることだ。

あなたの部署で大きな問題が発生し、騒ぎになったことはないだろうか？

そんな状況で、あなたはその責任の一端が自分にあるとわかっていながら、誰かに責任をなすりつけて、その人を責め立てた、ということはなかったか？

次の質問に答えて、人に責任をなすりつける、人を非難することの根底にある心理を〝自分ごと〟として考えてみよう。

□ミスを犯したことに対し、本当に何の罪悪感も覚えなかったか？

経営陣に絞り上げられてなんとかしなければならないと感じていたかもしれないが、自分に問題の一端があることには目をつぶり、真犯人は誰かを明らかにしようとしなかったか？

□あなたが責任をなすりつけて非難した人、グループについて考えてみよう。

なぜ彼らに責任をなすりつけたのだろう？

彼らは自分よりずっと下の立場で、自分に逆らえないから？

彼らを適切に監督できなかったという意識があったからか？　それとも、彼らの警告に耳を傾けなかったという後ろめたさがそうさせた？

□問題発生後すぐに、「私がこのプロジェクトにかかわっていました。責められるべき者がいるとすれば私です。ほかの人にも責任はあるかもしれないですが、私がこれとこれとこれをしていれば、回避できたと思います」といったことを言おうとは思わなかったか？

こんなことを言えば、大変なことになるとおそろしくなったか？

■一度「自分にも原因はある」と考えてみる

たしかにどれも仕事で結果を出したいと思う者にはむずかしい質問だ。

だが、問題に対処するためには、問題を表面化しなければならない。

誰かを非難したいとどうして思ったか、なぜそんな気持ちが生じたか、理解する必要がある。

そして大事なのは、誰かを非難することで安心感が一時的に得られるかもしれないが、あなたのキャリアも社員としての価値も崩壊する可能性があると認識しなければならないこと。

これについて理解してもらうために、ちょっとビジネスから離れた話をしてみたい。

ある親しい友人が、結婚生活が徐々に崩壊していく様子を話してくれた。

チャドは結婚して25年。子どもは男の子が3人、末っ子が大学に入って家を出たばかりだった。

子どもたちが家にいなくなり、妻アンとのふたりきりの生活がどうなるか、チャドはまるでわからなかった。

時間が経つにつれて、チャドは自分が見る世界とアンが見る世界はどうして違うのか、あれこれ理由を探しはじめた。

そして、チャドはアンとの結婚生活に終止符を打とうと思った。

チャドは話してくれたが、アンと自分はどうして違う世界を見るのか、考えれば考えるほど結婚生活が破綻したのはアンに問題があると思うようになった。

離婚に向けて動き出すと、チャドは夫としては失格だったかもしれないが、結婚生活の破綻において自分に大きな責任はないと考えた。アンが大きな原因を作ったと見たのだ。

離婚から数年後、チャドは次のように話してくれた。

「結婚生活を終わらせるのがすごく怖かったんだと思う。アンとは気まずくて一緒にいられなかったし、いたくなかった。そこで言い訳になるような話を作り上げてしまった。勇気を出すべきだった。人を非難したり、何もかも人のせいにしたりするべきじゃなかった。今思うと、自分も離婚の大きな原因を作っていたんだ」

もっと早くこんなふうに物事を見ることができていたら、チャドは結婚生活を維持できただろうか？

自分のセルフイメージを維持するために人を非難したり、責任をなすりつけたりしていたと理解できれば、人との関係をこれまでと違った形で築くことができただろうか？

どうなったかはわからないが、きっとチャドはすべてアンのせいにすることはなかったし、結婚生活が破綻したのは自分にも少なからず責任があると認めたと思う。

チャドには遅すぎたが、仕事で結果を出そうとして、いつも人を非難する、人に責任をなすりつけてしまう者たちには遅すぎることはない。

「選択肢」を用意する——チョイスできればそれを選べる

「人を非難する罠」にはまらないようにするには、誰かの間違いを指摘する必要が生じたときに備えて、いくつか選択肢を用意しておけばいい。

部下を怒鳴りつけたり、大きな落ち度はない人に責任をなすりつけたりする以外の選択肢があれば、いざというときそれを選べる。

「人を非難する罠」にはまらなければ、批判や不確定要素を受け入れて、自分を変えるチャンスをつかむことができる。

そうはいっても気持ちを抑えられないときはある。誰かのせいにしたいようなことがあれば、次の3つを考えてみよう。

① 非難したい人がいたら、その人を非難するのではなく、「建設的」に話をしてみる
② 信頼できる上司やコーチと話し、何がうまくいかなかったのか、「理由」を分析してもらう
③「自分がミスをした」「自分に責任はある」と正直に言う（1対1などで）

「公の場で自分に責任があると認める」ことを含めなかったのはなぜか？

もちろんこれも「人を非難する罠」にはまらないための有効な手段だ。しかし、なかなかできることではない。

あえて「期待を下げる」のが適切な場面

ほかの人からの期待や、自分もそれだけのことはしたいと思う気持ちに応えられず、不甲斐なく思うことはないだろうか？

現実問題として、その期待に応えられないのは、ただ期待がとんでもなく大きいからな

だけかもしれない。

結果を出したいと強く望む者は、数々の野心的な目標を自分に課す。悪いことではない。だが、野心的な目標を掲げるのはいいが、あまりに現実味のないものにしてはならない。

40歳までに10億ドル稼ごうとする者もいるかもしれない。『フォーチュン』誌の優良500社に選ばれる企業のCEOを目指す者もいるかもしれない。

だが、あまりに現実的でない目標に固執してしまい、それが達成できなくなると、どこか後ろ向きで、斜に構えた態度を取ってしまうこともある。現実的な目標を再設定する代わりに、失望の念を皮肉交じりにほかの人に向けてしまうのだ。

自分が望んだ最高のポジションにつけなかったことを、人のせいにする。

野心的な社員たちが集まると、話の半分は誰かを攻撃することに終始する。

CEOにはがっかりした、あの顧客は信用できない、上司は気分がコロコロ変わる、部下はまったく仕事ができない……。

彼らがランチやコーヒーを一緒にしたり、飲みに行ったりすると、思わず本音が出てしまい、その場にいない人を手厳しく非難する会話が繰り広げられる。

よくこんな会話が交わされないだろうか。


「幹部のビルはいい人だけど、会社をどうすべきか、もっと僕らと話すべきだ。

全国展開を狙ってるみたいだけど、それはどの会社も同じ。

うちの会社には顧客を連れてこないし、実になる仕事をしていない社員もいるんだから、そいつらを何とかしてほしい。いいやつかもしれないけど、僕らみたいに生産的じゃない。

ところでビルはよく出張に出てるけど、そこで何をしてるんだろう？

もっと主要クライアントとの取引を大事にすべきだし、新しいビジネスを生み出すことも考えてほしいよね。

後継者はどうするんだろう？　有望な若手を発掘できてないから、候補も全然選び出せてないみたいだけど」


この種の会話は、会社もしくは幹部への批判や、同僚の仕事ぶりがいかに非効率かを揶揄することに終始する。

夜も更けて店を出る頃には、彼らはその日あったことだけでなく、今交わされたこの非生産的な会話にも疲弊してしまっている。

まるで生産的でない会話にうずまく非難と批判、はてしない皮肉を含んだ言葉に疲れ果てしまうのだ。

仕事ができない人たちへの不満を口にすることで、自分たちの失敗を背後に消し去れる。人事評価の制度改善や、効率化をはかってグループの再構築を検討するより、他人の欠点を批判しているほうが楽しいし、簡単だ。

人と違うどんな仕事ができるか突き止めるより、人のまずい行動を揶揄しているほうがたしかに楽なのだ。

自分たちにあまりに多くのものを望めば、上司や同僚、部下にも同じように多くを求めてしまう。

応えられないほど高い期待値を設定し、（無意識のうちに）ほかの人たちも異常に高いその期待値から逃れられないようにする。

物事が計画通りに進まないようなことがあれば、ほかの人も責任を負わなければならないようにしてしまう。

このタイプの「人を非難する罠」にはまってしまったら、自分もほかの人たちも現実的な期待値を設定できるように意識的に心掛けることが救助策となる。

次の3点を試みてほしい。

①目標達成の可能性を割り出す。それによってその目標は「実現可能」か、それとも「希望的観測」にすぎないか、判断できる

②①で割り出した可能性から自分の期待値をリセットする。達成可能性が50%以上の目標に設定し直す

③上司や同僚、部下などほかの人に期待していることと、彼らが目標を達成できる可能性を冷静に考えてみる。彼らの経験、専門知識、今置かれている状況を考えて、彼らに何をどこまで期待できるか判断する

期待しすぎていると判断した場合、期待値を下げよう。彼らが期待に応えられる可能性が高くなるようにする

自分や人に期待してはいけないと言っているわけではない。

自分や同僚にあまりに期待しないのは、過度に期待するのと同じくらい、いいことではない。少し高めの達成目標を設定するのが望ましい。

だが、それで飛躍的な進歩が期待できるわけではないと心得よう。

過度に野心的な目標と、さほど高くない目標の中間に適度な目標を設定する。

これができれば、予想通りに事が運ばなくても、人を非難したり、人に責任をなすりつけたりすることははるかに少なくなる。

「私は絶対あなたより賢い」——自分が正しかったときの対処法

モルガン・スタンレーにいたとき、投資業務に通じたベテラン銀行員をもうひとり雇うべきか、同僚と意見があわないことがあった。私はその必要はないと主張したが、同僚は採用すべきだと考えた。

最終的に投資銀行部門のリーダーは、採用に踏み切った。

エース級の銀行員を引き抜いたことで、投資部は歓喜に包まれた。

私はひとり蚊帳(かや)の外にいた。私は反対票を投じたが、受け入れられなかった。

この件を思い出すたびに恥ずかしくなることがある。

このスター銀行員を社に迎えたその日から、私は彼となるべく距離を置こうとした。彼が私たちの会社の一員であると感じてもらうようなことはしなかった。このスターを迎えて喜ぶ者たちが、彼を抱きしめ、会社にうまく溶け込ませればいいと思ったのだ。

採用3か月後、スター銀行員は他社から連れてくるはずだったクライアントをまだモルガン・スタンレーに紹介できていなかった。

あるクライアントを囲んだ夕食会に参加したところ、スター銀行員も呼ばれていたようだが、姿は見えなかった。

そして採用から半年で、彼は15年勤務した会社に戻ることになった。

熱心に採用に動いた人たちは大変なショックを受けたし、私も複雑な思いだった。彼を引き抜くために相当な投資をしたのに、何の利益も得られなかった。

彼が会社を去ることになったと聞いて即座に思ったのはこういうことだ。

「ほら、言ったじゃないか。こうなることはわかっていたよ。彼が入る前から注意したほうがいいって言ったはずだ」

こんなふうに思う自分がすごく恥ずかしいが、正直に当時の頭の中を言葉にするとこんな感じだ。

スター銀行員の引き抜きを進めた者たちを非難した。

期待に応えなかったスター銀行員を非難した。

だが、言うまでもなく、自分は責めなかった。

今思うと、私はスター銀行員の引き抜きにたしかに反対したが、それは自分が正しいと証明し、自分はほかの人より賢いと思わせたかったからだ。

自分は人を見る目がある、未来が見える、何かが起こる前に判断できると思わせたかったのだ。

自分がやっぱり正しかった、引き抜きを進めた人は間違っていた、そんな彼らを非難したかった。

ここで学ぶべきは、こういうことだ。

あることに関してほかの人を「愚か」と非難することで、そんな彼らより自分は賢いと思うことができる。

仕事で結果を出したいと願う者たちは、「自分は価値ある人物だ」と思わせるために、人より賢くあらねばならないと考える節(ふし)がある。

だが、実際は彼らは自分の頭の中で賢いだけだ。同僚は鈍い、仕事が遅い、察しが悪いと自分に言い聞かせて、自分のビジネスインテリジェンスを高めているだけだ。

成功したいと思う者は、人ではなく、自分をこの「人を非難する罠」にはめてしまっている。

「責任フリーゾーン」のなかで働く

理想的には、誰かを非難する言動は控えようとする組織で働くのがいい。

4章で紹介したホールフーズ・マーケットの会長ジョン・マッキーの話を思い出すかもしれない。

ホールフーズ・マーケットは、新しい人を採用するにあたり、関係者全員の賛同を得る。そうやってスケープゴートを生まない仕組みになっている。

非難されることのない方針を採用する企業はほかにもある。国際的な人材コンサルティング会社、エゴンゼンダーだ。

エゴンゼンダーでは入社希望者に25〜40回の面接を受けてもらう。面接にあたった社員全員の賛同がない限り、入社できない。

世界有数の影響力を持つリーマン・ブラザーズの株式調査部門を立ち上げたジャック・リフキンも同じ手法を用いた。

リフキンはかなりの時間を費やして、担当部署全員がいいと思った人を採るようにした。新しく加わる人の席の両側ふたりには、判断の票が2つずつ与えられる。ふたりは新しく入る人がうまくやっていけるよう、常に世話を焼くことになるからだ。

エゴンゼンダーでも、リーマン・ブラザーズでも、人を批判する行為は見られない。問題が発生したり、ミスが発覚したりすれば、誰もが勇気を出して正直に申し出る。そして、(ほとんどの場合)達成されなかった目標については組織全体で責任を負う。

人を非難してはいけない方針が全体に浸透している組織でないにしろ、非難が日常化していない組織で働くことを考えてみよう。

自分がミスしたのであれば、責任を取ろうとする上司の下で働けるようにしたい。

ミスがあったとして、誰の責任か頭を突き合わせてくどくど考えるのではなく、次はミスしないように何をすべきか話し合えるチームや組織を探そう。

おそらくもっとも重要なのは、ミスに対して一定の許容度を示すことができるチームを求めることだ。リーダーやチームのメンバーが、「小さな間違いは学習の代償」と見なしているようなグループだ。

こうした組織は、社内の混乱は望まないが、間違いは仕事において起こりうると認識している。ミスした人につらく当たることはない。


「人を非難する罠」にかかると、不安は覆い隠せず、今していることをしつづけて、今演じていることを演じつづけ、結果として自分がなりたくない人になってしまう。

「忙しさの罠」も、「人と比べる罠」も、「非難する罠」も深刻だ。

だが、知っておかなければならない罠がもうひとつある。

これはもっともはまりやすい、もっとも強力な罠だ。ある意味、ほかの3つの罠の土台ともいえる。

次章で、この「心配の罠」を見てみよう。

9章

心配の罠

動けないときの最善の考え方

ヤナは経験豊富な経営者として成功し、数百万ドル規模のビジネスを動かしていた。彼女は何でもできた。インターネット・コンサルティング会社のCOOで、それ以前は大手コンサルティング会社の中枢部門を取り仕切っていた。精力的で頭がよく、やる気も判断力もあり、すばらしい家庭を持っていた。

成功を絵に描いたような人生だった。

だが、ヤナの経営者としての仕事ぶりは、ほかの人が彼女に対して思い描くイメージと、まるでかけ離れていた。

ヤナはじつは結果を出したいと強く望む人で、「心配の罠」にはまってしまっていた。あのとき下した決定はどうだったんだろう……どうなるものでもないのに、ひたすら心配していた。

トップのヤナが常に何かを心配しているので、まわりの人も不安になった。**会社の状態がよいときも悪いときも心配に駆られ、不安がほかの人にも伝染した。**

どんなに期待できると思われることがあっても、否定的な結果をいくつもイメージしてしまうのだ。

部下はヤナの部屋で彼女と話すと、大きな不安を抱えて出てくる。

経営幹部たちはヤナと話すと不安が移ってしまうから、彼女の部屋にはなるべく近づかないほうがいいとよく話していた。

ヤナには行く先が常に不吉に見えた。何かよからぬことが遠くに見えて、急速に近づいてくるように思えたのだ。

経営幹部のひとりは嘆く。

「いいと思えるアイデアや、問題が起きたとき『こうすれば解決できる』みたいなことを振ってみるんだけど、ヤナはいつも『それでは会社が潰れてしまう』みたいなことを言うんだ。

そのうちにヤナを説得するには僕と同じ考えの人がもっと出てくるまで待ったほうがいいってわかった」

ヤナも次のように言う。

「何もかも心配せずにいられないのです。娘の学校、夫の仕事、息子の歯列矯正、私の会社。いつもそうなのです。それに、私がひどく心配すると、ほかの人たちも不安にさせてしまうみたい……」


ヤナのような人はたくさんいる。今の時代、分野や地位を問わず、あらゆる人が大小さまざまな不安を抱えて仕事をしている。

だが、こんなふうに心配に駆られることで落とし穴にはまる。真っ暗闇で、希望を持って「こうしたい」と思えない。

あらゆる場面で悲観的になる。

それが意思決定や行動に影響をおよぼす。

すると、殻に閉じこもるか、いつものように「望ましくないことを無難に」こなそうとする。

これによって、とうとう「心配の罠」にはまってしまう。

誰もが、ある種の心配性だ。

なかでもヤナは、きっちり結果を出そうとする多くの人と同じで、不必要に不安を抱えることがよくある。

適度な心配は、集中力を高めるかもしれない。

しかし、その度合いがあまりに強いと効果的でなくなる。むしろ、ぬるま湯的状況（コンフォートゾーン）から抜け出せなくなってしまう（慣れた状況から飛び出せば、さまざまな心配事を目にすることになるからだ）。

「心配すべきもの」を心配する

さまざまな経営者を30年観察してきたコンサルタントの友人は、皮肉を込めて次のように話す。

「経営者たちはみんな、目に見えることしか心配しない」

たしかに経営者であれば、その仕事でどれくらい利益が得られるか、会社はどこに向かっているか、各部門、各部署はうまく機能し、収益を上げているかといったことは当然気になるだろう。

一方、社員の心配事は、経営者が心配しないことだ。

どんなことを心配するか？
・自分は組織で目的を見出せているか？（目的）

・「組織の一員」だと感じられるか?(孤立)
・自分は「重要な戦力」で、自分の仕事は会社にとって重要なものか?(重要性)

といったことだ。

今言った「目的」「孤立」「重要性」に関する不安が解消されないとき、どんな気持ちになるか?

仕事で結果を出したいと望む者は、不安が制御不能になり、「心配の罠」を編み出してしまう。

心配に飲み込まれ、新しい挑戦をしようと思えなくなってしまうのだ。

心配を最小限に抑えたい。大事なときに不安に駆られて困ったことになるのは避けたい。

そんなときは、「普段やっていること」に執着するしかない。

自分が心配していることを聞いてもらえる人もいない。

何をしても誰にも感謝されない。

誰にも肯定してもらえない。

誰にも助けてもらえないから、不安に立ち向かうことも、不安を表に出すこともできない。

真夜中に不安に食いつかれて、ついには眠れなくなってしまう。
次の質問に答えて、あなたの不安や心配を具体化してみよう。

□自分は「交換可能な部品」にすぎないと感じる？
□会社の中枢から切り離され、孤立しているように感じる？
□入社当時の溌溂さを失い、「今の会社で働く意味」が十分に見出せない？
□上司に目をかけてもらえなくなったと感じる？
□もはやかつてのような質の高い仕事はできない？
□あなたの失敗について部下は陰で何か言っている？　また彼らはあなたが管理職、リーダーとして失格だと思っている？
□「先輩や顧客に嫌われているのでは？」と心配になることがある？

「僕の部屋の大きさは十分ではない」——稼ぎ頭vs古株

大きな成功を収めようと思う者の中には、「社運を懸けた買収に踏み切るべきか」「従業員削減を行うべきか」「大きなキャリアチェンジを考えるべきか」といった、ひときわ大きな問題を心配する人もいる。

だが、小さな心配にもとらわれる。それが次第に大きくなり、悩みの種となる。

大きな野心を持つ者は小さなことなど心配しないとかつては言われた。

しかし、1つの心配がどれほど油断ならないか、ニコルの例をお聞かせしよう。


ニコルはある部署の管理職。彼女が悩まされていたのは「オフィススペースの使い方」だ。


ニコルは管理職の仕事でも顧客対応でも才能を発揮し、個人資産運用を専門とする大きな金融サービス会社の最年少部長のひとりになった。

ニコルはロサンゼルスの今後の見込み客に関する調査報告を見て、韓国人の富裕層をもっと取りこめるチャンスに気づく。

だが、ニコルのチームには韓国人スタッフがいなかった。時間をかけて多くの人材を面接し、ニコルは最終的にジョンを雇う。ジョンは韓国系で、この市場に対応できる自信と素養を備えていた。

ジョンは部署に入ってくるなり、とげとげしい、どこか普通でない態度を取った。自然とほかのメンバーはジョンを遠ざけた。

ニコルもジョンがまわりに溶け込めていないことはわかっていた。

だが、ジョンは2か月もしないうちに大きなクライアントを6法人も獲得する。ジョンの活躍が部署に利益をもたらし、ジョンと付き合いのない人たちも彼を祝福した。

1週間後、ジョンはニコルに今より広い部屋を用意してほしいと求めた。新たに大口顧客を呼び込むには、もっと大きなオフィスでクライアントになってもらえそうな人たちを迎え、自分が社で重要なポジションにある印象を植えつけなければならない、と主張したのだ。

ジョンは会話の中で、自分の要求が受け入れられないことがあれば、希望を満たしてくれるライバル社に移ることも考えているとほのめかした。

■心配は「飛び火」する――問題ないことも「問題」に見えてしまう

ニコルはどうしていいかわからず、3日間悩みつづけた。

ジョンの要求を受け入れれば、ジョンより社歴の長い人は面白く思わないだろう。だが、ジョンは今や部の稼ぎ頭だ。韓国系の裕福なクライアントを次々呼び込み、ニコルのプロジェクト遂行に申し分なく貢献してくれている。

自分はジョンと、ジョンの文化的背景と価値観を本当に理解しているだろうか？

ニコルは悩みつづけた。ついには不眠症になり、日中は頭痛に苦しんだ。自分が抱えている問題を整理して、今すべきことに集中できなくなってしまった。

経営上、ほかにも重要な決定事項をいくつも抱えていた。だが、そうしたことに対処しようとすると、広い自室を求めるジョンの問題が頭に浮かび、大きく立ちはだかる。

ジョンの要求を受け入れるかどうかだけで頭を悩ませていたわけではない。その心配が別の心配を作り出してもいた。

ジョンの望み通りにしたら、長年自分に仕えてくれたジョーとローリーは気分がいいはずがない。ふたりは自分のもとを離れて別の会社に行くかもしれない。

ジョンを優遇すれば、部の士気が大きく下がり、チームとして機能しなくなるかもしれない。士気が下がれば、チームで働く喜びも見出せないはずだ。

だが、ジョンの要求を拒否すれば、ジョンは会社を去るかもしれない。そうなれば、部の業績はひどく悪くなる。さらに経営陣に、なぜジョンを退社させたんだと強く叱責される。

自分はこの種の決定を下すのが苦手だから、やっぱり〝部長の器〟ではないのかもしれない……。

ニコルの心配は広がり、懸念やおそれ、さまざまな不安が絡み合う網を作り出した。悩み苦しむことから抜け出せず、やがて日々の仕事にも支障をきたすように。

ニコルは決断を先延ばしし、数日、さらに1週間、引きずるようになった。問題は何ひとつ解決できず、何ひとつ対処できていないように思えた。結果、決断を避け、決定事項の実行も先延ばしし、新しいことや不慣れな仕事にはひどく慎重になった。

多くの管理職と同じように、ニコルは不安に引きずられ、「心配の罠」にはまってしまっていた。

物事をある程度不安視することは、目標が明確なときには、その達成を後押しする。だが、明確でない目標や予測不能なことに対処しようとするときは、いい結果をもたらさない。

よくわからない。つじつまがあわない。はっきり先が読めない。

こうしたことすべてが、ニコルの不安を悪い方向に向けてしまった。

その結果、ニコルは自分が非生産的な状況にあると認識してはいるが、どうしていいかわからなくなってしまった。

この「心配の罠」に対してできることが3つある。

■困って問題を「限定」する

①まず、小さな心配事が広がらないように「箱詰め」しよう。

ニコルは心配事が自分の仕事と私生活に感染、拡大するのを止められなかった。ジョンに要求されたことに気を病み、続いて部下の気持ちを心配するようになった。

こうして心配が拡大し、気づけば自分の判断力を疑い、何をしていいのかわからなくなってしまった。

こんなふうに心配が広がるのを防ぐために、目の前の恐怖や不安を封じ込めよう。

通俗心理学に、「スティンキング・シンキング（臭い思考）」というものがある。人は、自分の考えを否定的で非論理的な方向に向けてしまう。「心配の罠」にかかってしまったときは、この思考にとらわれてはいけない。

そうではなく、こう考えてみよう。

たしかにここでは問題があるかもしれないけど、別のところにも問題があるとは限らない。

常に最初の問題を考えよう。心配を論理的でなく、生産的でない方向に広げてしまっているかもしれないと自覚すること。

②当面の決定事項を絞り出し、それを解決する「タスク」に専念すること。それができ

れば、重要度の低い問題は考えずにすむ。

③最初に心配の種を生み出した問題に、「速やか」に「きっちり」対処すること。

たしかに簡単ではない。

とくに結果を出そうと強く思う者は、いろんなことを考えてしまうから、むずかしいはずだ。

ニコルは、ジョンに大きな部屋を与えるか、与えないか、瞬時に判断すべきだった。その決断によって望ましくないことになったとしても、「心配の罠」にかかるほどひどくはならなかったはずだ。

責任ある立場にいる人は、どちらが正しいか、瞬時に決断しなければならない状況に置かれる。

完璧な答えはないし、どちらが正しくないか判断するケースも増える。

どちらを選んでも、誰かが不快な思いをする。

このような場合、どうしたらいいか頭で分析せず、本能で判断するのだ。

直感を信じよう。どうしたらいいかわからないような優柔不断な状況にはまりこんではならない。

あれこれ考えず、話してしまおう

「心配の罠」はさまざまな形を取る。目には見えない。だが、「心配の罠」にとらわれると、同僚や顧客とうまく話せなくなる。

コミュニケーションは、学び、成長し、変化をするうえで不可欠だ。経験を積み、仕事をする意味と達成感を得たいのであれば、人と十分に話すことが求められる。

だが、「心配の罠」にはまってしまうと、人とうまく話せなくなる。率直に言葉を交わすことができなくなるし、会話を楽しめなくなる。

誰に何を言うのがいいか常に心配していれば、口に出す前に何度もその言葉を頭の中で書き直すことになる。

何度も考え直すようなことをしていれば、どこかぎこちない言い方しかできないし、その場その場でうまく対応できない。会話していても、進んで話しているという感じを示せず、まるでセリフを暗記してしゃべる役者のようだ。

もっとよくないのは、相手の話を本気で聞いていないと感じさせてしまうこと。心ここにあらずな印象を与えてしまう。

仕事で結果を出したいと強く望む者は、頭の中で会話を繰り返す。

自分は何を言ったか？　何を言うべきだったか？　これから何を言ったらいい？

あそこであんなことを言うべきでなかったと心の中でつぶやき、自分を責め立てることで、会話が苦手になっていく。

そんなことは言うべきじゃない、あんなことは言わないほうがよかったとひどく心配すれば、「話さないほうがいい、何も得られないから」と思ってしまう。

むずかしいことを言わなければならないときなら、なおさらだ。

誰かにあの仕事はよくなかったと伝えるとき、顧客にサービスに問題があったことを説明するとき、無意識に逃げようとしてしまう。

■話す前の「懸念」は大体外れる

管理職に、どうしてこの種の会話を避けたいと思うかたずねたところ、彼らは理由を2つ挙げてくれた。

1つは、必ずしも得られるものがあるわけではないから。

いくら事前に色々準備して予行演習を重ねても、相手がどんな反応を示すかわからない。感情的にまくし立てられるかもしれないし、罵倒されるかもしれない。こうしたらどうだろうと提案しても、受け入れてもらえないかもしれない。

もうひとつは、むずかしい話をするまでに心の下準備が必要で、相手を前にして話すよりもストレスを感じてしまうことがある。

だが、家族療法とエグゼクティブ・コーチングの第一人者であるジェフリー・カーによると、**実際に話す前にいろいろ考えても、効果的に準備を進めることにはならない**という。

相手に何を伝えるかということばかり考えてしまう。実際の会話をどう進めるかに意識がまわらない。結果、相手の気持ちを慮(おもんぱか)れず、効果的にコミュニケーションをはかることができない。

リーダーが部下とタフな話をしなければならないとき、はたしてどんな行動を取るか、カーは話してくれた。

リーダーはすでに不安に駆られていて、気持ちが落ち着かず、相手を前にとにかく話し出します。

話し方は力強く、筋道もしっかり立っていますが、話しているうちに、声が大きくなり、早口になり、いろんなことを口にします。

これで完全に失敗します。悪循環を引き起こしてしまいます。

聞いている側は引いてしまい、真剣に聞かなくなり、殻に閉じこもります。そして心の中でいろんなことを考えます。

一方的にまくし立てられてどうしたらいいかわからない、そんなふうに言われるなんて恥ずかしいし、屈辱的だ……。

リーダーは自分の話に酔っています。相手の目が曇っているのを見ると、さらにあらゆる言葉を浴びせます。

もはやコミュニケーションは成り立ちません。リーダーは話をやめず、社員は耳をふさぐ。こんな具合です。[1]

1つの心配が別の心配につながることはよくある。

ある部長は部下との対話がうまくいかず、不満を募らせ、怒鳴り散らす。部下は明らかに話を聞いていない。ふたりとも会話の席に着いたときよりも気分が悪くなっている。

部長は悲しそうに言った。

「どうしてXは僕の話を聞いてくれないのか？　僕はXを助けたくて話しているってわからないのか？　本人のためなんだ」

最後の「本人のためなんだ」という考えから、まさに心配が生まれる。

そうは思わない人もいるかもしれないが、部長は本当にそう思って対話に臨んでいるのだ。

部長は部下を気にかけているのだ。自分が時間を取ってアドバイスすることで、部下の仕事もキャリアも上向きになると信じている。この部下のことを本当に心配しているから、厳しいことも言って、問題を解決してあげたい。

誰かを気にかければ、その分、心配も増す。不安を強めてしまい、人にも物事にも望ましくないやり方で対処してしまう。

心配が私たちの判断力を曇らせ、かえって望ましくない決断を下すことになる。

仕事だけでなく、私生活でも、この「思いやりがもたらす心配」を経験した。

娘のサラが大学入学を控えていた頃。サラを寮に送り届ける3日前、サラにいくつか教えていないことがあったのに気づいた。

お金を投資する方法を教えていなかった。

車のタイヤの交換方法を教えていなかった。

床のこすり洗いの仕方を教えていなかった。

コンピュータの接続方法を教えていなかった。

生きるうえで大事なこうしたスキル（少なくとも私の中では）をどうして教えていなかったのだろう。

そこで私はサラを座らせた。

一つひとつ説明したが、そのうち娘は耳を傾けなくなった。

明らかに気が抜けていた。もっと私の話をよく聞きなさい、と注意した。

すると、サラは時計を見ていた。もう出ないといけない時間だったのだ。

私は、サラがそのときしなければならないことを考えていなかった。自分の心配事で、頭がいっぱいになってしまっていた。

結局、自分が望むことも、サラが望むことも、実現できなかった。

私は、心配していることをただ示したかっただけだった。なぜ私はそんなに心配しているのか、理解しようとはしなかった。

そんなふうに骨を折って娘に説明しないと、父として面目が立たなかったからだ。

まじめな人は一旦「ストップ」する

時々耳にするかもしれない。

「やらなければならないことが増すと、やり遂げられることは少なくなる」

野心的でキャパシティ以上の仕事を受け入れたことのある人たちは、おそらく同じような思いをしているだろう。

自分のやるべきリストにたくさんのＴＯ ＤＯが書きこまれていて、すべて終えられるか心配が絶えない。心配している時間も長くなり、タスクそのものに割くエネルギーも減っていく。

結果を出そうとする者たちは概してそうだが、やるべきことが多いほど、満たされた気持ちになる。

同時に、これだけのことを無事こなし、成功をつかめるだろうかと不安を抱える。

多くのプロジェクトを同時に動かしていないと、まずいのではないかと思ってしまうのだ。

ジョン・J・ガバロ〔54ページ注参照〕は話してくれた。

「意欲的に仕事を進める人は、何をやり遂げても『ほかにすべきことがある』と考える。いろいろなことを抱えているのに、すべてこなさないと罪悪感に駆られる。

やがて、十分に時間が取れず、すべてクリアできないかもしれない、と心配になる。

クライアントの要請があれば、出社しないと……。

家族と一緒にいても、メールは返信しなければ……。

もう寝る時間、でも明日の仕事がすぐに始められるように、もう1時間だけがんばろう……。

ポジティブなフィードバックを求めて、期待以上の結果を常に出そうとする。

でも、そんなことを続けていると、がんばりすぎて燃え尽きてしまうのではないだろうか……」

非常に野心的で猛烈に仕事をする者たちは役割をたくさん抱え、役割間葛藤のために、不安を常に募らせる。[2]

やるべきことが多すぎるため、何かを犠牲にしなければならない。

すると、自分はＴＯ ＤＯを残してしまったと不安を抱え、「心配の罠」にはまるシナリオが完成する。

ある友人は悲しそうに話してくれた。

「回し車をずっと続けるハムスターのようだよ。絶対に降りられないかもしれない。降りようかなと思ったりするけど、一度降りたらもう二度と戻ってこられないかもしれない。

生活はメチャクチャだ。よく眠れず、疲れが取れないまま朝を迎える。自分でも悲しいけど、いつも不安に駆られて疲弊してないと、生活が満たされてる感じがしないんだ」

大成功を収めた人の多くは、ほぼいつも疲れていると苦しそうに言う。そのように生きるしかないからだ。

詰まったら「頭の外」に問題を出す

心配するあまり、現実のレベルを超えて懸念を膨らませて、ありえない大惨事を引き起こしてしまうケースもある。

ジョアンナはハーバード・ビジネススクールのエグゼクティブ・プログラムに参加したのち、次のように話してくれた。


「デロング教授、私はハーバード・ビジネススクールのエグゼクティブ・プログラムが好きでした。でも、プログラムが終わると、参加したとき以上に不安の念に駆られてボストンを後にしていました。

答えはたしかにいくつか得られました。けど、新たに得た知識より書き留めた疑問のほうが多かったんです。

何を、どの順に始めたらいいか？

誰をプロジェクトに加えるべきか？

家に着いたら、そんなことを考えて、不安を募らせるばかりでした。

生産性の低い部下はどうしたらいいだろう？

心配です。

十分な指導を受けられず、会社に受け入れられていないアソシエイト［35ページ注参照］がいる。

これも心配です。

女性の登用問題は解決できたと思いたいけど、状況は10年変わっていません。こうしたことを考えれば考えるほど、ひとりでは何もできないことに気づかされるだけです」

悩めば悩むほど、ジョアンナは状況が見えなくなってしまった。

ジョアンナはすべてが破滅しつつあると思い込んでいた。助けてほしい。泥の中で立ち往生している。でもアクセルを踏み込んで車輪を回しつづけるしかない。

すべて緊急で重要かのようだ。

ジョアンナは今日やらなければならないことと、3週間後、3年後にやらなければならないことの区別がつかなかった。

誰に助けを求めていいかわからない。部下に任せたり、同僚や上司に支援を求めたりすることなく、私に打ち明けるまで、一切悩みや苦しみを吐き出すことはなかった。

誰かに助けを求めたり、新たなプログラムを提案したりすることで、懸念の一部は緩和されたし、うまくいけば解消もされたはずだ。

だが、「心配の罠」にかかると、いつまでもうじうじ悩みつづけ、問題解決につながる行動を思いとどまらせる。

「心配の罠」にはまり、常に不安に駆られると、変化に対応する気力も欠いてしまう。「恰好悪くてもいいから望ましいことをすれば、いつか望ましいことを見事にできるようになる」とは、とても思えないのだ。

自分が知らないことや犯したミスばかり気にして、失敗から学ぶ、心を入れ換えて必要な知識を得る、といったことができなくなる。

あらゆることを心配してしまうと、プロジェクトに取り組む気力は絞り出せない。新しいことを学んで「望ましいことを見事に」こなそうという気持ちにもなれない。

すべては「人間関係」に端を発している

非常に野心的に仕事を進める者は、ほかの人のことなんて気にしないように思われる。じつはそうではない。**ほかの人が自分についてどう思うか、ひどく気にする。**

朝出社するといかにも企業戦士という顔をしているように見えても、その実、同僚からどう思われているか、非常に気になっているのだ。

よって、**彼らが職場で抱く心配は、多くは職場のほかの人との関係をどうとらえるかによるものとなる。**

熱心に仕事に取り組む者によく見られる心配に、次のものがある。

- □上司は自分たちのことを考えてくれているだろうか？
- □部下は組織の自分以外の誰かが好きで、尊敬していることはないか？
- □ＣＥＯや経営幹部に自分は顔を覚えられていないし、どんな仕事をしているか認識されていないのではないだろうか？
- □同僚が私と話をしなくなった。距離を置かれている？
- □大事なクライアントを失望させてしまっただろうか？
- □仕入先（サプライヤー）の期待を裏切ったということはないだろうか？

仕事だけでなく、私生活でも、人間関係の心配が尽きない。

私たちは人間関係について考えたり、意識して心配したりすることはない。だが、**ほかでもなく人間関係によって状況は定まる。**

そして結果を出そうと強く求める者は、人間関係を悪化させてしまうことがある。

心配は「社会的交換」［「交換」という視点で他者との関係などをとらえる見方］からもたらされると考えてみよう。

結果を出したいと強く思う者の多くはそうだが、仕事で「交流の不平等」を突きつけられていると感じると、苦しい状況に置かれる。

「交流の不平等」とはこういうことだ。

たとえばビルは仕事での人間関係にはそれほど関心がない。電話やメールでのやりとりは人より少ない。

ある識者たちは、この現象を「**最小関心の力**」と呼ぶ。

どういうことかというと、人間関係においては、ビルのように、「**関心の少ない者が、関心の大きい者を支配する**」のだ。

あなたは私のことを知りたいが、私はあなたに興味がないとなると、「私」が力を持つ。

誰もが常にこうした交流の不平等を不安に思う。キャリアに悪影響がもたらされるように感じてしまうのだ。[3]

■最小関心の力――関心が「弱いほう」が強い

前より仕事を振られることが少なくなったかもしれない。

ある同僚をランチに誘うが、よく断られる。

ある顧客は今までのようにすぐに電話を折り返してくれることがなくなった。話しても、なんだかよそよそしい。

そこであなたは自問する。

「僕が気にしているのと同じくらい、この人は僕のことを気にしてくれているだろうか?」

セミナーでこの「最小関心の力」について話すと、参加者の多くはまず、それぞれの個人的な関係を思い浮かべる。

ほとんどの人は、誰かの注意を引きたかったのに、それが得られなかったときのことを思い浮かべる。

その人物との関係における「最小関心の力」のパワー・ダイナミクスを変えるために、自分が取った行動を振り返る。

それをする価値はあったか?

ある人との関係を終わらせようとすると、その人はどんな反応を示すか?

組織の大小を問わず、私たちは他者との1対1の関係において常に釣り合いを見出そうとする。

欲求不満、心配、不安。どれも人間関係に影響を与える。

私たちはあらゆる関係において対等でありたいと思うのだ。

ある管理職が幹部に昇進したとしても、自分との関係は変わらないと思いたい。

この欲求が変わることはない。

だから不安は尽きない。

組織や家族において自分は過小評価されている、除外されている、ここにいるべきでないと感じるとき、どれだけ異常な行動が見られることか。

人は、「自分が重要でない」というシグナルを受け取った瞬間、異常な行動を取ってしまうのだ。

■見えているだけが「本当」じゃないと気づく

ロイスはコンサルタント会社でジェニーのもと、3年間働いていた。親友というわけではないが、昔から仲がよく、持ちつ持たれつの関係だった。

ロイスは知らないが、ジェニーは公私で問題を抱えていた。夫と離婚し、子どもの親権争いの真っ只中。上司からはグループの業績改善を強く求められていた。

ジェニーは自分の問題は外に出さないタイプだった。人の話はよく聞いたが、自分の痛みは見せなかった。

友人の気を重くするようなことはしたくないから、結婚生活の苦悩について話すことはなかった。

会社が大事なクライアントを失い、彼女も管理職のひとりとして、経営陣に業績改善を強く要求されても、それを同僚に話すことはなかった。

ロイスはまず、ジェニーとの会話が少しよそよそしくなっていることに気づいた。ジェニーは仕事以外の話が出てくると、突然口を閉じて席を立つことが増えた。

続いて、ジェニーは大きな業界のワークショップに行ったようだが、自分は誘ってもらえなかった。前の2回のワークショップは一緒に行ったのに……（ロイスは知らなかったが、予算が削減されて、ロイスを誘うことができなかったのだ）。

極めつきは、ある問題でチームのメンバーとトラブルを抱えている、聞いてほしいとジェニーに求めたとき、「今処理しなければならないことがあり、今日は時間が取れない」と言われた。


ジェニーに評価されていないと感じたロイスは、陰でジェニーの悪口を言い出す。ジェニーは冷たい、自分を助けてくれない、と不満をぶつけた。

ロイスはジェニーに見限られて、首を切られると覚悟した。

やけになったロイスは、ジェニーの知らないところで彼女の上司に会い、ジェニーはもはや管理職として失格で、職場の状況を悪くしていると訴えた。

ロイスはそこで別のグループへの異動を求めた。

ロイスは自分とジェニーの「最小関心の力」のバランスが変化したことを肌で感じ、異常な行動に走ってしまった。自分にもジェニーのためにもならないことをしてしまった。

自分は今の状況に強い不安を感じている、それを解消してほしいとジェニーに訴えることはせず、自分にとってもグループにとっても望ましくないことをしたのだ。

反応は「自覚」すれば調節できる

3章で書いたが、私はモチベーションについての授業を終えて教室を離れようとしたところ、学生のひとり、ブルースに呼び止められた。ブルースは授業がどれほどすばらしかったか伝えてくれた。にもかかわらず、その日は用事が立て込んでいたこともあり、彼をぼんやり見つめるだけで、教室から出て行ってしまった。

もし私がブルースだったら、「先生は僕の言うことを聞いていたのだろうか」と思うだろう。

あるいは「なんて傲慢な人なんだ。いつも人の話を真剣に聞くようにって言ってるのに、僕を無視した」と疑うかもしれない。

それともこんなふうに考えるだろうか？

「授業中の発言がまずかった？　あそこであんなこと言うべきじゃなかったかも」

あるいは

「僕は授業で高評価を得ていると思ってたけど、そうじゃないのかも」

もし2秒でいいからブルースのありがたいコメントにお礼の言葉を述べていれば、こうした逆向きの思考を止めることができたはずだ。

私たちはどんなメッセージや行動にも「意味」を見出そうとする。情報不十分であっても、何を伝えようとしているのか理解しようとする。

その結果、曖昧な態度を取ったりすると、否定的に解釈されかねない。

会社のリーダーが部下に曖昧な戦略を伝えれば、部下は会社がいい方向に向かっていないのではと危惧する。

ひとりの管理職があるクライアントに関して意味不明なメールを送信すれば、受信した人はクライアントに問題があるだけでなく、クライアントと管理職の関係も疑わしいと判断する。

ブルースへの私の対応は、曖昧そのものだった。ブルースは曖昧な私に否定的な意味を読み取った。私の対応はふさわしいものではなかった。

どの職場でも「曖昧ではっきりしないもの」が溢れているが、どう対応したらいいだろうか？

多くの人は、自分はどれだけ曖昧なものに取り囲まれていて、それにどのように不安を感じているか、おそらく理解できていない。

上司はあなたの仕事を見て「よくやった」とは言ってくれない。だから自分の仕事は「お粗末だった」と思われているかもしれないと心配になる。「よくやった」となぜ言ってもらえないのかたずねるのが理にかなっているが、ここで論理は機能しない。

成功したくて熱心に仕事を進める者は、自分の仕事はよくなかったと上司に思われている可能性を受け入れたくない。

それなら、下手に口にして残酷な真実を知るより、曖昧なままにしておくほうがよっぽどよい……。

曖昧さによってもたらされる不安に対処するうえで、役に立つと思える方法を次に挙げる。

□勇気を奮い起こし、思うところをはっきり話してもらう

誰もがそれをしたくないのはよくわかる。だが、たとえ悪いことを言われても、それがすべてではない。**行動を起こさずに逃げ回っている臆病者で終わっていいのか。**

□誰かに曖昧な言い方をされても、頭の中ですべて「肯定的な反応」をする

曖昧なことを言われても動じなければ、気持ちが揺らぐことはない。

相手はたまたま曖昧な言い方をしてしまっただけで、あなたを侮辱する意図はなかったという考え方もできる。

それを心に留めておけば、次に誰かに曖昧な言い方をされても心配は軽減する。

□不安が現実化したら、行動を起こす

心配に思っていたことが現実のものとなったなら、行動を起こそう。それが本当に起こっていると言葉にして言おう。

心配したり、イライラしたり、友人や家族に愚痴をこぼしたりするようなことがあってはならない。

代わりに次のことを試みること。

①自分は間違っていなかったか、さらに何をすべきかを考えてみる

②問題を修正する「具体的な計画」を立てる

③誰かの助けを得て計画を実行する

結果を出そうとする者は自ら行動を起こす。受け身の態度でいれば心配が増すだけだ。

□多少の不安はあってあたりまえだから、あまり気にしないこと

心配しすぎると、気持ちも萎えてしまう。心配することで一時的にやる気が促されるかもしれないが、結局それに縛られてしまう。

幸い、心配は自分でコントロールできる。

「心配の罠」にも、「忙しさの罠」「人と比べる罠」「人を非難する罠」にもはまらないためには、**まずはその罠に気づくことだ。**４つの罠にはまりつつあると気づけば、どれにも引っかからずにすむ。

そのあと必要があれば、いま提案したことを試してほしい。「心配の罠」にはまらずにすむはずだ。

私たちを恐怖で動けなくし、無力にしてしまう不安を抑えるために何よりもしなければならないのは、変化と改善に向かう戦略を大きくイメージすることだ。

Ｐａｒｔ４でそれについて考えてみよう。

Part 4

乗り越える

不安を変化の「燃料」に変える

FLYING WITHOUT A NET

10章

過去を「過去のもの」にする

自分を固める「セルフイメージ」を解きほぐす

私たちの変化や成長、成功を阻むトラップの存在を知った今、「忙しさの罠」「人と比べる罠」「人を非難する罠」「心配の罠」の4つに対して何ができるか？

以前リーダーシップに関する本『リーダーの役割をはたすとき』（未邦訳）[1]で登場させた人物、ジェフ・ガードナーを使って、4つの罠の回避方法を示してみよう。

ジェフは小さなコンサルタント会社の有能な幹部社員（パートナー）。『リーダーの役割をはたすとき』の最後、ジェフは長い大陸横断の出張を終えて、ボストンに到着する。そこで彼は自分がすべきことを考える。

このジェフの話を続けよう。

フライトが終わろうとする頃、ジェフはある思いにとらわれていた。

今回の出張ではさまざまなプレッシャーと責任を押しつけられ、心落ち着く時間がなかった……。

若い部下や部長たちの不満が今も頭の中でこだまする。今回は同じパートナーのひとりと同行したが、このパートナーに対する不満が頭を離れなかった。彼は出張が嫌いで、仕事を取ってくることはできず（割り当てられた仕事をするのは得意なのだが）、会社が大きくなっても進歩している様子はなかった。

クライアントからの要求も彼らの財政難が深刻になるにしたがい、厳しくなっていた。ジェフのコンサルタント会社に顧問料の引き下げをはかるだけでなく、少ない額で綿密なコンサルティングを求めているように思える。ジェフが何を提案しようと、まるで聞く耳を持たない。

ジェフには妻マリーとふたりの娘がいる。

マリーは最近、はっきりと苦言を呈するようになった。

ジェフが出張に出る直前、マリーはこんなことを言った。

「ジェフ、あなたは15年間の結婚生活で、仕事と家族のどちらかを選ばなければならないとき、決して家族を選ばなかった」

マリーにそんなふうに言われて、ジェフは強い罪悪感を覚えた。

マリーは以前より辛辣な言い方をするようになった。

「わからない」と認め、素直に言う

出張から戻ると、ジェフはすぐに人事部長に会った。

人事部長はジェフにたずねた。

「ジェフ、君はさらに出世し、いつか社長になりたいか？　君は君のキャリアをどうしたい？　1か月ほど考えてみてくれないか？

大事なのは、君自身に君自身のことを質問してほしいということだ。

会社で出世し、さらに責任を負うつもりなら、先は長いぞ。

変えなくちゃいけないことも出てくるだろう。

考えてみてくれ。よく考えるんだ。簡単に答えは出ない。

1か月後に会って話そう」

週末、ジェフはマリーとロングアイランドの浜辺を歩きながら、家のことも仕事のことも、そしてこれからのキャリアパスのこともじっくり話した。

すると、自分がどんなことに不安を抱いているのか、考えてみる必要があると感じた。

マリーはのちに話している。

「ジェフと浜辺を歩きながら話したけど、こんなことは10年なかった。ずいぶん時間が経ったけど、ようやくあの人は大事なことを話してくれたの」

最近のふたりの会話と言えば、どちらがクリーニング店から服を取ってくるか、どちらが子どもたちを学校に迎えに行くかといった、事務的なものがほとんどだった。

ロングアイランドの浜辺を歩きながら、ジェフはなんでも気持ちのまま話してくれた。

ジェフは仕事を通じて自分のイメージを作り上げてきたし、決して弱さを見せなかった。弱さやもろさはいい結果をもたらさないと考えていたのだ。

ジェフは仕事を始めた早い段階から、「感情的になる」ようなことがあってはならないと思っていた。

何かを知らなくて取り乱したり、あるいは甘さを感じさせたりするようなことがあってはならないと考えていたのだ。

部下にもあまり深く干渉しないし、どんなことになってもあまり気にしないようにした。

会社で出世したければ、そういったものを切り捨てる必要がある。

アソシエイト〔35ページ注参照〕だった頃からそう考えていた。

■教えを「請える」人は強い

1か月後、ジェフは人事部長に会い、もっと責任のある仕事に就きたいと伝えた。

本気なのか、とたずねられた。

ジェフは答えた。

「みんなを指導、管理する仕事に挑戦したいと思います。ですが、**包み隠さず正直に言いますと、どうすればそれができるのか、自分にその役が務まるのか、わかりません。**今言えるのは、そうしたいと思っていますし、どうすればそれができるようになるか、知らなければならないということです」

自分にできるかどうかわからない——ジェフは率直に認めた。

自分にすべて答えを出せるわけではないと明かした。

この正直な言葉によって、自分は完璧ではないしどこまでできるかわからない、だからこそこれから学ばなければならない、と受け止めたのだ。

人事部長とのやり取りで、ジェフは対人関係において弱さを示す勇気があることを見せた。何がうまくいかなかったか、どうしてうまくいかなかったか、自問自答してみることができたのだ。

人事部長はこの言葉を待ち望んでいた。

会社を指揮する者の多くは誤解しているが、**自分は間違いを犯すかもしれないし、はっきり言葉にできないこともあると認めるのは、じつは強さの表れだ。**

勇気を持ってそう認めることで、「望ましくないことを無難にこなす」から、「恰好悪くてもいいから望ましいことをする」へとついに昇華できる。

それによって、学び、変化し、成長する力が得られる。

ジェフの話を続ける前に、ジェフが何を自問したか、少し考えてみよう。

次のページに挙げることを、仕事で結果を出したいと思う者が自問することはないかもしれない。

彼らは少しペースを落とし、自分には答えが出せないかもしれないと認めるようなことはほとんどしない。

多くの熱心な管理職や経営幹部は、自分の弱さを自分にも人にも認めるべきでないという意識を植え付けられているように思う。

これは誤解だ。自分の弱さを認めることで、生産性を高め、キャリアを広げることができる。

次のことを考えてみてほしい。

□これまでの仕事と人生において下した重要な決定の中で、後悔するものはあるか？　もう一度やり直すとしたら、違う選択肢を選ぶか？

□部下を不当に扱ったことがあるか？　部下の言うことに耳を傾けず、ただ指示を突きつけるようなことをしたことはあるか？

□ここ数年、最高の仕事ができていると思うか？　そう思わないとすれば、なぜ？

□部下に自分の過ちを認めたくないか？　上司や同僚には認められるか？

□最近誰かに助けを求めることがあったか？　知らないことがあり、それを学ぶ必要があると認めたことがあるか？　誰かに指導を仰ぐことがあったか？

□上司には何でも言えるし、何のやましい気持ちもないかもしれない。だが、そうだとしても上司に恐怖や不安をどこかで感じてしまうか？

□望ましいグループ、望ましい組織で、望ましい仕事ができていると思うか？　今の自分のポジションや環境と、やりたいことは一致しているだろうか？

「選ばなかった道」は忘れる

ジェフと話した人事部長には、ビジネススクールの教授を務める友人チャールズがいた。取り繕うことなくいつも真実を話してくれると信頼していて、チャールズに包み隠さず相談を持ち掛け、率直な意見を求めた。

人事部長はチャールズに、ジェフを指導してほしいと求めた。

初めてジェフと会ったとき、チャールズはふたりの関係の基本ルールを設定した。いちばん重要なルールはシンプルなものだった。

「昔のことは忘れる」

チャールズはジェフに、選択しなかった道、犯したミス、逃した機会に執着してはならないと求めたのだ。

そうではなく、過去にあった真実を見つめ、そしてそれを忘れることを学んでほしいと伝えた。

チャールズがジェフに望んだのは、過ちを認め、必要があれば謝罪し、先に進むことだった。

ジェフに突きつけられたいちばんむずかしい課題は、何年にもわたって最善とは思えない仕事の仕方をしてきたと認めることだった。

ジェフはこれまでまわりのことは考えずにひたすら野心的に仕事を進めるだけで、何人もの同僚や部下のキャリアを狂わせてしまった。

自分は彼らのサポートがもっとできたはずだ。でも、それをしなかった、と言われている思いがした。

自分のせいで会社を辞めたり、ほかの部署に異動を命じられたりした人が、少なく見積もっても何人もいることに、今さら気づいた。

自分の成功は多くの人の痛みの上に成り立っているという事実を認め、乗り越えねばならなかった。これはジェフにとって苦しいことだった。

チャールズはジェフにさらに指示をする。

実現されることはない項目をリストにするのではなく、〝実際の行動〟や〝新しいスキル開発〟につながる「自分独自の計画」をいかに立てるか考えてみよう、と。

そんなふうに計画を立てることで、目的と進むべき方向が明確になり、日々霧の中でプレッシャーを感じているような状況から抜け出すことができた。

チャールズは、同じ管理職でもやることリストに書きこんだことをただ漫然と消化しようとする者よりも、「これとこれをいついつまでにこなす」と具体的に考えて行動する人のほうがはるかに大きな成功を収めている、という統計結果も示した。

チャールズとジェフは計画表を作成した。チャールズはジェフに計画表をプリントして、あらゆる場所に置いたり貼ったりするよう指示した。バスルームの鏡、机の上の写真立て、車の中など、あらゆるところだ。

チャールズは、最初のうちは一日おきにジェフに電話をかけ、気を散らさず取り組めているか確認した。

こうしてジェフは「Aはいつまでに、Bはいつまでに」と頭に置いて仕事を進めることで、ゆっくりと進歩を遂げていった。

過去は「過去」のままにしておく

ジェフはのちに話している。

計画表のおかげで前に進めたが、それと同じくらい**「過去は過去として、今すべきことをする」**という助言にも救われた、と。

何ら新しいことじゃない。単純なことだ。だが、有効だ！

以前はこんなふうに思い込んでいた。

クライアントとうまくやれているから、自分にいたらないところがあっても問題にならない。それに習慣は時間をかけて身についたものだから、変えようがない。

だから、「なぜ自分はそうしたのか？」「どんなふうにしたのか？」と過去にあったことを真剣に考えてみようとしなかった。

「どうして妻や同僚と本音で語り合わなかったのか？」と反省することもなかった。

過去を振り返って過去のものとする。そして、今すべきことをする。

ジェフはこの言葉を心の中で何度も繰り返した。

やっとわかったのだ。

以前はたしかにそうだったし、そんなことがあったかもしれないが、これからもそうであると思ってはならない。

チャールズは教えてくれたのだ。

「以前に何が起こったかは重要ではない。注意しなければならないのは、それを繰り返し語ってしまうこと。そうやって君は、昔の物語を書き上げているのだ」

■「話す」ことの絶大な効果

こうやって過去の話を語り出すと、積年の恨みや復讐の念がメラメラと燃え上がることがよくある。

たとえば、管理職として成功した者の中にも、最初の上司のせいで昇進できなかったことに今も恨みを抱く者がいる。

引き抜きに応じるべきだったが、上司に言いくるめられて残ることになり、結局、閑職にまわされたとうつうつと怒りを吐き出す者もいる。

会社に反故(ほご)にされた約束を忘れずにいる者もいる。

一方、結果を出そうと仕事に邁進する人の多くは、こうしたことを口に出すことはほとんどない。

苦い思い出をはっきり口にして忘れ去ることはせず、心の中にしまっておこうとするのだ。

だが、つらい経験も正直に話してみる、親しい友人や同僚に聞いてもらうことをやってみてほしい。どんなにつらいことであっても、大きな効果を発揮する。

後悔や怒りを言葉にして吐き出せば、心にいつまでも貼りついていることはない。

言語化する――すべて吐き出してしまおう。時間をかけて頭の中にため込んで何度も再生するくらいなら、その時間とエネルギーを生産的なことに使うべきだ。

次の①～④を試して、過去にあったことを「過去」のものにしてしまおう。

①「どうして成し遂げたかったことを成し遂げられなかったのか？」　あなたがいつまでも自分に語り聞かせているのはどんな話だろうか？

どうして昇進できなかったのか、どうしてキャリア設計が思うようにいかなかったのか、それについて考えるとき、いつも繰り返し頭に浮かぶことはないだろうか？

何度も繰り返すことで、過去の物語を書き上げてしまう。

どうやらあなたはそれをずっと前から何度も自分に話して聞かせてきたようだ。

②その話をしているときにどんな感情を抱くか？
怒り？　悲しみ？　不満？　恥？　どれだろう？

その感情を抱くことになった具体的な出来事や状況を考えてみよう。

その出来事や状況を思うと、なぜそんなに強い感情を抱くのか？

自分は何を言って、何をしたか？

人に何を言われ、何をされたか？
③信頼できる人たち（上司、メンター、パートナー、親しい友人）に、自分が何度も繰り返してしまう話と、それを頭の中で再生するときに感じる強い感情について話してみよう。正直に、オープンに話すこと。
④次にまたこの話が頭に浮かぶようなことがあれば、「それはもうすんだこと。過去は過去」と自分に言い聞かせること。

この①～④を何回か問いかけてみる必要がある。

信頼できる人たちに、何があってどんな感情にとらわれているのか何度か話さなければならないかもしれないし、「それはすんだこと。過去は忘れよう」と何度も自分に言い聞かせることになるかもしれない。

だが、それで状況は変わるはずだ。

自分は同じ話を何度もしてしまっている。どんな思いがあるからなのか。

そのことをしっかり受け止め、考えてみる。

もうそれは過去のことだ、もはや忘れるべきだ。

そう認識する。

これができれば、今後の仕事が楽になるはずだ。

困難な仕事や、新しいスキル習得にチャレンジしてみようと思えるはずだ。

■過去を「モノ」として扱う

ある友人がほんの数か月前の出来事を思い出させてくれた。そこで見たことをすれば、「過去は過去」と思えるようになる。

友人はフリーのコンサルタントで、さまざまなリーダーシップ開発プログラムの講師を務めている。

当時、友人と私は、チームビルディングの専門家、ホルスト・エイブラハムと共同で仕事を進めていた。

ワークショップで、エイブラハムは各グループにさまざまな作業とディスカッションを求める。グループ内のやり取りをプッシュしてくれるので、私たちは参加者がどんなふうに話し合うか、その様子をまじまじと確認できた。

あるセッションの終わりに、エイブラハムは参加者に腕を上げて、頭の上で前から後ろに動かすように言った。

参加者はエイブラハムに続いて、「過去のことは過去のものにしてしまいましょう」と少なくとも三度復唱することになった。

私は友人と様子を見ていたが、参加者全員がエイブラハムの指示にしたがい、この動作を熱心に行った。

ありえないことだった。ビジネスセミナーで講師が笑顔も見せずにそのように体を動かしている。講師の真剣さを目にして、参加者も同じように真剣に体を動かしている。

その友人と昔のことを話す機会があり、私は考えていた。

これまでに経験したことで、今も忘れられずにいることはあるだろうか？

頭に浮かんだのは、若い頃に大学の教授陣から受けた仕打ちだ。大学院修了後に私が選んだ道が気に入らなかったのか、そこで私は教授陣に締め出されてしまったように思う。

教授のひとりと顔をあわせるたび、抑えがたい気持ちが湧き上がった。怒りも、気まずさもあった。

教授たちは私を見下しているに違いない。私が三流大学の三流学部に就職したことで、自分たちの教えに報いなかったと思っている——きっとこんなことを考えていると信じて疑わなかった。

自分は何もわかっていないと、どうしてそこで思わなかったか?

頭の中でこの信念を十分に裏付ける物語を書き上げていたからだ。

あのときの私は、教授陣の言動を見ては、「自分は間違いなく締め出されている」という確信を補強するサインをたくさん捏造していた。

会議や論文発表に呼ばれたことはない。

賞をもらうのは、私ではなく、彼らの「グループ」にいる者たちだ。

大学にいるあいだは自分も教授たちのグループに入れてもらっていると思っていたが、私は価値がない、成功など期待できないと見なされたのだ……。

だが、エイブラハムのセミナーを一緒に見た先ほどの友人が、大事なことを教えてくれた。

ある晩、友人はイライラと不機嫌な様子で仕事から家に戻ったそうだ。

夕食の席で妻と4人の子どもの前で、フラストレーションが溜(た)まっている件についてずっと話していたという。

妻と子どもたちは一応聞いているふりをしたが、何も答えなかった。

突然、末娘のメレディスが口を開いた。

「パパ、それはもういいじゃん、忘れちゃいなよ」

メレディスは静かにさりげなく言った。

友人はそう言われてはっとした。末娘に顔を向けてまじまじと見つめた。それから微笑んだ。

友人は過去に経験した思いにとらわれてしまっていたのだ。

子どもたちは笑みを浮かべ、エイブラハムのあの動作をした。

何年も前に、子どもたちが喧嘩していたとき、エイブラハムのあの動作を教えていたのだ。

友人のその話を聞いて、もう話すことはなかった。友人と友人の奥さんを見つめて、3人とも笑い声をあげた。

行動を妨げる「頭の中の声」の消し方

多くの者は仕事がうまくいっていないとき、ほかの人を非難したり、誰かのせいで自分の目標が達成できず、自分の可能性を広げられなかったと言う。

親友のひとりは、父親の支援が得られなかったと会うたびに不満を漏らす。もう何年も、非常に強い調子でこう語るのだ。

「父が金を貸してくれなかったから、2社買い上げることができなかった。父が僕を信頼してくれれば、僕の人生はもっと実りあるものになっていたはずだ」

そんな気持ちをずっと持ちつづけるのは、キャリアを考えるうえでいい結果にならない。私はこの友人に指摘した。

何年も前の出来事をいつまでも気にすることで、自分が成し遂げたことをかみしめることも、（父に拒否されたことで）自分を信頼することもできなくなってしまう。

頭の中で「おまえは信用できない」という父の声が聞こえるのかもしれないが、それによって新しいプロジェクトに取り組めないし、リスクは一切冒せなくなる。

何より自分を変えることができないし、成長できない。

記憶の中で感情的に反応してしまうものを消し去ることが、将来において長い満足を得られる唯一の方法だ。

自分の弱さを示し、勇気を持って新しいことに挑戦し、「恰好悪くても望ましいこと」をしようとする。

これを通じてのみ、「望ましいことを見事にこなす」ことができるのだ。

話を「両サイド」から聞く

モルガン・スタンレーのジョン・マックにも、野心的に仕事を進めるうえで「消し去らなければならないことがある」と教えてもらった。

7年間一緒に仕事をしたあと、社を離れるにあたり、ジョンは**「相手の話に深く耳を傾けること」**と、**「言葉になっていない『行間』を読むこと」**の大切さを教えてくれた。

ジョンはある投資銀行家の話をいつも熱心に聞いていた。その投資銀行家は、実に興味深い話をいつも聞かせてくれた。

私も彼の話を何度か聞いたことがあるが、たしかに「なるほど、そういうことか」と膝を打った。

だが、銀行家に話を聞いたあと、ジョンは決まって今度は同じ話について別の見方をする人を呼び寄せた。

その人の話を聞くと、先ほどの投資銀行家の話と同じくらい信用できるが、内容は驚くほど異なっている。

一体どういうことか。

ふたりになると、ジョンは私に顔を向けて、意地が悪そうな笑みを浮かべて話してくれた。

「トム、どんな話も常に2つの面があるんだ」

ジョンは、私に話してくれた。

どちらも真実を伝えていると思われる2つの物語のあいだに、道が1本走っている。

ジョンはそう考えたのだ。

ある人の話を信じたいが、同じように説得力のある見方をする人がほかにもいる。

ジョンは私にこのことを教えてくれた。

自分の世界と自分の行動を「狭い視点」から見ると（野心的に仕事を進める者はほとんどそうだ）、自分の普段のやり方と基準にとらわれてしまう。

ほかの人（上司やコーチなど）から、「変わったほうがいい」とアドバイスを受けるかもしれない。あるいは、あなたも頭の中で何か新しいことに挑戦したほうがいいと思う瞬間があるかもしれない。

だが、物事の見方を変えない限り、同じ場所にとどまりつづけることになるとぜひ心得てほしい。

これまでの見方を「過去のもの」として取り除けば、視界が広がる。

不安や後悔に縛られることなく、ほかの可能性に心を開くことができる。

■違う人の「目」で見てみる

もうひとつ、エクササイズを紹介しよう。

今の自分と違う視点で自分の物語を書いてみよう。本書でこれまで論じたことを考えながら、自分の物語に関与した別の人物（通常は〝敵〟ということになる）になったつもりで書いてほしい。

たとえば、こんな話はどうだろう。

信頼する顧客があなたの会社に継続して仕事を依頼すると約束していたが、ライバル社に乗り換えてしまった。

この顧客は嘘（うそ）つきで卑怯（ひきょう）者だ。

なんてことだ、上司にはこの顧客との取引は問題ないと伝えてしまった。

こんなやつを信じた自分がばかだった。

ここであなたがすべきは、その顧客の視点で物語を書くことだ。

つまり、顧客があなたの会社に背を向けて、ライバル社に行くと決めたとき、何を思ったか？　それについて考えてみよう。

その物語を必ず信じる必要はないが、ほかの人の視点で見える景色を考えてみてほしい。

大切なのは、あなたの物語が唯一絶対ではないと認識すること。

それがわかれば、あなたの手は緩み、ずっとこだわってきたものを手放すことができる。

すべての物語には2つ（あるいはそれ以上）の側面がある。これを理解することで、私たちは変われる。

自分に話してきた自分の物語は一面しか伝えていないかもしれないと気づけば、ほかの人の見方も受け入れられる。

前に進めるし、「支援のネットワーク」（次章参照）を求めようと思えるはずだ。

自分を支えてくれる特別な人を探す――自分をひとりで支えていた状況から抜け出せるかもしれない。

これが、今の行き詰まりを解消し、行きたいところに行く次のステップになる。

11章

セカンドキャプテン、ファーストチョイス

フェアな人と組む

10章では何人かの人にスポットを当てた。

ジェフ・ガードナーと、彼をコーチングしたチャールズ。

モルガン・スタンレーの元CEOジョン・マック。

罠にはまったとき、一緒に抜け出す道を探してくれる人がいなければ、這い出すことはできない。

そんなときは**「支援のネットワーク」**に頼るのがいい。

「支援のネットワーク」があれば、心を開いて正直になれるし、勇気を奮い起こして不安に立ち向かうことができる。

もちろん問題はある。

仕事で成功したいと強く思う者たちは、往々にして無骨な個人主義者で、自分のことは自分でするという姿勢を貫いてきた。

そんな彼らが、自分の本当の姿をさらけ出し、「支援のネットワーク」に頼ることなどできるだろうか?

■「頼るスキル」を磨く

さまざまな要因（人とどう接してきたか、前任の幹部はどんなチームモデルを作り上げたか、これまでどんな企業文化を経験してきたか）によって、「自分はタフな一匹狼でなければならない」という考えが染みついて、苦しいときも誰かに助けを求めることができない。

問題を抱えている、自分は絶対ではないと認めてしまえば、まわりに「軟弱」と思われる……そう信じて疑わないリーダーを何人も見てきた。

その結果、精力的に働く者の多くは、サポートが必要なときに助けてくれる人たちの強力な「支援のネットワーク」を作り上げることはない。

なんでもひとりでやろうとするが、それではすでに紹介した4つの罠に深く落ちていってしまうということがわからないのだ。

親しい同僚は何人かいるかもしれないが、彼らに支援を求めるのは適切でないケースが多い。結果を出したい、成功したいと思う者の話し相手は、自分が聞きたいことを話してくれる人がほとんどだ。本当に必要な「耳が痛い」ことを言ってくれる人には何も話さない。

「自分の信念と価値観を共有できる人を仲間に選ぶのは当然だ」

「気分をよくしてくれる人と親しくなりたいと思うのはごく自然なことだ」

言うまでもなく、ここに問題がある。

こうした人たちがあなたに変化を求めることはないのだ。

では、必要なアドバイスを与えてくれる人たちを無理なく選ぶにはどうしたらいいか？

私は子どもの頃ポートランドで野球をしていたが、そのときどのようにしてチームを選んでいたか、お話ししよう。

これがヒントになるかもしれない。

「明確な目的」を持って人を見る

子どもの頃、太陽が出ていれば、あらゆるスポーツをどこでも楽しんだ。

ポートランド23番街やスティーブンズ・ストリートで野球をするときはみんな熱くなり、接戦になると道路に滑り込むようなこともした。

試合を始めるにあたって、まずキャプテンふたりを選んだ。

ひとりのキャプテンは、「僕は『セカンド・キャプテン・ファースト・チューズ』（最初に選べる2番目のキャプテン）」だと大声を上げる。

続いてもうひとりのキャプテンは、「僕は『ファースト・キャプテン・セカンド・チューズ』（2番目に選べる1番目のキャプテン）」と大きな声で言う。

「セカンド・キャプテン」（最初に選べる2番目のキャプテン）がチームでいちばん野球のうまい子を選べた。「セカンド・キャプテン」はピッチャーも先に指名できた。「『セカンド・キャプテン・ファースト・チューズ』と『ファースト・キャプテン・セカンド・チューズ』は定着した言い方ではないが、いちばん野球のうまい「ファースト・キャプテン」が最初にメンバーを選ぶのはフェアではないので、「セカンド・キャプテン」が最初に選べるようにしていたと思われる」

「セカンド・キャプテン」がいちばんうまい子を選び、次に「ファースト・キャプテン」（2番目に選べる1番目のキャプテン）が次にうまい人を選び、最後にいちばん下手な人が選ばれるまでメンバーの選択が続く。

このメンバーの選び方は無神経だったかもしれない。でも、私たちは子どもなりにチームが勝つことを優先した。

メンバーによって勝敗が決まるとわかっていたから、シンプルに野球がうまい子を順に選んでいった。

仲のいい子よりも、たとえ嫌いでもホームランをかっ飛ばしてくれそうな子。ピッチャーも仲がいい子より、打ちにくそうなカーブが投げられる子を選んだ。

何が言いたいかというと、私たちは子どもだったが、**明確な目標を念頭においてチーム編成をしていた。**

個人としてもビジネスパーソンとしても変わりたい、成長したいと思うのであれば、同じく現実的な視点で「支援のネットワーク」を構築することをお勧めする。

本章では、真実を告げてくれる人をどのようにして選べばいいか、どうしてそんな人を選ぶ必要があるか、考える。

あなたよりもあなたのことを気にかけてくれるパートナー、メンター、指導者を見つけるにはどうしたらいいだろう。

後半は、チームや仲間がもたらす真実（目を背けたくなる現実かもしれない）がどれほど重要か、それをどのように活用すべきか、説明する。

「サポート」でもっと遠くにいく

誰もひとりでは何もできない。誰もできない。

試してみればいい。最終的にどこにたどり着くだろうか？

変化に関するあらゆる研究データから、サポートを得る重要性が確認できる。たとえばジーン・ダルトンの「変化をもたらす共通要因」に関する研究によれば、**自分を変える第一段階として必要なのは、「変化が必要だと感じること」だという。**[1]

ジェフ・ガードナーは、人事部長に「変えなくちゃいけないところも出てくるだろう」と言われ、この必要性を認識したことを思い出してほしい。

ダルトンは変化を起こす第2段階として、**変化のさなかで「尊敬できる他者」を求めることが必要とする。**

コーチ、友人、メンター、パートナー……あなたが困難な状況にあれば、傍らにいて手を差し伸べてくれる人を探そう。

あなた以上にあなたのことを考えてくれる「尊敬できる他者」を見つけよう。そうした人が何人かいれば、目的地に向かうあなたを支援してくれるチームができあがるはずだ。

だが、多くの企業や組織では、自然にメンターやサポーターを見つけられる仕組みが整っていない。

たとえあなたがポテンシャルが高いと見なされていても、サポートが自動的に「与えられる」わけではないのだ。

各企業がこのサポート体制をどれほど軽視しているか、見てみよう。

■昔のほうが「離職率」が低い理由

リーダーシップ開発セミナーを開催する際、参加者に、「これまでリーダー、メンター、あるいは恩人と思えた人の名前を書いてほしい」と求めることにしている。

名前を挙げるにあたって注意してもらうのは、「実際に関係を持ったことがある人」でなければならないという点だ（国の指導者やビジネス界のスーパースターの名前ではなく）。

年上の参加者は概して若い人より簡単に書き終える。

そしてよくたずねられる。

「ほかにも挙げていいですか？」

一方、若い参加者はなかなか書き出せない。

長く仕事を続けていれば、キャリアを通じて、メンターや経営者と個人的に深い関係を築くことができる。昔は今より会社の規模が小さく、より親しみやすい「ファミリー」感が強かったこともあるだろう。

誰もが自分たちを家族のように思っていたのだ。

ベテラン社員は新入社員と、娘や息子のように接することが期待された。

彼らには部下がうまく仕事ができるように援助する責任があった。

はっきりしない形で責任を負っていたわけではない。部下の面倒を見て、彼らがうまく仕事ができるよう「援助の手」を差し伸べることが経営陣から求められたのだ。

部下を指導、教育するのも上司の重要なスキルであり、部下がいい仕事をすれば、人を育てる能力があると認められた。

このような指導・教育のスキルが、業績評価対象の項目として正式に記されていたわけではない。だが、年長者は部下や若手に気を配り、彼らがいい仕事ができるように必要に応じて導くという暗黙の了解があった。

実際、部下が会社を去ることはほとんどなかった。自分に尽くしてくれた人たちを失望させたくなかった。

こうした指導者がいたおかげで、結果を出したい、成功したいと強く望む者たちは「不安の罠」にはまらずにすんだ。

問題にぶつかったり、不安を感じたりすることがあれば、話を聞いてくれる人がいた。見返りなど考えることなく、親身になってアドバイスしてくれる人がいつもまわりにいたのだ。

変化が必要だと教えてくれる人もいた。今の状況に甘んじていいのか、「望ましくないことを無難にこなす」だけで君は満足か、と厳しいことを言ってくれる人もいた。

仕事であなたを導いてくれるこうした人がいなければ、4つの罠にはまってしまい、自分を変えることはなかなか難しい。

今までしてきたことにしがみついて、新しいことに挑戦しなければ、大きなミスはしないかもしれない。だが、それでは成長できない。

聡明な指導者はそう指摘してくれるはずだ。

■「与えられたことだけやる」のももっともだ

だが、今は自分を望ましい方向に導いてくれる人を見つけるのがむずかしくなっている。

結果を残したい、成功したいと願う者は、どの業界、どの業種で働いていても、同じ立場の人が以前享受できたサポートを得られないかもしれない。

たとえば40歳以上の人は、必要なとき、助けを求められる人がいたかもしれない。だが、その人たちは今は退社している可能性が高い。

まだ残っていたとしても、もはや管理職として援助しようとは思わないだろう。

40歳より下なら、自分はこうした指導は受けられないと感じる人も多いはずだ。

今の働く若い人の中には、組織や上司からサポートが得られず、自分たちは「自主的に活動するしかない『フリーエージェント』のようだ」と口にする人もいる。

仕事の初日からこんなふうに感じてしまう。**だから自分の仕事はチームに参加して行うものではなく、契約に則って、ただ与えられたことだけこなせばいいと考えてしまう。**


若い人たちのこの気持ちはもっともだと思う。

ベテラン社員は若手の指導に関心がないわけではない。だが、仕事が次から次に入り、若手を指導する時間も気力も奪われてしまっている。

販売業務やクロスセリング［関連商品、サービスを組み合わせて（抱き合わせて）販売すること］に忙殺され、無数の組織職務を押し付けられ、クライアントや顧客に過不足ない対応も求められる。

若い人を指導するとなると、1人2人ではすまず、5人や10人の面倒を見なければならないこともある。

そんな状態で指導にあたるのだ。

四半期に一度くらい、対象者と昼食を取って形ばかりの指導をするかもしれないが、早く切り上げたいから急いですませようとする。

さらにまずいことに、指導すべき人たちを前にして、「君たちを指導することが自分には負担でしかない」など、言わなくてもいいことを言ってしまう場合も……。

「話を聞いてもらう」効果は計り知れない

親しい友人、親、きょうだいがいない人生を想像してみてほしい。

信頼し、尊敬し、アドバイスをくれる人がまわりにいないと想像してみよう。

離婚や病気など、人生の苦難を経験者に話を聞けずに対処しなければならない。

この人たちに話を聞いてもらい、どうしたらいいか意見をもらえなければ、たちまち道に迷ってしまうだろう。

さらに、人生にはさまざまな罠も仕掛けられている。

以前結婚した人と同じような人と結婚するかもしれない。

苦しみから逃れるために、酒や薬物に頼ってしまうかもしれない。

テレビの前でぼーっとしたり、ネット・サーフィンで漫然と時間を過ごしたりするだけで、目的を持って何かをしようと思えなくなってしまうかもしれない。

同じことを、信頼できる年長者や、成功を後押ししてくれる経験豊富な同僚がいないビジネスパーソンも経験する。

彼らも客観的に話を聞いてくれて、同じ立場で考えてくれて、経験を共有してくれる人を求めている。

今言ったような人たちが、結果を出したい、成功したいと強く願う人にとってどれだけ大事か、2つの例を通して見てみよう。

■ジョンのひと言「君が君自身に持つより、僕は君に自信を持っている」

大手法律事務所の人事部長シーラは、キャリアの早い段階でメンターに助けてもらった。

「大きな困難にぶつかったとき、ジョンが連絡をくれて、『君はいつか会社を引っ張る人だから』と言ってくれたんです。

君が君に対して持つ以上に、僕は君に対して自信を持っているとまで言ってくれました。

仕事を始めたばかりのときにそんなことを言ってもらえて、目の前がぱっと明るくなりました。がんばらなくちゃと心の底から思いました。

幹部として会社の経営に携わって10年以上になりますが、ジョンにあのとき言ってもらったことは、決して忘れません。

ジョンが亡くなったときは両親を亡くしたときと同じくらい悲しかったです。

今もその悲しみを乗り越えられていないかもしれません。

ジョンのおかげで、私は自分が思ったよりもいい弁護士になれました。

私が何も見えない暗闇にいたときに、自信を与えてくれました。

あの人のことは決して忘れません」

■アンドリュー「口数が少なくても、耳は傾けられる」

アンドリューはある大学の学長、ジェイソンは同じ州内の系列学部の准教授としてキャリアをスタートさせたところだった。

ジェイソンはMITで博士課程を終えたばかりで、妻とふたりの女の子がいた。

9月の新学期を数週間後に控えていたとき、ジェイソンはパニック発作を起こした。顔の神経が麻痺（まひ）してしまったのか、目が閉じられない。心臓はすごい速さで脈を打っている。

死んでしまうかもしれない。

「これから先、待っているのはあまりにも険しい道のりかもしれない。まわりの期待が大きすぎる……」

そんな不安で体に異常をきたしたのだ。


そんなとき、アンドリューはこの若い准教授に手を差し伸べる。連絡を取り、自分も最初は大きなストレスを感じていたと伝えたのだ。

アンドリューは学長の仕事の時間を割いて、ジェイソンに手を差し伸べた。

ジェイソンに電話をかけて、大学のバスケットボールの試合に何度か誘った。

特別な講演会があれば、参加して話が聞けるようにしてくれた。

それから時が流れ、ジェイソンは学部の組織改革と経営陣の刷新を援助してほしいとアンドリューに求めた。

ジェイソンは29歳のときから学部長になって異動するまで、アンドリューに個人的なことも大学の仕事についてもアドバイスを求めた。

アンドリューは口数少なかったが、ジェイソンの話をよく聞いた。そして何より、ジェイソンはアンドリューがいつもそこにいてくれると感じられた。

■ベストな「タイミング」で声をかける

シーラとジェイソンは幸運だった。ジョンとアンドリューからアドバイスをもらえた。だが、誰かが手を差し伸べてくれるとは限らない。自分から積極的に助けを求める必要があるかもしれない。

私たちは、「経営者は僕らの指導に興味がない」「先輩は忙しく仕事に追われているから親身になって話をしてくれない」と思い込む節がある。

また、自分は弱い、過度に感情的だと見なされるから、トップと心を開いて率直に話すことなどできないとも考えてしまう。

だが、管理職の多くは、部下やほかの社員にはもっと指導を求めてほしいと思っている。そんなふうには見えないし、そんな態度も見せないかもしれないが、多くはそう望んでいるのだ。

ここでいちばん大きな問題となるのが、「時間」だ。

多くの上司はやるべきことがたくさんあるから、やることリストに部下への指導（メンタリング）を追加してしまうと、これ以上、責任を持ってこなせない、と思ってしまう。

また、上司が時間を割けないときにアドバイスを求めると、無愛想に反応されるかもしれない。

よって、大切なのは、**上司がリラックスしているように見える、スケジュールに余裕があると思われるときを見計らう**ことだ。

タイミングを間違えなければ、あなたの話を聞いて、適切なアドバイスをくれるはずだ。

何年も仕事を続け、知恵と経験を得た人は、自分が学んだことを誰かと共有したいと自然に思うようになる。誰かを助けたいと思うのだ。

これが大事だ。自分の業績拡大をはかるより、人を助けて育ててみたいと思えるようになったのだ。ここにいたって、自分も成長し、成熟できたとわかる。

勇気を出して、手を差し伸べてくれる人を探そう。

そんなふうには見えないかもしれないが、その人はあなたが求めることをしっかり受け止めてくれるし、親身になってあなたの話を聞いてくれる。

惜しみなくアドバイスしてくれるはずだ。

自分の「チーム」をつくる

よい父親になるためにしなければならないことは何か？　私はそれを長女が13歳になる

まで聞かずにいた。

どうしてか？

長女はまわりの人や物事を実に鋭く観察する。そんなあの娘の心にあることを、どうしてもっと早く聞かなかったのか？

各セミナーで参加者である経営者たちに、「お子さんに、今のお父さん／お母さんをどう思うか、たずねたことはあるでしょうか？」と聞くと、誰もがぽかんとした表情を浮かべる。

子どもと膝を突きあわせて、親である自分が成長できるために何をしたらいいかたずねるなんて、考えたことがないからだ。

子どもと話して、一体何が得られるのか？

大半は子どもからどんなことを言われるか不安になる。

自分の欠点をずばりあげつらわれるかもしれない。

だが、私の提案を受け入れて実際に子どもに意見を求めた人たちは、子どもたちの言葉に驚く。

小さな子どもたちは「お父さんとお母さんにもっと一緒にいてほしい」「もっと本を読んでほしい」「一緒にトラックで遊んでほしい」と言うのだ。

どれも簡単にできる。

大事な人、友人、きょうだいに対しても、同じことが言える。

よくも悪くも私たちは想像力豊かだ。自分はその人たちにどう思われているか、想像できる。だから、自分はどう見られているかわかった気になっている。

自分はその人たちにどう見られているか、自分独自のバージョンを作り上げて、それが現実だと思い込んでしまうのだ。

ただ、その自分独自のバージョンは、ほとんどの場合、その人たちが自分に対して抱いているイメージと大きくかけ離れている。その人たちに自分のことをどう思うか正直にたずねてみることで、「ああ、自分はこんなふうに思われていたのか」と初めてわかるのだ。

ほかの人が自分をどう思うか、先入観を抱いてはならない。

あなたの「支援のネットワーク」が形成できなくなってしまう。

職場の仲間でも、友人でも家族でも、自分のことをどう言うか、おそれてはならない。

彼らが実際に話してくれることこそが重要だと思おう。

■「サポーター」向きな人の特徴

職場で気の合う仲間を探そう。だが、あなたと同じような考え方をして、あなたのすることすべてを無条件に肯定してくれる人を求めようということではない。

考え方や価値観が一致し、正直に接してもらえると思う人を探すのだ。

そんな仲間が職場に見つかったら、その中の1人か2人にあなたの日々の仕事を見てもらうのがいい。

その人たちは、次の4つの特徴を有している必要がある。

①はっきりと、正直に話をしてくれる
②あなたに共感してくれる
③何が人を動かすかわかっている
④価値観と目的を共有していると感じられる（仕事観があなたと同じ）

上司、部下、同僚、誰でもいい。普通は年上の経験豊富な（そして賢明な）人を選ぶことが多いかもしれないが、それ以外の人からも最良の助言が得られるだろう。

■相手の「得」をつくる——ギブアンドテイク

こうした人たちに支援とアドバイスを求めるうえで、次の6点を考えてほしい。

①「アドバイスがほしい」と言う

「自分に正直に話して助言を与えてほしい」「遠慮せずに意見してほしい」と言うこと。

コーチとして、相談しやすい人として付き合ってもらえるとありがたい、とお願いするのもいいだろう。

②定期的に会う

週に一度もしくは月に一度は話をすること。

定期的に会うようにスケジュールを立てるのが大事だ。たまに会う、全然会わないということではいけない。

③助言者も何かが得られるような関係を築く

ときに向こうからも頼みごとがやってくる、そんな「ギブアンドテイク」な関係が望ましい。心がけよう。

④「仮面」を捨てて率直に話す

職場の世間話などと違って、率直に意見を伝えなければならない。感情を抑えたり、物事を必要以上にポジティブにとらえたりする必要はない。

仮面を脱ぎ捨てて、自分が何を思い、何を感じているか明らかにしよう。

⑤「きたんなく話してほしい」と言う

助言者はあなたの気持ちを傷つけたくないかもしれない。正直に話せば怒らせてしまうと心配するかもしれない。

「思った通りのことを話してほしい」と繰り返し伝えること。助言者が本当のことを言えない状況を作ってはならない。

⑥助言者と何を話したか、振り返る

話しているときはすべて理解できないかもしれない。あとで時間を取って振り返ること。とくに差し迫ったことがないときに、ひとりで思い出すのがいい。

言われたことを、じっくり考えてみよう。もう一度考えてみることで、言ってもらったことが頭に入り、どうしたらいいか考えがまとまる。

■「耳が痛い」ことを言ってくれる人と組む

先ほど記した4つの特徴を備えた人たちとのネットワークを広げよう。

白を黒と呼んでしまっている、あるいは黒を白と考えてしまっているときに、その間違いをずばり指摘してくれる人だ。

いちばん大切なのは、あなたが聞きたいことは言わない人をあえて選ぶこと。

すでに見てきたが、結果を出したい、成功したいと思う者は、かなり自尊心が強く、批判を受け入れることができない。このため、「厳しいことは言わない」と心のどこかで思っている人を選び、自分に都合のよい状況を作り上げてしまう。

その人たちは基本的に悪いことは言わない人たちだから、あなたの自尊心を損なうようなことはしない。

この点について話すと、元教え子からもらったメールを思い出す。彼女は私が講義で話したことを覚えていたようで、次のメッセージをくれた。

「デロング教授、講義でお話しくださったことを覚えていらっしゃいますか？
私たちは対人関係や社会的な能力が高い。だから、環境を操作して、自分が言ってほしいことを、そう言ってほしいと思う人たちから、そう言ってもらいたいときに受け取ることができる。
まさにそうです！　私はいつもそうしてしまいます。とくにどうしていいかわからないときに……」

聞きたいことを言ってほしい。そんなときに連絡を取りたい人がいるはずだ。
落ち込んだりすると、その人の顔が思い浮かぶ。その人がどんなことを言ってくれるか想像がつく。

きわめて正常な行動だ。だが、それでは勇気を出して自分の弱さをさらし、変化を実現することはできない。

「安全な親友」を選びたいという思いは強力で、自分がそうしていることにさえ気づかない。

心の奥で、誰かが自分のことをどう言っているか心配する……。ネガティブなことを言われでもしたら、自分が自分に対して作り上げてきたイメージが壊れてしまうのではないだろうか？

「自分は人とは違う」「重要な存在だ」ということにも疑問が突きつけられる。「自分を高く評価しすぎている」「管理職として十分でない」と思われていると知れば、自分は思っていたほど組織に貢献していないということになる……。

■率直な会話で「幻想」を見ずにすむ

だが、先の４つの特徴を備えた人と正直に言葉を交わすことには、大きな利点がある。

自分の人生に意義や目的があるか、考えてみられるからだ。

自分は何をすればいいか？

どうすれば現状以上のこと、自分が思っていた以上のことができるか？

こうしたことを想像もしなかった形で気づかせてくれる。

いままで気づかなかったが、自分はチームでいちばん内気なメンバーの力を引き出せる。チームとアイデアを共有するのをためらうメンバーの能力を見抜き、チームに引き入れれば、それによって自分が高い評価を得られる――。

誰かが教えてくれなければ、自分の本当の資質はわからないだろう。

率直に指摘してくれる人とコミュニケーションをとることで、組織における自分の立場やすべきことがはっきり認識できる。

彼らと話をしなければ、一時しのぎの幻想（なかには正確なものもあるが、そうでないものがほとんど）を作り上げてしまうことになる。

幻想は私たちの目をくらます。いつしか幻想を作り出す自己欺瞞（ぎまん）のプロセスはパターン化される。

やがて、自分が自分だと思っている人間ではないことに、まわりの人に気づかれてしまう。正体が知られれば、まずいことになる。

自分は思いやりがあり、知恵や知識を分け与えることができると思っていたのに、職場の人はまったくそんなふうに見ていないとわかれば、ショックを受ける。

その瞬間まで、自分がこれまでしてきたことを基に、自分はこうだと思い込んでいたのだから。

ＳＫＳフォーム――現実を正しく見る型

大学院生だったとき、当時ブリガム・ヤング大学心理学部のフィル・ダニエルズ教授に、「ＳＫＳフォーム」と呼ばれるフィードバック方法について教えを受けた。

それは単純で、教師、友人、パートナー、父親、母親などの役割を与えられた場合、何をやめるべきか（Stop）、何を続けるか（Keep）、何を始めるべきか（Start）を相手に問いかけるというものだ。

Ｓ、Ｋ、Ｓの各小見出しの下に３つ、箇条書きで記す。

私はダニエルズ教授のＳＫＳプロセスをウォール街での業績評価にも大学の教員評価にも導入した。

これによって、私だけでなく、ほかの人も空想の中で生きる状況から抜け出せた。

何をやめて、何を続けて、何を始めるべきかを具体的に知ることで、現実を受け止められる。

あなたが選んだアドバイザーに、このＳＫＳを伝えて、あなたのために定期的にＳＫＳ

を実行してもらおう。

友人として、職場の同僚として、あなたは何をやめるべきか（Stop）、何を続けるか（Keep）、何を始めるべきか（Start）、回答してもらうのだ。

たとえば、「部下をそれほど細かく管理する必要はない」「マイクロマネジメントはやめなければ」と自分に言い聞かせることがあるかもしれない。

しかし、日々の出来事に追われてこの決意が薄れてしまうこともよくある。

そこで、助言者に、次の3つの簡単な質問に回答してもらうことで、貴重な意見が得られる。

①私は何をやめるべきか？
②私は何を続けるべきか？
③私は何を始めるべきか？

私たちは自分の態度や行動について人に意見を求めたくないが、SKSはこの問題も改善してくれる。

自分自身について最悪な気分になっているとき、誰かに何かを（たくさん）言われたくない。聞きたくない。

非常にまずいことをしたとすでに心から反省していると言いさえすれば、それ以上誰かに厳しく言われることはない。

この考え方から、ほかの人の見方を学んだり、アドバイスを求めたりする必要はないという悪循環が生まれる。

人に厳しい真実を突きつけられなければ、現実を見ずにすむ。

SKSはそんな私たちの幻想を破壊する。

私たちは、自分がやっていることが間違っていることも、正しいことも、直感的にわかっているはずだ（事実、フィードバックで驚くことはほとんどないだろう）。SKSは、さらに一歩踏み込むプロセスだ。すべてさらけ出され、対応を迫られる。

何があなたを「望ましくないことを無難にこなす」状態にとどめているのか、どうして「恰好悪くてもいいから望ましいこと」ができないのか？

それを特定するために、あなたが選んだ助言者に、SKSの際、次のような質問もしてもらうのがいいだろう。

やめる

□自分のスキルや強みと思うことを手放す必要があると言われないか？

□自分のスキルや強み（と思っていること）を手放すと非常にまずいことになると最初

に感じたか？

□よく考えると、ただ同じことをしてしまっている可能性は考えられないか？
1つのことをやめれば、何か新しいことや違うことが試せるということはないか？

続ける

□あなたのしている「望ましいこと」で、もっとやったほうがいいと人に思われることはあるか？

□なんらかの理由で、特定の行動やスキルを軽視したことがあるか？

□「続けるべきこと」をもっと続けたらどうなる？　仕事の効率と満足感はどうなるか？

始める

□知らないことや怖いと思うことに挑戦するように、人に勧められることはないか？

□何があなたを不安にさせる？　「あの人は何をしているのかわからない」と思われるのが不安か？

□新しいことを始めるよう勧められるのはなぜか？　それによってあなたやあなたが所属するグループにどんな利益がもたらされると思っているのだろう？

助言は「定期的」だと効果が上がる

精力的に仕事を進める者は、他者の支援を即座に、そして定期的に得ることが必要だ。

だが残念なことに、結果を出したい、成功したいと思うほど、サポートは緊急時だけで十分と考えてしまうようだ。

たしかに緊急時にサポートしてもらえるとありがたいが、自分を不安にさせる4つの罠から逃れ、自分の弱さを示して変化するのであれば、定期的にサポートを得るのが効果的だ。

同様に、問題に遭遇した数日後にサポートを求めるのも悪くはないが、できれば早い段階で受けてほしい。新たな情報に触れることで、新鮮な視点が得られる。それによって今まで試みなかったことが可能になり、生産性が高まるはずだ。

定期的に、そして早い段階で支援を受ける。

この2つの必要性をもう少しくわしく見てみよう。

■アドバイスは「少しずつ」もらう

上司と部下の間で本音で話し合う機会が設けられる――これはどの企業でも年末に限ら

れるかもしれない。

年末のこうしたコミュニケーションは一種の「イベント」で、ほぼ実現しない〝仮定〟（もし～ならどうなるだろう？）や、ほぼ満たされることのない〝期待〟をまじえて、上司と部下は言葉を交わす。

だが、とくに心得ておいてほしいのは、ここで9か月くらい前に予測したことを報告しても何の役にも立たないということだ。

ある若い教員に、「5月に君が授業で行ったことに、多くの学生が不満を漏らしている」と12月に伝えたりすれば、その教員は憤りを感じるだろう。「前の学期にあったことを、なぜその場で教えてくれなかったのですか？」と思うに違いない。

ほかにも自分が知らされていないことがあるのでは、と疑念を膨らませる。この疑念によって怒りと恨みに駆られ、事実と異なる自分の物語を作り上げてしまう。

「デロング教授が今頃そんなことを知らせたのは何かわけがある。教授は僕が入ってきたことを快く思っていないんだ。教授は僕のことをよく思っていない。僕をおとしめようとしている……」

そんなふうに思い込んでしまうのだ。

こうなると、現実に対処しようとはしなくなる。

もうひとつの問題は、年末に話すことは、過去2か月にあったことがほとんどだということだ。

それまでの10か月にあったことはほとんど思い出されず、最近2か月の出来事と、そのあいだにしたことに話は終始する。

3つ目の問題として、**年1回の会話が行われたとしても、そのあと振り返りやフォローアップが行われることはまずない。**

- **「フィードバック」があれば、自分のキャリアは変わるだろうか？**
- **自分はこの先、この会社にいるべきだろうか？**
- **自分と自分のキャリアを真剣に考えてくれる「メンター」はいるだろうか？**

部下はひとりでこんなことを考えなければならない。

こうした問題を回避するには、定期的にフィードバックを求める必要がある。疑問や不安は溜めておいて年末に1回話せばいい、という考えは改めよう。

アドバイスやアイデアを少しずつ与えてもらえれば、消化もしやすくなる。

また、「それはやめたほうがいい」と一度ならず言われることがあれば、その人たちが言ってくれたことが胸に響き、変化に向けて行動を起こせる。

■48時間以内だと深く染み入る

問題や心配が生じたら、**48時間以内にフィードバックを得るようにしよう。**

48時間以内に反応が得られれば、たとえ否定的なフィードバックであってもそれほど痛みは感じず、聞いて学んだことを感情的に無理なく収めることができる。

困難な状況に置かれたり、トラウマとなるようなことを経験したりすれば、それについてすぐ話したいと思うものだ。

それはついさっきのことで、頭にありありと残っている。今すぐ聞きたいことがたくさんある。生々しく残っているし、何があったか、はっきり覚えている。

だから建設的な批判は進んで受け入れたいマインドになっている。

数週間、数か月、時間をおいて言葉を交わすようであれば、その事件はもはやあなたの大きな関心事ではなくなっている。

否定的なことを進んで聞き入れたいとは思わない。

あなたの意識はほかのことに移ってしまっていて、そのことをもはや自分から聞き入れようとは思わない。

フィードバックを「もらう前」に求める

信頼できる人たちからなる「支援のネットワーク」が構築できれば、自分をさらけ出し、学びを通して行動パターンを変えることにもだんだん抵抗がなくなる。

あるコースのカリキュラム設計を考えていたとき、エグゼクティブ・コーチのジェフリー・カーにたずねられた。

「『それはあなたの思い込みでは？』と誰かに最後に指摘してもらったのはいつか覚えていますか？」

コースに参加してくれる人たちが、私はデロング教授と違う意見です、と自由に疑問を呈することができる環境を作りたい。

だが、私は口先でうまいことを言っているだけかもしれない。

まわりの人たちは私に反対できないとどこかで思っているかもしれない。

そんなときこそ、信頼できる助言者から成る「支援のネットワーク」を作り上げて、指摘してもらう必要がある。

ジェフリー・カーが投げかけてくれた質問は、何年も前にＭＩＴのスローン経営大学院で、私の指導者のひとりエドガー・Ｈ・シャイン教授と交わした会話を思い出させた。

シャイン教授は、**「何年もかかってしまったが、相手に求められない限り、アドバイスやフィードバックを与えてもむだであるとわかった」**と話してくれた。アドバイスを求めない人は自分の殻に閉じこもってしまうからだ。

シャイン教授は一人ひとりが問題なくフィードバックを求められる環境を作るように教えてくれた。

信頼できるアドバイザーがいるチームを持つことで、自分が考える現実に閉じこもることはなくなる。外部に頼りになる人がいれば、ためらうことなくアクセスできるのだ。

信頼できる人には何の抵抗もなく助けを求められる。

ストレスを感じているときや思い悩んでいるときはとくに大事だ。そんなとき、私たちは自分はプロフェッショナルあるいはマネジャーであるという「現実」につい閉じこもってしまう。生産的でも実用的でもない行動をひたすら取ってしまっている可能性が高い。

もしアドバイザーがいれば、彼らと話し合い、彼らによって現実に引き戻してもらえる。

自分が何をしているのか、何をしてしまうかもしれないか、気づかせてもらえる。

それによって不安を克服し、勇気を持って自分の弱さをさらけ出し、学び、変化することができる。

「目的」に加えてあなたを支えてくれる「チーム」を手に入れたら、すでに変化に向かう道を進んでいると心得よう。

次章では、変化に向かう道を歩むために、いくつか踏まなければならないステップを見る。「踏まなければならない」なんて書くと大変そうに思えるが、それほどむずかしくなく受け入れることができる。

12章

命綱なしで飛べ！

リスク世界で「安全」に飛ぶ

目の前の現実に視点を定めることができず、目をつぶって「まばたき」をしてしまう。これによって、自信と決断力を喪失し、消極的になる。

仕事で結果を出したい、成果を上げたいと思う者が不安を生み出す罠にはまると、考えすぎて行動できなくなることがよくある。

新しいことに挑戦せず、新しいアプローチを試みないどころか、決めたことや約束したこともできなくなってしまう。

ここでいう「まばたき」とは、未知の恐怖をおそれ、躊躇(ためら)いが生じ、以前取った行動を取ろうとすることを指す。

過去や自分に語った物語に固執し、古い行動や自分の考え方に閉じこもってしまうのだ。

意を決して引き金を引かなければならない——心の奥でわかっているが、まばたきをしてためらってしまう。

まばたきは一瞬でできる。その一瞬で、多くの人は努力を試みなくなる。

あらゆるプロフェッショナルたちは、一瞬まばたきすることで疑念と不安に駆られ、行動できなくなる。

したくないという声が頭に響き、やめたほうがいいという思いにしがみついてしまう。

チャンスがあればリスクを考えずに闇雲に飛び込むべきだと言っているわけではない。

「命綱なしで飛ぶ」(flying without a net)のは、「目をつぶって飛ぶ」(flying blind)のとは違う。

「命綱なしの飛行」が機能するのは、準備が整い、よく考えたうえで、自分の弱さをさらけ出し、勇気を持って行動に望むのがいいと判断できるときだけだ。

ここで伝えたいことがある。

成功を望んで熱心に仕事を進める者は、決断しなければならないときがある。

不安を感じる、リスクを伴う可能性がある状況に直面したとき、**目を逸**(そ)**らさず、前に進むのが正しいと信じて、前進する覚悟**が時に必要なのだ。それによって「望ましいことをする」という強い意志が持てる。

まばたきしない勇気は、「必ず乗り越えられる」という信念に根差している。

では、どうすればこの「まばたきしない」姿勢と信念を身につけられるだろう？

精力的に仕事を進めながら、それを実現し、自分の強みとした人たちを見てみよう。

リック・コーエンは二度まばたきしなかった

C&Sホールセール・グローサーズ（全米7位の株式公開企業）の現会長リック・コーエンは大学を28歳で卒業し、マサチューセッツ州ウースターにある家族経営の卸売食料品店の管理部長を務めていた。

当時、会社は大きな問題を抱えていた。洪水に見舞われて商品のほとんどが被害を受けた。それに組合とも何度も交渉をしなければならない状況が続いていた。

ある日リックは裏の荷物の積み降ろし場で、父レスターに、「会社を継いで事業を続けてほしい」と言われた。

自分はまだ28歳だが、65年の歴史を持つ会社が危機的状況にある。

これは祖父イスラエルが１９１２年に始めた事業だ。

不安はある、この先もどうなるかわからない。だが、これは自分がすべき「望ましいこと」だ。

「わかった」とリックは父に言った。

そして会社のバーモント州移転を決断する。

■「リスク」だけ見ると動けなくなる

大胆に打って出た。リスクはあるが、たしかに収益は期待できる。

組合活動がそれほど強力でない自由州に社を移すのだ。法人税も比較的低めに抑えられるし、州の規制もそれほど厳しくない。

品物がたっぷり入る大きな配送センターを設置しよう。そこが品物でいっぱいになるくらいたくさん客がつかめなければ、会社に未来はない。

家族はもちろん、自分がすることを一挙手一投足見ている。

そして、リック・コーエンはすべてやり遂げた。

20年後、自分がしたことを振り返って、次のように話している。

「僕が疑念を示すようなことがあれば、失敗していただろう。

僕が少しでも疑う素振りを見せたら、従業員はどう思っただろう？

リーダーが決然としない態度を取れば、部下はどう思う？

バーモントに移動した直後にA＆P（アメリカのスーパーマーケットチェーン）から電

話があり、わがC&Sは完全に変わった。

A&Pは業務の大部分を請け負ってほしいという。彼らの卸売を当社にまかせたいというのだ。これでC&Sの2億5000万ドルのビジネスは4億5000万ドルのビジネスになる。

もちろん引き受けた。最良の業務の遂行をお約束します、と伝えたよ。

本当にできるかどうかなんて、まったくわからなかった。

でも、それまで僕らは、僕らの会社がそんなに大きなことはできないと思い込んでしまっていたんだ。

そして、僕らはそれをやり遂げた。最高の仕事をした」

■巻き込めば「化学反応」が起きて面白くなる

リックは1980年代後半にもうひとつ大きな賭けに出る。

当時会社は、商品の品質管理、離職率と事故発生率の高さ、他社との競争激化に苦しんでいた。

業務はすべて個人任せだった。

配送センターでいちばん多く商品を積み込んだ人が、いちばん利益を上げる。

するとどうなるか？　商品をピックアップする人は、ある商品が棚のあるべきところになければ、それに近いものを選んで送りつけてしまっていた。

商品が届いた店で問題が発覚するまで、チェックはほとんどなかった。顧客は違う商品が届いたわけだから困ってしまうし、当然苦情が寄せられた。

C&SはA&Pの仕事を請け負ったばかりで、内部破綻してしまう可能性もあった。A&PはこれまでC&Sが引き受けた最大の取引先だった。

C&Sはすべての顧客に対し、担当者一人ひとりが個別に担当していた。大口顧客も意図的に避けていた。

時期的にも最悪だった。10月の終わり、ホリデー・シーズンを迎え、稼ぎ時（忙殺期）でもあった。

リックが考えたのは、個人の裁量に任せるよりもチームによる作業のほうが効果的ではないか、ということだった。

当時卸売業界でこれに目をつけた者はいなかった。

だが、調査結果によると、適切な報酬と指標を与えることで、チームは個人よりも短時間で大きな成果を上げることがわかった。

各部署の責任者数名と話をして、リックはチームによる作業体制を導入することに決める。

そして、５００人の社員全員をチームに分けるシステムを作り上げた。

2週間以内に、会社の業務は各個人ベースからチームによる作業体制に移行。これによって生産効率は一気に高まった。注文ミスなどの事故も激減。各担当者は最高の売上額を計上した。

リックは自社の業務をチーム作業に完全移行したが、これはアメリカの卸売業界を根本的に変えた。

競合他社はリックがどうやって社員をこの移行に応じさせたのか知りたがった。

リックは言った。

「従業員をチームに巻き込んで多くの責任を与えれば、面白いことになる」

20年近く経った今、C&Sは200億ドル以上の収益を上げる巨大卸売企業に成長している。

リックは慎重に判断し、リスクをおそれることなく会社の体制を変えた。

同じ卸売業者がアメリカ全土に広がるC&Sの配送センターを訪問すると、みんな同じことを言う。

「私はこんなふうにみんなを働かせることはできないかもしれない。ここで働く人はアスリートだ。自分の仕事に対する姿勢、お互いへの協力姿勢、会社への尽くし方。すべてに大変な刺激を受ける」

仕事で成功したいと願う者は、リックの経験からどんな教訓を得られるだろう？

彼のように家業を救わなければならない状況に置かれ、組織の構造改革に迫られる場面は多くないだろう。

だが共通して言えるのは、精力的に仕事を進める者は、まばたきをしてもいい瞬間と、してはいけない瞬間を見極めなければならないということ。

これまでずっと同じやり方をしてきたから、行動や取り組み方を改めるのはむずかしい。だが、そんなときこそ、やり方を変えるチャンスだ。

どうすれば心配や恐怖を克服し、チャンスがつかみ取れるか？

リックに学び、次のことを試みてほしい。

□「論理」と「直感」を組み合わせて、望ましいことを行う

リックはバーモント州への会社の移転が吉と出るか確信は持てなかったが、コスト削減という点では理にかなっていた。

そして、リックは直感でそうしようと思った。

□ここで行動すべき、変化すべきと思うのであれば、賭けに出ること

リックは家業を、チーム体制導入に懸けた。彼はチーム体制への移行が必ず効果を発揮すると強く信じ、それが強いエネルギーとなって実現を後押しした。

信念を持つことは成功をつかみ取る強力なツールとなる。信念に基づいて動くプロフェッショナルは、まばたきすることなく行動を起こせる。

不安で決められないときの考え方

娘のサラは、医学部1年生のときにリンパ腫と診断された。

皮肉なことに、腫瘍学のコースで診断され、誕生日に検査結果を知らされた。

その後1年間、サラは化学療法を受けることになった。

つらい思いをした。サラは髪を失った。

注文したウィッグを一緒に取りにいったのを覚えている。ウィッグをつけた自分を鏡で見て、サラはスカーフやバンダナがよいと判断した。

大変な試練を経験し、サラは医学部に通いつづけることにしたが、やり遂げる勇気は失いつつあった。

だが、あるときサラは私を見て言った。

「留年するかどうかは今、決めない。体も心も回復してから学校に戻る」

サラのように目をつぶらず現実を直視しようとする者は、自分を見つめ直して勇気とモチベーションを自分の内から奮い起こし、そこからチャンスをつかもうとする。

これが自然にできるのは少数の人だが、そうでない人もこの力を身につけなければならない。

その手で勇気と動機を自分の中に見出し、チャンスをつかみ取る者はたしかにいる。

たとえばアールは何年も家業に従事していて、父の引退後はビジネスを引き継ぐことが期待されていた。

この会社はアールの曽祖父によって始められ、祖父に受け継がれた。

父のプレッシャーというより、先祖の跡を継がなければならないプレッシャーをアールは強く感じた。

アールはMBAを取得して卒業したが、姉妹のひとりが病気になったこともあって、医学に興味を持つようになった。

何年も前から妻や他の人たちに医学部で勉強しなおしたいと相談していたが、いろんな理由で実現できなかった。

時間があれば生物や化学の教科書を開いていたが、趣味で勉強していると思い込もうとした。

MCAT（医学大学適性試験）を受けたところ、スコアはよかった。

そして何より好奇心から（ここでも自分にそう言い聞かせた）医大数校に願書を出したところ、1校に合格し、決断を迫られることになった。

現在の仕事を続けるのは簡単だ。今の仕事はすごく好きというわけじゃないが、嫌いじゃないし、うまくやれている。報酬も手厚い。妻や子どもたちと楽しい休暇も過ごせている。

一方、36歳で医学部の学生としてやり直すのはあらゆる意味でむずかしい。父が賛成してくれるとも思えない。

家族をどうやって養う？ 収入は大幅に減るから、生活に大きな影響が出てしまう。今の家を売って小さな家に引っ越さなければならないかもしれない。

そして自分がずっと大きな間違いを犯してきたことを認めなければならない。こんなことになるのなら、10年前に医学部に行くべきだった。

自尊心が高いアールが、これを素直に認めるのはむずかしい。

医学部入学なんて夢物語にすぎない、自分はMBAを取得して先祖が残してくれた会社を受け継いだ。それでよかったんだ。そう思うほうがずっと楽だ。

アールは医大入学を1年見送り、週末に森の小屋でひとり過ごすことにした。

たくさん歩いて、たくさん考えると、週末が終わる頃にはまばたきをすることはなくなった。

あるとき、アールは自分はおそれているとついに認めた。

医学部に行くことをおそれていた。

それだけでない。

ひょっとすると自分は医学を勉強するのが本当は好きではないのかもしれない。自分の医学の知識など取るに足らないものかもしれない。

それを知るのが怖かった。

はっきり理由はわからないが、その事実を認識できたことで、アールは不安を抑えることができた。

そしてその瞬間、アールは医大入学を決意した。

小屋から戻り、父に向き合い、自分の決意を告げた。

父はがっかりしたが、思ったほどではなかった。

続いて妻に話した。生活費はどうするの、とむずかしい質問をいくつも突きつけられた。

だが、予想される問題をすべて紙に書き出し、財務コンサルタントに相談し、どうにかやっていけると思われる生活設計を立てた。

そして、医大に入学した。経営者が医大の1年生になるのはむずかしいことだとわかっていたが、これでついに自分を変えられる。

■「強力な意志」を得る方法

リックとアール、どちらの物語も、**「まばたきしない」ことは、勇気を持ってむずかしい決定に向き合い、自分の不安を認め、前に進むこと**だと教えてくれる。

リックは自分の会社の方向性について、アールは自分が進むべき道について、大きな決断をしなければならなかった。

だが、ほかにもさまざまな決断を迫られる。そのたびに明確で揺るぎない視点が求められる。

大企業に勤務する者は、昇進できたとしてもその後も「望ましくないことを無難にこなす」が続く昇進であれば、断る必要があるかもしれない。

失敗する可能性はあるが、新しいスキルを身につけたり貴重な知識を得られる可能性がさらに高い仕事を求めたり、そんな仕事を進めるチームに異動したりするのがいいかもしれない。

ここまで読んで、まばたきしないことはそれほどむずかしくないと思うかもしれない。

だが、現実の世界では非常に困難だと思ってほしい。

多くの成功を望む者たち同様、あなたも昇進を切望し、間違いは決して犯したくないと思うだろう。

だが、まばたきしないことで、（短絡的に）「今すぐ成功したい」と思わずにいられる。ほかの人たちに恰好悪く思われても構わないという気持ちになれる。

重要な決定を前にまばたきせずにいるために、いくつか有益な手順を示す。

1　恐怖や不安と向き合う

何があなたを「望ましくないことを無難にこなす」にとどめてしまっているのか？

なぜ「恰好悪くても望ましいことをする」への移行に恐怖や不安を感じるのか？

正直に考えてみよう。

自分が得意だとわかっていることをするのが安全で心地いい？

得意でないことをすると、自分が弱く、不安な気持ちになってしまう？

しっかり認識しよう。

2　恐怖や不安を克服するために「目標」を立ててみよう

何を達成したいか？

その実現にどんな犠牲を払わなければならないか？

「今、何をどうするか」というむずかしい判断をするのではなく、**将来何をしたいか考えてみよう。**それによって「まばたきしない」強力な意志が得られる。

3　学習し、成長するためには、「自分は弱い、不安があると認める必要がある」と考えよう

「自分は弱い、不安がある」と認めなければならないし、それが学びと成長につながるととらえてみよう。

これができれば、「望ましくないことを無難にこなす」状態から、「恰好悪くてもいいから望ましいことをする」状態についに移行できる。移行にあたって感じる心地悪さも抑えることができる。

4　否定的なことを想像する

重要な決定を前にまばたきしてしまう自分は5年後、10年後に何をしているか、想像してみよう。

成功を収めたいと思う者は、何の発展もない自分は見たくないはずだ。まばたきをして、学習と成長のチャンスをつかめずにいれば、行き詰まってしまう可能性がある。そう考えることで、まばたきしないと思うことができる。

では、「まばたきしてしまえ」という声が頭の中で聞こえたとき、どうしたらいいのだろう？

率直な人に頼る

前章で、信頼できる人たちの小さな「支援のネットワーク」を形成することが大切だと記した。

だが、「支援のネットワーク」が確立できても、仕事で十分に活用できない者もいる。たとえば、一緒にランチに行くレベルの交流の道具か、それほど重要でない仕事のアドバイスを受けるときくらいしか活用していないことも多い。

だが、洞察力があり、心から率直なことを言ってもらえる人たちの「支援のネットワーク」が構築できたなら、重要な判断が必要なとき、ぜひ頼りにしよう。「まばたきをしない」ためのサポートが得られる。

■「現実」を教えてもらう

研究が示す通り、変化はひとりでに起こらない。

私たちは自分の内面の変化に最終的に責任を負わなければならないが、大きな問題にぶつかったときは、誰かに助けてもらう必要がある。

誰かに不安を打ち明け、それに対して理にかなった率直な声を聞かせてもらうことで、自信を持って決断できるし、「もしこんなことになったら……」と呪文のように自問せずにすむ。

たとえばC&Sのリック・コーエンは、コンサルタントの友人ルーベン・ハリスを頼りにしていた。

「リック、君は望ましい方向に本当に進んでいると思うか」とハリスは何度もたずねた。

リックにまばたきするな、と指示したわけではない。

何か新しいことに挑戦するにあたって常に自分を見直す作業をしなければ、成功にいたれない、と暗に伝えていたのだ。

信頼できる友人や社内で相談できる人たちからなる「支援のネットワーク」を作り上げることで、自分がどこに向かっているのか、いつ軌道から外れてしまったのか、地に足を着けて把握できる。

彼らはあなたの仕事での成功を常に望むビジネスパートナーのような存在ではない。あなたに注意をうながし、支えてくれる人たちだ。

あなたが、見たいもの・聞きたいものだけを見聞きしようとしているとわかれば、注意をうながしてくれる。

前章で、私たちは「自分が聞きたいことを言ってくれる人」を頼りにすることがいかに多いか述べた。

まばたきしてはいけない状況でまばたきしてしまっても、おそらく彼らにとがめられることはないだろう。

肝心なのは、あなたがしようとしている大事なことに対して本当に思うところを正直に伝えてくれる人を持つことだ。彼らはあなたが違うことを聞きたいとわかっても、率直に思うところを聞かせてくれる。

すでに述べたが、まわりの環境を操作すれば、得たいと思うフィードバックや意見はいくらでも得られる。

落胆することがあれば、誰に意見を求めれば気分を上げられるかわかっている。自分を肯定してほしいなら、両親やきょうだいと話せばいい。

だが、あなたが変化し、成長し、逃げることのできない困難な決定を下すにあたって、役立つものではないだろう。

まわりの環境を操作すれば、自分がしたいと思っていることに望み通りの支持が得られる。

変化は必要ない、新たな課題に取り組まなくていい、現状を維持すればいい、心理的に安全と思われる場所を見つけてそこにとどまればいい……と、親切な友人たちは「まばたきする」ことを許してくれるのだ。

彼らのおかげで、行動を起こさなければならないときも起こさずにすむ。

これは私の失敗談だ。

■聞いてしまえば「なんてことはない」とわかる

私は子どもたちに、どうすればいい父親になれるか、たずねることはなかった。子どもたちが私にネガティブな思いを抱いていると突きつけられるのをおそれていた。

だが、ついに勇気を振り絞り、父親としてよかった点、悪かった点をたずねたところ、驚くような答えが返ってきた。

ジョアンナは、「家に帰ってきたら、もっと本を読んでほしかった」と話してくれた。

キャサリンは、「パパともっと一緒に乗馬の練習に行きたかった」と言った。「パパと友達と一緒にアイスクリーム屋さんに行ってもらったのをよく覚えている」とも。

サラは、「（キャサリンにしてあげたみたいに）私もパパのハーレーダビッドソンで旅行に行きたかった」と話した。

どれも大きな願いではない。娘たちに、そんなこともしてくれなかった、と恨みを込めて伝えられたわけでもない。

娘たちに聞いたらすぐに答えてくれた。すぐに答えて、どこかに行ってしまった。

心配するほど大したことではなかったのだ。

なのに、私は聞くのをおそれてしまっていた。

頭の中で自分の物語を書き上げていたから、こんなに長い間娘たちの気持ちを確かめられずにいたのだ。

私は、自分を根本的に変えなければいけないのでは、とおそれていた。

恐怖と不安に支配されて、学ぶことも成長することもできなかった。

娘たちにもっと早くに聞いていれば、まばたきすることなく、彼女たちが望んだことをいくつもしてあげられただろう。

もっと一緒に時間を過ごそうと思っただろう。

■すでにある「すばらしいネットワーク」に復帰する

娘たちはすばらしいネットワークを作ってくれていたのに、私はすぐにアクセスしなかった。

すばらしい人のネットワークがあっても、それを使わなければ何の意味もない。

私は数年前にモルガン・スタンレーに迎えられたが、CEOのジョン・マックはほとんど直感で私を採用した。

ジョン・マックは、よくある人事の視点を望まなかった。普通の銀行家とは違う視点で組織を見渡せる人物を求めていた。モルガン・スタンレーのCEOの目では見えない部分を補ってくれるような洞察力がある人だ。

そこでジョンは、大学教授である私に人的資本〔「人的資源」に対する投資、すなわち教育・訓練によって蓄積される知識、技能〕をもたらすことを期待し、組織の発展と社員の成長をはかろうとした。

なかでもジョンがいちばん求めたのは、「本当のことを言ってくれる人」だ。

これがモルガン勤務中に私が果たしたいちばん重要な役割になった。

誰もが、どうしたら変化できるか知りたい、自分の盲点を知りたい、まばたきせずにすべきことを受け入れられるようになりたいと思っている。

にもかかわらず、従来のやり方に固執し、自分がよく知る〝機能しない〟行動にしばられてしまう。

まばたきをしていつものやり方に戻ってしまい、新たな行動を試したり、新たな理解を深めようとしたりしない。

メンター、友人、パートナー、同僚の支援があれば、私たちはおそれを乗り越えて前進できる。

よって、「まばたきをしない」という課題に取り組んでいて、そのようにしたいと思うのであれば、上司やメンター、アドバイザーと具体的に何をすればいいか話す必要がある。

その際、あなたの今の状況を説明して、「だったらとくに大きな変化は考えなくていいと思う」「無難に対処するのがいい」などと勧めてもらおうと考えないこと。あなたが恐怖と不安を感じていることを読み取り、今は弱みを見せる必要はないとアドバイスしてしまうかもしれないからだ。

そうではなく、自分は「まばたきしてしまうかもしれない」と次のように伝えよう。

□何をおそれ、何を不安に感じているか言葉にする。そして、その決断によって、どれほどのことが学べて、どれほど成長できて、変化にいたれるかも説明する。
□図2・2（75ページ）に示した視点で考えてみる。たとえば、「望ましくないことを無難にこなす」から、「恰好悪くてもいいから望ましいことをする」に移行したいと話してみる。
□今は勇気を持って弱みをさらけ出し、はっきりわからないし、間違っているかもしれないことをあえて受け入れて、進んで変化をもたらすときだろうか？

そんなふうに率直にたずねてみよう。

冒険に「イエス」と言う

結果がどうなるかわからない状況を進むことについて、理論物理学者、数学者で、プリンストン大学のフリーマン・ダイソン元教授が見事に説明してくれた。

ダイソン教授は1990年代初頭にブリガム・ヤング大学である講演をした。ダイソン教授はスピーチの締めくくりで、次のように言った。

「私が言いたいのは、人生の本質は、いつイエスと言い、いつノーと言うかで決まるということです」

教授はさらに説明を加えた。

「**冒険に対して『やります』と、愚かに思えることには『やりません』と言いましょう。**それが判断できるのはあなただけです」

「まばたきをしない」からといって、無謀なことをしていいわけではない。まわりのことを考えず、他人に厳しくしていいわけでもない。

まばたきをしなければ、自分が置かれている状況やポジション、スキルといった「自分のこと」がわかる。行動を管理できるし、今どんな状況にいるのか判断がつく。私生活でも仕事をしているときでも、自分が感じ取れる。冒険に対して「やる」と言えるし、愚かに思えることは「やらない」と決断できる。

練習を積んで、まばたきしないでいられるようにしなければならない。まばたきしないことは、一度きりではなく、継続的にしなければならない。

時間を重ねながら、まばたきしてはいけない状況を知ることができる。以前は怖くて目をつぶったり、背を向けたりしたことにも、勇気を持って大きく目を開いて立ち向かえるようになる。

このように、困難に挑戦し、不安を克服していく過程で、まばたきしてはいけないタイミングをより確実に見極められるようになる。

13章

ダンスフロアに足を出す

一歩動いて「波」に乗る

数年前、バージニア大学のアレック・ホーニマン教授が講演で話したことを、友人がくわしく聞かせてくれた。

ホーニマン教授は、黒板にバスケットボール・コートを描いた。だが、長方形の図を描いたあとに教授が話したのは、真冬の金曜日の夜、バスケットボールの試合のあと開かれた学校のダンス・パーティの思い出だ。

高校生のときに参加したダンス・パーティについて、ホーニマン教授は話し始めた。バスケットボールの試合終了後、生徒たちは一度体育館のロビーに引き上げて、そのあいだに管理の人が体育館の床を掃除してダンス・パーティの準備をする。

高校のダンス・パーティはどこも同じだ。誰かが音楽を用意し、保護者や教師が軽食を準備する。

生徒が体育館に戻ってくると、照明が暗くなる。

1年生は、女子は女子、男子は男子とまとまって体育館に入ってくる。

2、3年生になると、すでにペアを決めて一緒に入ってくる男女もいたかもしれない。だが、ほとんどは男子同士、女子同士でかたまっている。

女子はどこかの壁に張りつくか、トイレに行ってしまう。

男子は食べ物を取りに行く。

男子の中には恥ずかしがり屋で人目を気にする子もいる。カッコつけようとして、お酒を飲んでしまっている子もいる。

男子は大体そんな調子で、踊り出せない。

こんな消極的な生徒たちがどうやって踊り出せる?

最初に誰が踊る？　誰が最初にフロアに足を踏み入れる?

保護者や教師が一緒に踊ろうとしても大概うまくいかない。10代は大人と踊りたいなんて思わないから。

いちばん人気の子は？　彼女たちはすてきな自分のイメージを壊したくないから、最初にみっともないことはできない。

「先陣」を切る特大のメリット

ホーニマン教授は、組織におけるリーダーの役割は、位を問わずあらゆる従業員が勇気を持って「ダンスフロア」に最初に飛び出せる状況を作り上げることだと述べた。

一人ひとりが参加しなければならない。

そんなことをすれば変なふうに思われてしまうから、動かないほうがいいだろうかといった不安な気持ちを捨てて、ダンスフロアに最初に足を踏み入れる、一人ひとりの決意が求められる。

1年に一度、大胆な行動を取るために奮い立たなければならないと言っているわけではない。

それができる勇気を日々育むのだ。

「人生は時にリスクを冒す価値がある」という姿勢を身につける必要がある。

ここであなたはこう不安に思うかもしれない。

「でも、『まったく、そんなことをして……』と同僚に批判されたら?」「組織がリスクを冒すのを嫌うようならどうする?」

■傍観は「姿勢」となって染みつく

仕事で結果を出したいと思う者は、「こんなことをして、上司や組織にどう思われるか」とまず考える。

ダンスホールに踏み出すのが怖い、同僚も幹部も僕にそんなことをしてほしくないと思っているはずだ。

だが一方で、こうも言える。

上司や会社は、愚かな決定を下したり、よく考えずに行動したりしてしまう者には眉をひそめるかもしれないが、基本的には部下にあらゆることを学んでほしいし、変化し、成長してほしいと強く願っているはずだ。

もちろん現状維持ができればそれで十分という考え方もある。リスクを冒したくない企業の中には、社員は75ページの図2・2「望ましくないことを無難にこなす」をしてくれればそれでいいと考えるところもある。

こうした状況に置かれ、ここにいては永久に自分を変えることはできないと思うなら、別の部署や違う会社での仕事を考えるときかもしれない。

精力的に仕事を進める者がダンスに参加しないと決めた理由が何であれ、参加せずに傍観することで違うものがもたらされてしまう。

傍らに立ってダンスする人たちを見つめていれば、「ただそれだけの人」になってしまうのだ。

人を観察することしかできなくなる。

さらにまずいことに、**そうやってただ傍から見ているだけだと、受け身の姿勢が染みついてしまい、自分から何かしようと考えられなくなる。**

夜も更け、ダンス会場を後にすると、どこか不満を感じ、気持ちが落ち着かない。悲しい。何かしたい。

「踊ればよかった……」とつぶやく。

みんなダイナミックな人生を送っているけど、私は同じようにはできない、と思い込んでしまう。

それだけではすまず、勇気を持っていろんなことにチャレンジできる人がうらやましくなり、次第に批判的になっていく自分に気づくだろう。

ほかの人が踊るのを眺めながら、「自分もそうしよう」と気持ちを固められなかった自分自身と言葉を交わしているのだ。

これですべて悪い方向に作用してしまう。

だめだ、できない、うまく踊れない、みんなに変なやつだと思われてしまう。

こんなふうに自分にとってよくないことをして、自分で問題を作り出していることに気づかない。

飛び込めるチャンスはあったと認めたくない、ほかの人たちが踊るのを見ているだけにする。

こうしてその夜もダンスは踊れず、自分は蚊帳の外にいると感じることになる。

ほかの人たちがダンスするのを見るたびに、ダンスフロアに足を踏み入れることはさらにむずかしくなっていく。

■「しなかった後悔」を思い出して心を前進モードに

勇気を出して女の子にダンスを申し込もうとする思春期の若者も、結果を出そうとして新たなことに挑戦しようとするビジネスパーソンも、不安を克服し、勇気を出して、自分の弱さを見せることが求められる。

これが「望ましくないことを無難にこなす」から「恰好悪くてもいいから望ましいことをする」への移行を可能にする唯一の方法だからだ。

これができなければ、成長は期待できない。

これは仕事を始めたばかりの者にも、キャリアの長い者にも例外なくあてはまる。

たしかに歳を重ねると、新しいことに挑戦するのはむずかしい。

いつもと同じことをしていれば気持ちが揺らぐこともない。

仕事を始めた頃は積極的で、常に何かを学び取り、自分の可能性を広げようとしたかもしれない。

だが、年齢を重ねるにつれ、「知らないことがあると認めたくない」「恰好悪く見えるようなことはしたくない」と思ってしまう。

ルーティンに固執し、変化に対応できない。

ダンスをしたくないと思ってしまうのだ。

仕事をスタートした頃は、体育館で踊ろうとした10代の高校生と同じで、今までしたことがないことをするのが怖かったし、恰好悪いところは見せたくなかった。

歳を取って経験を積めば、今度は自分の弱さを見せたくないし、間違いは犯したくないと感じる。

管理職やリーダーとなれば、自分は強く、弱みなどないと人に思わせないといけない。

要するに、あなたは成果を上げているにもかかわらず、あの10代の自分と同じ気持ちでいるのだ。

ダンスフロアに足を踏み入れるには、まずどうしてダンスに踏み出せなかったか、それによってどれほどのものを失ったか、考えてみなければならない。
そのために、次のことをしてみよう。

①仕事で、変化をもたらせたかもしれないと思ったことはあるか？　思い出してみよう

有力チームに参加できたかもしれない。ストレッチ・アサインメント［186ページ注参照］を受けさせてもらえたかもしれない。あなたの決断がチームに望ましい変化をもたらしたかもしれない。

だが、今思うと、あのとき決断にいたれず、チャンスを生かせなかった。
あとになって考えれば、そうすべきだったと思える。だが、できなかった。

②どんな思いや感情が望ましいことをするのを妨げたか、紙に書き出してみよう

こんな感じでいい。

「批判にさらされるくらいなら、何もしないほうが賢明だと思った」
「上司の前で恰好悪いことはしたくなかった」

③その紙に、それをしなかったことでどんなよいことがもたらされたか、すべて書き出してみよう

それによって何か学べたか？　どんなスキルを身につけることができたか？

それによって、よい管理職やリーダーになれたと思うか？

何も私は、なぜあのときああしなかったのかと、あなたの心をくじこうとしているわけではない。

どうしてあの子をダンスに誘わなかったのか、今も残念に思う人は少なくないだろう。**この残念な気持ちや後悔の念を認識することが大事なのだ。**

これを受け止めて反省することで、同じ過ちを繰り返す可能性が低くなる。

ときには「唾を吐く」が正しくなる

親友のビルは、オレゴン州のナショナル・スキー・パトロールに長年勤務していた。ビルは自分のほとんどの時間をフッド山（オレゴン州北西部カスケード山脈内の火山。3424メートル）で過ごし、スキー場で困っている人たちを助けていた。

1986年、そのフッド山で悲惨な事故があった。

6月26日、オレゴン州ポートランドの私立高校生15人がフッド山の入林許可されていない場所でハイキングしていたところ、嵐に襲われたのだ。

生徒たちは、嵐の備えは何もしていなかった。

フッド山は天候の急変で知られ、ヒマラヤ登頂をめざす登山家もここでトレーニングする。嵐は夏至のわずか5日後に発生した。

生徒たちは半ズボンと半袖シャツで、水や食料もほとんど持ってきていない。凍りつくような雨や雪に襲われ、どちらに進んでいいかわからない。風が雪崩を引き起こした。

生徒たちは3日間発見されなかった。生存者はわずかだった。

ビルは、雪崩に襲われると、スキーを着けていては逃げられない、と教えてくれた。スキーをしていて雪崩に巻き込まれたら、まずしなければならないのはビンディングを外してスキー板を手放すこと。

雪に埋もれてしまったときにビンディングも板も外れないと、その場に固まってしまい、抜け出せない。

スキーを外せば、雪があなたを山から滑りおろしてくれるから、自由に動けるはずだ。どこかで体が止まったら、口のまわりの雪を取り除いて手をすぼめて息ができる空間を作ろう。そして唾を吐く。

唾？　どうしてそんなことをする？

生き残るには、どちらが上でどちらが下か知る必要がある。重力の法則に従わなければならない。雪に埋もれてしまうと、上か下かわからなくなってしまう。唾を吐けば、重力によって唾は下に落ちるから、その反対側を掘ればいい。

■壮大なビジョンより「小さな行動」のほうが動ける

「雪に30センチほどしか埋もれていないのに、下に向かって雪を掘っていた生徒が4人いた」とビルは話してくれた。

彼らは助かったかもしれない。ビルが今話した単純なサバイバル・ルールを知っていれば、もう1日生き延びられたかもしれない。

違いはすべて、小さなことから生まれる。

よくあることだが、成功したい、結果を出したいと思う者は、大きなイメージにとらわれてしまい、進歩につながる小さな一歩を踏み出すことができない。

だが、小さな一歩が大きな成果につながる。

あのダンス・パーティの話に戻ろう。

学校でいちばん人気の女の子をダンスに誘いたいが、断られてしまう理由をあれこれ考えてしまえば、誰もダンスに誘えない。

だが、最初にいくつか小さなアクションをとることで、彼女をダンスに誘える可能性も高まる。

学校で彼女に話しかけてみよう。

昼食時には同じテーブルに座って、別のことを話してみよう。

彼女をダンスに誘いたいときどんなことを言えばいいか、イメージしよう。

こうした小さなことをコツコツ試みることで、雪崩に埋もれたときに唾を吐くのと同じことが実現できる。正しく行動できるし、目的が達成できる可能性が高まる。

では、「唾を吐く」ことは、キャリアや職場でどのように使えるだろうか?

精力的に働く者が不安で動けない状況から抜け出し、新たなことを学び、成長のための新しい道を歩むことができる行動をいくつか紹介する。

□上司をランチや飲みに誘ってみる。ゴルフを一緒にプレイするのもいいし、何かカジュアルな集まりに招待してみる

今与えられている仕事をどう思っているか、どんなことをしてみたいか、相談するのがそれほどむずかしくない状況に自分から上司を迎える。

□「もし~ということになったら?」と考えてみる

メンター、上司、コーチ、あなたに大きな影響を与える人たちと話して、大きな変化が

（働き方、働く場所、働く理由に）あったなら、あなたはどうなるか、あなたの仕事はどんなふうに変わるか考えてみよう。

たとえば、次のようなことを想像してみよう。

「もしインドで1年間働いたらどうなるだろう？」

「もしサバティカル（有給休暇）を取ったらどうなるだろう？」

このような「もしも」を考えることで、あなたの仕事に大きな変化をもたらすきっかけが得られるかもしれない。

□何か新しいことを学ぶ

トレーニング・セッションに申し込んだり、ワークショップに参加したりしよう。

あなたが知らないことを教えてくれる人が組織内にいれば、教えを請うなどしてもいい。

学ぶことで、成長と変化が期待できる。どんな成長と変化が得られるかはわからないが、新たな知識とスキルを身につけることで、今は閉じているドアを開けることができると信じよう。

雪に埋もれて唾を吐くのと同じように、これらの行動はどれも簡単にできる。

「正反対」のことをやってみる

組織行動学の博士号取得後、スティーブはある名門大学の教員に着任することになった。

引っ越しの荷物を積んだトラックを運転しながら、自分が直面すると思われる問題を一つひとつ挙げてみた。そのリストは車を走らせるにつれてどんどん長くなっていく気がした。

大学街に到着すると、まるで流砂にはまり込んでしまったように思えた。

翌朝早くに目が覚めたとき、世界の重みが肩にのしかかっているように感じた。

正しいキャリア決定をしたかどうか、疑問を感じずにいられなかった。

大学の教授陣に受け入れてもらえるだろうか？

学生にしっかり指導ができるだろうか？

妻を実家から離れた場所に連れてくることになるが、新しい環境に馴染めるだろうか？

妻はここで自分の仕事が見つけられるだろうか？

自分は大学の教員としてちゃんとやっていけるだろうか？

遠くに住む年老いた両親の世話はどうすればいい？

博士論文を本にして、学術界で信頼を得られるだろうか?

修理や改築の必要がない手頃な値段の家を見つけられるだろうか?

初任給はそれほど高くないだろうが、弟を経済的に支援してあげないといけない。

子どもがもうひとりできたら、いい産婦人科はこのあたりにあるだろうか?

はたしてこんな状態で、健康のために運動する時間が取れるだろうか?


目を覚ましたものの、体が固まってしまって、ベッドから起き上がれなかった。

妻に、あと数分、このままにしておいてくれないか、と伝えた。

その数分が数時間に、そして数日になった。

スティーブはさまざまな不安に襲われ、体が麻痺してしまったのだ。

心配や不安に打ちのめされ、数日間立ち上がれなかった。

妻はスティーブの親友と病院に電話した。

親友は車を6時間運転して駆けつけてくれ、スティーブの手を取ってベッドからゆっくりと起こしてくれた。

アパートの玄関を開けて、外を少し歩いてみようか、と声をかけた。

友人はスティーブと2時間歩き、そのあいだずっと言葉をかけた。

アパートに戻り、友人はスティーブを病院に連れていくことにした。

医師に話を聞いてもらった。

医師はスティーブにいくつかのことを勧めた。

いちばん重要なのは、この苦しい状況を乗り越えるには、家族、友人、同僚を頼る必要があるということ。

それができればきっと回復できると医師は言った。

その通りで、スティーブは少しずつ回復していった。

その日を乗り切り、次の日もどうにか過ごすことができた。そして大学に戻り、最初の週と最初の月を勤め上げた。

こうして1学期を無事に終えることができた。

■動けないなら動く、動きすぎなら止まる

スティーブの例は極端かもしれないが、何か新しいことを行う際には大きな困難が伴い、さまざまな障害が立ちはだかる。

不安を抱えて何日もベッドに横たわるようなことはないかもしれない。だが、スティーブと同じように行動が必要なときに動くことができず、苦しむことはあるかもしれない。

どうすれば勇気を持って変化することができるだろう?

どうすればベッドから起き上がり、経験のないことに挑めるだろう?

こうすればいいかもしれない。

安易で心地よいパターンに陥りつつあると気づいたときは、これまでと「反対の行動」を取るようにしよう。

どうすれば停滞の時期を抜け出して、変化に向かえるか?

私はこれを実現する効果的な方法がないか、ずっと考えてきた。

コンサルタントのアン・ハリエット・バックの考え方に、まず大きな刺激を受けた。

バックは個人が行き詰まりを感じ、心理的に麻痺してしまうようなことがあれば、「正反対」のことを考えてみる必要があると言う。

今していること、今置かれている状態と、正反対のことをしてみるのだ。

スティーブにとって、それは体を動かすことだった。

心理的に麻痺して体が動かないのであれば、とりあえずベッドから降りて足を動かしてみる。

逆にあまりに多くのことをしてしまっているなら、ペースを落とし、ひとり考える時間を増やすことが必要かもしれない。

バックは「正反対」のことを考えてみるのがいい例として、次の項目を挙げている。

□座っているのであれば、立ち上がる
□立っているのであれば、腰を下ろす
□旅行しているのであれば、家にいる
□家にいるなら、旅に出る
□教えているのであれば、学ぶ
□学んでいるのであれば、教えてみる
□話しているなら、聞いてみる
□聞いているのであれば、話してみる[1]

停滞の時期を抜け出して変化に向かうには、「正反対」のことを考えればいい。

結果を出したい、成功したいと望む者にこのアドバイスを伝えるなら、次のようになるかもしれない。

□安全策をずっと取っているなら、リスクを冒す
□ストレスのたまらないタスクだけに取り組んでいるのであれば、むずかしいと思われる仕事を引き受ける
□身内の少数の意見を聞いて安心しているなら、自分に客観的に意見してくれる人に話

を聞く

□短期で達成できる目標を考えているのであれば、長期的な目標を立てる

□組織を指揮する立場にあるなら、ほかの人を意思決定プロセスに呼び込んで、彼らの話をじっくり聞いてみる

もはや現状を維持することでは、自分もチームも繁栄は期待できない。

スティーブのようにならないためには、勇気を持って、自分が今しているのと違うことをしなければならない。

「交流」をかけがえなく大事にする

数年前、ある著名なCEOがハーバード・ビジネススクールを訪れた。

CEOは学生たちに、**ビジネスの世界に足を踏み入れてキャリアアップをめざすことになっても、家族や友人と過ごす時間を作るように**、とアドバイスした。

何年にもわたって多忙なスケジュールを過ごしてきたはずだが、毎週日曜日の午後に1時間半を家族と一緒に過ごしたことで、公私共にうまくいき、よい家庭生活が送れているという。

■1時間半を「仕事以外」にあてる

講演が終わると、私は学生にたずねた。

ＣＥＯは家族と過ごす時間をほんの少し作ることで個人の幸せが得られると話してくれたが、学生たちは信じられないようだった。

そこで私は、「君たちが先週、いちばん親しい人と過ごした時間が1時間半あれば、書いてほしい」と求めた。

これに対して彼らは、「厳しい大学院のプログラムを受講しているし、すべての時間を学校での講義や研究に費やしているから、そんな時間、取れるはずない」と言った。なかには、「大学院を修了して仕事に就けばもっと時間が割けると思う」と答える学生もいた。

精力的に働く者で、人生でいちばん大切な人たちと過ごす時間を積極的に作ろうとするのは少数派だ。

それでは、その大事な人たちを期せずして無視することになり、充実した関係は結べなくなる。

大事な人たちと関係を築いたり深めたりする「神聖な時間」がなくても、関係は長続きするかもしれない（微妙な状態にはなるが）。だが、関係は少しずつ崩れ、気づいたときには完全に崩壊してしまっている。

大事な人と過ごす時間を作ろう。その人たちとの神聖な時間を予定に入れよう。

スマホやパソコンの電源は落とそう。

ただ目の前にいる人と関係を深めることだけ考えよう。

大切な人のためだけでなく、プロフェッショナルとしてあなたが成長するうえでもそうしてほしい。

■いちばん大事な人間関係を「安定」させる

友達はほとんどいない。誰かと有意義な関係が築けない。

そんな孤独な人は、勇気を奮い起こして誰かをダンスに誘うなんてむずかしいと感じることだろう。

いちばん重要な人間関係を安定させることで、すべてがいい方向に転がる。

仕事でさまざまなチャンスがつかめる。新しいことを経験してみようと思える。

困難な課題に取り組もうと思える。

マネジメントやリーダーシップスタイルの刷新もはかれる。

そして、大切な人たちがついてくれているとわかれば、リスクをおそれずにチャンスをつかむ基盤が得られる。

育児で悩んでいる。妻／夫と別居中だ、離婚した。家族と喧嘩している。

そんな個人的な問題を抱えているときは、職場でも大人しくしていたい。

仕事ではすでに実証済みの間違いないルーティンにしがみつき、余計なことは考えないようにする。

一方、私生活がうまくいっているときは気分がいいから、自信を持って精力的に新しいことに取り組もうとする。

少し時間を取って、いちばん大切な人のために時間を割いているか、考えてみよう。

こんな言い訳が浮かぶかもしれない。

「週7日、休みなく働いている」「大きなプロジェクトに取り組んでいるところだ」「上司に頼りにされている」……。

こうした言い訳はどれもある意味説得力があるが、正しくない。

いちばん大切な人たちと一緒に過ごす「大事な時間」が割けないのであれば、何のための人生か？

さらに言えば、こんな状態で高い成果を出すためにリスクを冒そうと思えるだろうか？

家族や友人の支援がなければ、大きなチャンスが訪れたときに飛びつくことはできない。

気づいているかわからないが、こんなふうに考えて安全策を取ろうとする。
「このタスクを遂行できる十分な知識とスキルを備えていない。失敗するかもしれないし、失敗したらどうなる……?」

どれだけ仕事をして、どれだけ成功できるか、あなたにとってはそれが重要だ。そして実際あなたはよく働いている。

遅くまで働くべきじゃないと言いたいわけではない。家族の行事にはすべて出席するように、と求めているわけでもない。

仕事の時間と家族と過ごす時間のバランスを取る必要があるのだ。

また、どちらにどれだけの時間をあてるかは人それぞれであることも認識する必要がある。

私たちはみな、一人ひとり異なる存在だ。大切な人や子どもたち、友人とどれだけ時間を過ごすべきか、私が指示できるはずはない。

成長の仕方も人それぞれだ。

どれほど大きな冒険に踏み出すか、一人ひとりが決めればいい。

冒険をどんな順序とどんなペースで行うか、各自の判断にまかされる。

ただ、いちばん大切なものは共通している。

いつもダンスフロアのまわりに座ってみんなの踊りを見ていたが、ついに意を決してフロアに足を踏み入れてダンスを踊ることができた！

そのあと人生はふたたび輝き出すということだ。

14章

傲慢にならない秘訣

飛んだあと、もっと飛びつづけるために

この目で初めてラシュモア山を見てから20年近く経過した。

デイジー・ウェイドマンの著作『ハーバードからの贈り物』〔幾島幸子訳、ダイヤモンド社〕の中に、私と娘のキャサリンが登場する。私は、キャサリンに「ラシュモア山があるサウスダコタ州に連れていってほしい」とせがまれたと話している。

ラシュモア山はサウスダコタ州西部のブラックヒルズ山群中の山で、中腹の花崗岩にジョージ・ワシントン、トマス・ジェファソン、エイブラハム・リンカーン、セオドア・ルーズベルトの巨大な頭像が刻まれている。

家からこのラシュモア山まで、およそ1500キロ。キャサリンはそこまでハーレーダビッドソンで連れていってほしいと言う。

「思い切った決断」はすばらしい結果に結実する

どれくらい時間がかかるか話したが、11歳の気持ちを変えることはできなかった。私たちはハーレーでそこまで行くことに決めて、8月のある朝に出発した。

そして、話は意外な方向に向かう。

丸2日かけてラシュモア山に到着し、私たちはアメリカ史に大きな影響を与えた4人の大統領の巨大な頭像を見上げた。

この4人がどうして選ばれたのか、キャサリンはたずねた。

4人の偉大な大統領が共通してアメリカにもたらしたことを私は説明した。歴史の知識不足を補おうと、自分の考え方も随所に入れた。娘が喜びそうな言い方もまじえながら。

「この人たちは、恐怖を感じたときはとにかく仕事に打ち込んだんだ。

一部の人に信じてもらえなかったり、悪いことを言われたりしても、勇気を出して前に踏み出したんだ。

4人とも国をよくしようとしたし、国民一人ひとりの生活をよくしようとした。自分の仕事をやり遂げられるのか、怖くなってしまうこともあったけど、4人とも恐怖を乗り越えたんだ」

そんなことを言ったあと、最後に強調した。

「4人はずっと勇気を持って行動し、人々の生活を変えたんだ」

だが、キャサリンとの会話はそこで思わぬことになった。

キャサリンは私を見上げて、まっすぐたずねた。

「パパは変えられるの？」


それまでそんなことをたずねられたことがなかった。

私が人々の生活を変えられるか、娘は知りたがっている。

すごく長い時間が経ったように思えたが、すぐに私は答えていた。

「キャサリン、パパもみんなの生活を変えられたらいいなと思うけど、できるかどうかもっと考えてみないといけないね。

でも、パパも思っているよ。パパもみんなを変えられたらいいな、って」

■変化を研究する学者の「自分の人生」考察結果――おいしい学びを拝借する

サウスダコタ州からユタ州の家に向かってふたたび1500キロ近くバイクを走らせる

あいだ、キャサリンにたずねられたことをずっと考えていた。

「パパは変えられるの?」

私は本当に自分や誰かの人生に変化をもたらしているのだろうか?

それをしようと表面的に、あたかも仕事をしているかのように見せているだけなのだろうか?

ワイオミング州コーディ、イエローストーン公園、グランドティートン山、スターバレーを通過しながら、私は本当に変化をもたらすことができているのか、それともただそうしたいと思っているだけなのか、自問しつづけた。

自分は重要なことをしただろうか?

何か大事な仕事をしただろうか?

重要なことをしている、勤勉だと見せかけようとしているだけではないか?

娘の質問が、私の人生に大きな影響を与えることになった。

立ち止まって、自分は本当に重要な人物であるか、真剣に考えてみることができたのだ。

自分は人生でこれをした、これをしなかったと言いたいがために物語を作り上げていたのではないか?

私の努力は、表面的なものでしかないのではないか？　本当に人に影響を与えているのだろうか？

ここで私自身、75ページの図2・2の左のスペースから右のスペースに移動するために何が必要か、初めて考えてみることになった。

移動を実現するためには、「恰好悪くてもいいから望ましいこと」をしなければならないと初めて理解した瞬間だった。

これまで常に自分に都合のいい物語を聞かせてきた。自分は正しいと簡単に思い込むことができたからだ。

まわりの環境を操作し、自分が聞きたいことだけを言ってくれる人たちから意見を聞くことで、図2・2の左側にとどまり、「望ましくないことを無難にこなす」を続けてきたのだ。

キャサリンの質問を受けるまで、自分はすべてわかっていると思い込んでいた。

自分から逃げようとしていた。

結果を出したい、成功したいと願い、その場は忙しそうにふるまい、与えられたことだけをこなそうとしていた。

それから時間が経ち、**思い切った決断（leap of faith）さえできれば、図の右下に移動**

し、「恰好悪くてもいいから望ましいことをする」ほうがずっと楽であるとわかった。

同時に、あれこれ考えず、「命綱なしで飛ぶ」ためのしかるべき手順と準備を踏めば、いろんなことが見えてくるし、自信もみなぎることがわかった。

そして、これは私だけでなく、ほかの仕事で結果を出したい、成功したいと思う者たちにも有効であるとわかった。

これまで本書で論じてきたことを、次の６つのステップにまとめてみた。この６つを試みることで「命綱なしで飛ぶ」準備が整う。

■命綱なしで飛べる6つのステップ

①立ち止まって考える。自分を理解する
②昔のことは忘れる。過去を「過去のもの」にする
③こんなふうにしてみたい、こんなことを実現したいと「具体的な目標」と「計画」を立ててみる
④メンターやアドバイザー、「支援のネットワーク」に頼る
⑤まばたきせず「現実」を見つめ、受け止めようとする
⑥自分の弱さを認め、さらけ出す

6つのステップを踏むことで、恐怖に支配されずにすむかもしれない。新しいことを始めたり、新しく人間関係を築いたり、新しい仕事を引き受けたりしたとき、「忙しさの罠」や「人と比べる罠」「人を非難する罠」「心配の罠」にはまらずにいられるかもしれない。

「命綱なしで飛ぶ」のであれば、まずは「立ち止まって考える。自分を理解する」ことが大切だ。

どうして自分は毎日同じことができるのだろう？　一度考えてみてほしい。

そんなふうに何があっても毎日同じことができるのなら、何か新しいことを始めても、死ぬことなどないと思える。自分の弱さをさらけ出して前に進めるし、勇気を出して、何か違うことを経験しようと前向きに考えられる。

するといつのまにか、「恰好悪くてもいいから望ましいことをする」を超えて、「望ましいことを見事に」やり遂げている。

「恰好悪くてもいいから望ましいことをする」から、「望ましいことを見事にする」への昇華には困難が伴うかもしれない。

しかし、その前の「望ましくないことを無難にこなす」から「恰好悪くてもいいから望ましいことをする」への移行を考えれば、大したことではない。まるで比べものにならないはずだ。

事実、自分を克服して「恰好悪くてもいいから望ましいこと」をしても死ぬことはないとわかれば、そこから上に向かう旅は爽快だし、いろいろなことが学べる。

これまでと違って、すべてがいい方向に回り出していると気づくはずだ。

勝利をつかみつつあるのだ。

■「感謝の気持ち」で謙虚になる

ここで知識とスキルを苦労して得たわけであるが、だからといって態度を変えるようなことがあってはならない。

せっかく手に入れたカードも、正しいマナーで使えなければ、傲慢な人間になってしまう。

よって、すべてがいい方向に転がり出したら、まわりに「感謝の気持ち」を示すことが重要だ。

感謝の気持ちを持つことで、今自分がこの場所にいられるのは、自分の努力だけでなく、ほかにもたくさんのことに恵まれたからだとわかる。

まわりの人たちに助けられ、運にも恵まれたから、今ここにいられるのだと認められる。

達成したことを謹んで受け入れるのは問題ないが、自分ひとりで成し遂げたとは思わないこと。感謝すべき人がまわりにいるのだ。

大きな目標を達成したときは、次の①〜③を心がけよう。

①目標を達成するにあたって誰に助けてもらったか、はっきりさせる

②その人たちがしてくれたことに対して、感謝の言葉を伝える

③あなた（およびあなたのチーム）が目標を達成できたのは、自分の努力以上に、誰が何をしてくれて、どんな要因があったからか？　自分を支えてくれた人たちや成功に導いてくれたことへの感謝の気持ちを忘れない

感謝の気持ちと謙虚さを示すことで、図2・2の左上のスペースから右下のスペースへ、そして最後には右上のスペースへと移行できる。

「望ましくないことを無難にこなす」から、「恰好悪くてもいいから望ましいこと」をし、ついには「望ましいことを見事に」こなせるようになる。

ひと言アドバイス、ひと言注意

あなたもきっと、仕事で結果を出したい、成功したいと強く望む人だ。だから、私がこれまでしてきたアドバイスには「いいこと」も「注意してほしいこと」もあると指摘しておかないといけない。

まず、私がアドバイスできる「いいこと」は、あなたは目標を達成できる力を備えている、ということだ。

その力を、自分を変えるために、そしてほかの人を変えるために、利用しなければならない。

何もせず、ただ口先でそうするつもりだというのは実に簡単だ。

「フォーチュン500」の副社長を務めたロイス（9章に出てきたロイスとは別人）も、仕事で成功したいと強く望む人だった。

ロイスは社長にもコーチにも、さらに上を目指すのであれば、より柔軟で、すぐれたコミュニケーション能力を身につける必要がある、と言われていた。

こうした明確なアドバイスを受けていたにもかかわらず、ロイスは耳を傾けず、自分を変えようとしなかった。

自分を変えなければならないとわかってはいたが、「私は人とは違う方法ですべてするつもりです」とまわりにも自分にも言うだけで、実際に行動を起こさずにいた。

ロイスは、やったことがあって、どう対処すればいいかわかっているタスクは見事に遂行した。それで達成感も欲求も満たされた。

だが、自分を変えることでどんなことが成し遂げられるか、どんな成長が待っているのか、認識できなかった。

自分を変えるためには、いろんなことを経験しなければならない。すぐに満足が得られるものではないのだ。

ロイスのようになってはいけない。

■あえて「のんびり」する

同時に、私のアドバイスには「注意してほしいこと」もある。

あなたは結果を出したい、仕事で成功したいと強く願うあまり、すべて自分がしたことと考えてしまい、助けてくれた人に感謝の気持ちをうまく表すことができない。

もちろん他人に感謝していないわけではない。しかし、目標を達成した喜びはすぐに冷めてしまう。そして、喜びの気持ちが消え失せれば、助けてくれた人たちへの感謝の念も

忘れてしまう。

リーダーとして部署を率いて重要な任務を遂行しても、心から満足するというより、ただ安堵することも少なくない。

仕事を見事にこなした満足感に浸ることなく、次のタスク、次のプロジェクト、次の仕事を考えてしまう。

少しゆっくりして喜びを味わおうなどと考えられない。

だから意識的にペースを落とし、仕事を達成した喜びを味わおう。

少しのんびりするのだ。

それによって、この成功をもたらしてくれた人たちに感謝の気持ちを示したいと自然に思えるはずだ。

「できる」と思うことが背中を押す

何より、自分はできると信じることだ。それによって図2・2の左上のスペースから右下のスペースに向かうことができる。

少なくとも、そうしようという気持ちを持つことが実現への道を開く。「望ましくないことを無難にこなす」のではなく、「恰好悪くてもいいから望ましいこと」をしようと思えるようになるのだ。

そうなると信じることが大切だ。

私が示したステップを踏むことで、あなたの仕事の仕方が変えられると思えるなら、これまでできなかったことも実現できる。

仕事に大きな意義を見出し、満足感を得られるだろう。

今振り返ると、私たちが自分の人生でどのように目的を達成しようとしてきたか、よくわかる。

自分がしたことに対して、所属するグループに対して、手に入れようとした仕事に対して、さまざまな形で自分のアイデンティティを刻みつけようとしてきたのだ。

肩書によって、あるいは人に認められることで、目的を達成した気になっていた。

職場で「自分は重要な人物で、認められている」と思おうとすることで自己肯定感を得ようとしてきたのだ。

自分が重要だと感じられず、「恰好悪くてもいいから望ましいこと」をしようとも思えなければ、まるで効果的でない方法で自分の欲求を満たそうとする。

そんなことを繰り返すうちに、ほかの人とのつながりが弱まる。私たちの不安を感じ取り、「仲間に入れてほしい」とぎこちなく働きかける態度を目にして、距離を置きたいと実際に思われてしまうのだ。

短絡的に「望ましくないことを無難にこなす」ことで（いつもより必死でも、相変わらず同じ方法で）、状況はさらに悪化する。

時間が経つにつれて、心配は深まり、出世競争で同僚に離されつつあると感じる。成し遂げられるはずだったことが成し遂げられず、後れをとっていることがわかると、上司や部下、友人のせいにする。

ここにいたって何も考えられず、あらゆることを試みて、あらゆるものを手に入れようとしても、気分が安らぐことは決してない。

そして忙しく見せることに終始して、孤立感を一層深めていく（「忙しさの罠」にはまる）。

友人や家族や上司にも理解されず、ぎくしゃくした関係に陥ってしまう……。

だが、抜け出す道はある。

多くの人たちは、変化と成長にいたることができる。

老犬も若い犬と同じように新しい芸を身につけることができると、多くの人は考える。人も同じだ。

本書『命綱なしで飛べ』によって、成長することだけが私たちの存在を示す唯一の方法だと、あなたには確認していただきたい。

本書があなたを成長への道に案内する役割が果たせたらうれしい。

不安に支配され、キャリアはおろか魂まで失う人生を運命づけられた人などいない。

人生は無限の可能性を秘めた冒険なのだ。

自分を理解し、信頼できる「支援のネットワーク」を得て、困難を乗り越え、進むべき道を進む。計画をしっかり立てて、一歩一歩着実に足を運べば、命綱なしで飛べるはずだ。

過去に経験した出来事や恐怖で体が麻痺し、行動を起こせなかったのかもしれない。だが、すべて乗り越えられる。

かつてあるとき、ある場所で、ある仕事を担当した際、体が凍り付いてしまった。あなたはそのとき感じた恐怖の思いを、いつまでも心の中でつぶやいている。

だが、それもしないですむようになる。

娘のキャサリンに「パパは変えられるの？」とたずねられたが、のちにそうたずねてくれた娘に深く感謝する自分に気づいた。

しばらくして、私も何らかの形でほかの人の生き方に変化をもたらしていることに気づいた。

同時に、私がそれまで自分の不安にずっと向き合わずに来てしまったことも知ることになった。

「着地先」でさらに成長するために

ラシュモア山にはアメリカを作り上げたリーダーたちの見事な頭像が刻まれている。

もし機会があれば、ぜひご覧いただきたい。

だが、あなたのお嬢さんとそこを訪れて、立ち止まって考えたり、自分に質問したりする必要はない。

本書を手に取っていただいたあなたは、何かを学び取ろうとしている。

この本を読むということは、自分の思い込みを疑ってみるということだ。

これが最初の一歩だ。

よく考えてみなければならないかもしれない。もう一度とらえ直す必要があるかもしれない。自分の弱さをさらけ出すことになるかもしれない。

誰かに不満を感じ、その人に対して性急な判断を下そうとしているようなことがあれば、次のように自問してほしい。

「なぜこの人はそんな行動を取るのか？　管理職であり、リーダーだからか？　そのように行動する責任があるからか？」

この人と同じで自分も「望ましくないことを無難にこなす」から、「恰好悪くてもいいから望ましいことをする」状態への移行をおそれていると気づいたら、次のことを考えよう。

何か大事なことが起こっているのではないか？

「なぜ自分がすべきことに気づいていないふりをするのか？

自分に何をつぶやいている？」

本書を読んでいただければ、変化には何が不可欠か、考えていただけると思う。

娘キャサリンへの質問に対して、私は「人はすでにまわりの人に影響を与えている」と答えたい。

そう思うのだ。あなたも、まわりの人にすでに影響を与えている。

だが、もっと大きな影響をもたらせるかもしれない。

心のどこかで、あなたも私と同じように、あまりにも多くの時間を割いて、役に立たないことや、満足感や勇気を喪失させるようなことを心配してしまっているかもしれない。

「恰好悪くてもいいから望ましいことができる」ようになるには、自分の弱さを示し、自分を知らなければならない。

だが、覚えておいてほしい。

それができれば命綱なしで飛べる。

思い切って飛んでみれば、着地先でさらなる成長が期待できる。

謝辞

誰に最初に感謝の気持ちを示せばいいだろう？

本書の原書のカバーには私の名前しか記されていないが、出版にあたってお世話になった人たちは数百を下らない。

出版が実現できたのは、言うまでもなく、彼らと関係を築くことができたからだ。

人生において、私の考え方も感性も行動も、ありがたいことに無数の人たちから大きな影響を受けている。本書執筆にあたって充実した調査活動を行うことができたが、ここでもこの人たちから有益な情報を得ることができた。

まずは、妻ヴィニータに謝意を捧げる。

考え方や感情を紙に記すにはどんな思いで執筆に臨まなければならないか、ヴィニータは明確に示してくれた。

物語を通して人々が経験したことを見事に伝えるヴィニータを見て、私も個人的視点で本書を書いてみたいと思った。

友人でありハーバード・ビジネススクールの同僚ニティン・ノーリアは、会うたびに本書の執筆を強く勧めてくれた。ニティンは時に激しく、だが常に信頼とやさしさを示しながら背中を押してくれた。

同じハーバード・ビジネススクールの同僚ジョン・J・ガバロとアシッシュ・ナンドは大きな組織でも小さな組織でも起こりうる変化を分析し、講じていたが、それを目にできたことで、方向性を見失うことはなかった。デイビッド・トマスとスコット・スヌークの刺激的な質問も大いに参考になった。

私のエージェント、ジム・レバイン、そしてメリンダ・メリノとハーバード・ビジネススクール出版のみなさんも、本書執筆を後押ししてくれた。

長年の親友でコーチング業を営むブルース・ウェクスラーのおかげで、本書を企画し、形にできた。

アシスタントのアミー・M・エヴァンスは精力的に制作作業を進めてくれた。

本書執筆にあたって、私のクライアントや各セミナーの参加者をはじめ、多くの人に話を聞いたが、自分の経験を隠さずに話してくれたみなさんに、厚くお礼を申し上げたい。

私の人生に大きな影響を与えてくれた3人のメンター、エドガー・H・シャイン（心理学者、MITスローン経営大学院元教授）、チェイス・ピーターソン（ユタ大学元学長）、ジョン・マック（モルガン・スタンレー元CEO）にも深甚なる謝意を捧げる。

友人のポール・マッキノンとは35年間ずっと仕事をしてきたし、いつも支えてもらっている。地球のあらゆる場所から支援と助言を与えてもらっている。

最後に、サラ、キャサリン、ジョアンナ、ジャヤラクシュミにありがとうと言いたい。あの娘たちは父にいつも最高の助言を与えてくれる。

4人ともいつも自信を持って率直に意見を言ってくれるし、許す気持ちも備えている。「命綱なしで飛んでいる」とき、いつも娘たちの顔が思い浮かんだ。

8章

1 Garrison Keillor, presentation to the Harvard community, Cambridge, MA, fall 2010.

9章

1 2010年6月4日に、ジェフリー・カーにインタビューした。

2 Jay W. Lorsch and Thomas J. Tierney, *Aligning the Stars: How to Succeed When Professionals Drive Results* (Boston: Harvard Business School Press, 2002). ［邦訳はジェイ・W・ロッシュ、トーマス・J・ティアニー共著『スター主義経営　プロフェッショナルサービス・ファームの戦略・組織・文化』（山本真司・大原聡訳、東洋経済新報社、2007年刊）。ロッシュはハーバード・ビジネススクール教授、ティアニーはコンサルティング会社であるベイン・アンド・カンパニーの元チーフエグゼクティブである。社員の「個」の力を引き出し「スター」として育成、会社という「組織」の力に結集させる方法を綴った1冊］

3 John S. Adams, "Inequity in Social Exchange," in *Advances in Experimental Social Psychology*, ed. Leonard Berkowitz (New York: Academic Press, 1965), 267–299.

10章

1 Thomas J. DeLong, John J. Gabarro, and Robert J. Lees, *When Professionals Have to Lead: A New Model for High Performance* (Boston: Harvard Business School Press, 2007).

11章

1 Paul Thompson and Gene Dalton, "Are R&D Organizations Obsolete," *Harvard Business Review*, November–December 1976.

13章

1 Marie Brenner, "The Golden Door's Spa Guru," *Departures*, January–February 2010.

巻末注 notes

1章

1 David C. McClelland, *Power: The Inner Experience* (New York: Irvington Publishers,1975).

2 Paul Thompson and Gene Dalton, "Are R&D Organizations Obsolete," *Harvard Business Review*, November–December 1976.

3 John J. Gabarro, *The Dynamics of Taking Charge* (Boston: Harvard Business School Press, 1987).

4 同上。

3章

1 William Butler Yeats, "The Second Coming," http://www.online-literature.com/donne/780/.

2 Viktor E. Frankl, *Man's Search for Meaning: An Introduction to Logotherapy* (Boston: Beacon Press, 1959).［邦訳は『夜と霧　新版』池田香代子訳、みすず書房、2002 年］

3 Edgar H. Schein, *Matching Individual and Organizational Needs* (Boston: Addison-Wesley, 1978).

4 "The Career Orientations of MBA Alumni: A Multi-Dimensional Model" (Chapter), *New Directions in Human Resource Management*, Ralph Katz (ed.), (M.I.T. Press, October 1981).

5 Thomas J. DeLong, John J. Gabarro, and Robert J. Lees, *When Professionals Have to Lead: A New Model for High Performance* (Boston: Harvard Business School Press, 2007).

6 Michael L. Tushman and Charles A. O'Reilly, *Winning Through Innovation: A Practical Guide to Leading Organizational Change and Renewal* (Boston: Harvard Business School Press, 2002).

7 Chris Argyris, *Knowledge for Action* (San Francisco: Jossey-Bass, 1994).［クリス・アージリス (Chris Argyris) は組織行動論の大家（1923 〜 2013）］

4章

1 Edgar H. Schein, *Career Anchors: Discovering Your Real Values* (San Diego, CA: Jossey-Bass/Pfeiffer, 1990).

参考文献

- Adams, John S. "Inequity in Social Exchange." In *Advances in Experimental Social Psychology*, edited by Leonard Berkowitz, 267–299. New York: Academic Press, 1965.
- Adler, Paul S., and Clara X. Chen. "Beyond Intrinsic Motivation: On the Nature of Individual Motivation in Large-Scale Collaborative Creativity." September 1, 2009. *Social Science Research Network*, http://ssrn.com/abstract=1471341.
- Amabile, Teresa M. "A Model of Creativity and Innovation in Organizations," *Research in Organizational Behavior* 10 (1988): 123–167.
- ———. "Motivational Synergy: Toward New Conceptualizations of Intrinsic and Extrinsic Motivation in the Workplace," *Human Resource Management Review* 3, no. 3 (1993): 185–201.
- ———. *Creativity in Context*. Boulder, CO: Westview Press, 1996.
- Amabile, Teresa M., Karl G. Hill, Beth A. Hennessey, and Elizabeth M. Tighe. "The Work Preference Inventory: Assessing Intrinsic and Extrinsic Motivational Orientations," *Journal of Personality and Social Psychology 66*, no. 5 (1994): 950–967.
- Amabile, Teresa M., and Steve J. Kramer, "What Really Motivates Workers," *Harvard Business Review*, January–February 2010, 88.
- Ambrose, Maureen L., and Carol T. Kulik. "Old Friends, New Faces: Motivation Research in the 1990s." *Journal of Management* 25, no. 3 (1999): 231–292.
- Argyris, Chris. *Strategy, Change and Defensive Routines*. Boston: Pitman Publishing, 1985.
- Bandura, Albert. "Self-Efficacy: Toward a Unifying Theory of Behavioral Change." *Psychological Review* 84, no. 2 (1977): 191–215.
- Burton, M. Diane. "Rob Parson at Morgan Stanley (A)." Case 498-054. Boston: Harvard Business School, 1998 (rev. 1998).
- ———. "Rob Parson at Morgan Stanley (B)." Case 498-055. Boston: Harvard Business School, 1998.
- ———. "Rob Parson at Morgan Stanley (C)." Case 498-056. Boston: Harvard Business School, 1998 [Rev. 1999].
- ———. "Rob Parson at Morgan Stanley (C) (Abridged)." Case 498-057. Boston: Harvard Business School, 1998 [Rev. 1999].

・———. "Rob Parson at Morgan Stanley (D)." Case 498-058. Boston: Harvard Business School, 1998.

・Burton, M. Diane, and Thomas J. DeLong. "Rob Parson at Morgan Stanley (A) through (D) and the Firmwide 360-degree Performance Evaluation Process at Morgan Stanley TN." Teaching Note 400-101. Boston: Harvard Business School, 1998.

・Beckhard, Richard. *Organization Development.* Reading, MA: Addison-Wesley Publishing Company, Inc., 1969.（リチャード・ベックハード『組織づくりの戦略とモデル』高橋達男・鈴木博訳、産業能率短期大学出版部、1972 年）

・Burger, Jerry M. "Changes in Attributions Over Time: The Ephemeral Fundamental Attribution Error." *Social Cognition* 9, no. 2 (1991): 182–193.

・Campbell, Donald J., and Robert D. Pritchard. "Motivation Theory in Industrial and Organizational Psychology." In *Handbook of Industrial and Organizational Psychology,* edited by Marvin D. Dunnette, 63–130. Chicago: Rand McNally, 1976.

・Campion, Michael A., David K. Palmer, and James E. Campion. "A Review of Structure in the Selection Interview." *Personnel Psychology* 50, no. 3 (1997): 655–702.

・Carlzon, Jan. *Moments of Truth.* Cambridge, MA: Ballinger, 1987.（ヤン・カールソン『真実の瞬間：SAS（スカンジナビア航空）のサービス戦略はなぜ成功したか』堤猶二訳、ダイヤモンド社、1990 年）

・Chen, Gilad, and Ruth Kanfer. "Toward a Systems Theory of Motivated Behavior in Work Teams." *Research in Organizational Behavior* 27 (2006): 223–267.

・Collins, James C. *Good to Great: Why Some Companies Make the Leap . . . and Others Don't.* 1st ed. New York: HarperBusiness, 2001.（ジェームズ・C・コリンズ『ビジョナリーカンパニー②飛躍の法則』山岡洋一訳、日経ＢＰ社、2001 年）

・Collins, James C., and Jerry I. Porras. *Built To Last: Successful Habits of Visionary Companies.* New York: HarperBusiness, 1994.（ジェームズ・C・コリンズ、ジェリー・I・ポラス『ビジョナリーカンパニー：時代を超える生存の原則』山岡洋一訳、日経ＢＰ社、1995 年）

・Conti, Regina, Teresa M. Amabile, and Sara Pollack. "The Positive Impact of Creative Activity: Effects of Creative Task Engagement and Motivational Focus on College Students' Learning." *Personality and Social Psychology Bulletin* 21 (1995): 1107–1116.

・Csikszentmihalyi, Mihaly. *The Evolving Self: a psychology for the third millennium.* 1st ed. New York: Harper Collins Publishing, 1993.

・———. *The Feeling of What Happens: Body and Emotion in the Making of Consciousness.* New York: Harcourt Brace, 1999.

・———. *Flow: The Psychology of Optimal Experience.* 1st ed. New York: Harper & Row, 1990.（ミハイ・チクセントミハイ『フロー体験　喜びの現象学』今村浩明訳、世界思想社、1996 年）

・———. *Good Business: Leadership, Flow and the Making of Meaning*. New York: Viking Penguin, 2003.（ミハイ・チクセントミハイ『フロー体験とグッドビジネス：仕事と生きがい』大森弘訳、世界思想社、2008 年）

・Damasio, Antonio R. *Descartes' Error: Emotion, Reason, and the Human Brain*. New York: Putnam, 1994.（アントニオ・R・ダマシオ『デカルトの誤り：情動、理性、人間の脳』田中三彦訳、筑摩書房、2010 年）

・DeLong, Thomas J., and Michael Kernish. "Alex Montana at ESH Manufacturing Co." Case 405-106. Boston: Harvard Business School, 2006.

・DeLong, Thomas J., David L. Ager, and Tejal Mody. "C&S Wholesale Grocers: Self-Managed Teams." Case 404-025. Boston: Harvard Business School, 2003.

・DeLong, Thomas J., John J. Gabarro, and Robert J. Lees. *When Professionals Have to Lead: A New Model for High Performance*. Boston: Harvard Business School Press, 2007.

・———. "Why Mentoring Matters in a Hypercompetitive World," Special issue on HBS Centennial, *Harvard Business Review*, January 2008.

・DeLong, Thomas J., and Ashish Nanda. *Professional Services: Text and Cases*. New York: McGraw-Hill/Irwin, 2003.

・DeLong, Thomas J., and Vineeta Vijayaraghavan. "Let' s Hear It for B Players." *Harvard Business Review*, June 2003.（トーマス・J・ドゥロング、ビニータ・ビジャヤラガバン『「B クラス社員」のレーゾンデートル　組織に安定と成功をもたらす』飯岡美紀訳、DIAMOND ハーバード・ビジネス・レビュー、2003 年 9 月号）

・ ———. "SG Cowen: New Recruits" Case 402-028. Boston: Harvard Business School, 2006.

・———. "Cirque du Soleil." Case 403-006. Boston: Harvard Business School, 2002.

・Depree, Max. *Leadership Is an Art*. New York: Doubleday, 1989.（マックス・デプリー『響き合うリーダーシップ』依田卓巳訳、海と月社、2009 年）

・Dipboye, Robert L. "Threats to the Incremental Validity of Interviewer Judgments." In *The Employment Interview: Theory, Research and Practice*, edited by Robert W. Eder and Gerald R. Ferris, 45-60. Thousand Oaks, CA: Sage Publications, 1989.

・Dougherty, Thomas W., Ronald J. Ebert, and John C. Callender. "Policy Capturing in the Employment Interview." *Journal of Applied Psychology* 71, no. 1 (1986): 9–15.

・Dougherty, Thomas W., Daniel B. Turban, and John C. Callender. "Confirming First Impressions in the Employment Interview: A Field Study of Interviewer Behavior." *Journal of Applied Psychology* 79, no. 5 (1994): 659–665.

・Erez, Miriam. "Culture and Job Design." *Journal of Organizational Behavior* 31, no. 2–3, (2010): 389–400.

・Frankl, Viktor E. *Man's Search for Meaning: An Introduction to Logotherapy*. Boston: Beacon Press, 1959.（ヴィクトール・E・フランクル『夜と霧 新版』池田香代子訳、みすず書房、2002 年）

・Gabarro, John J. *The Dynamics of Taking Charge*. Boston: Harvard Business School Press, 1987.

・Gagné, Marylène, and Edward L. Deci. "Self-Determination Theory and Work Motivation." *Journal of Organizational Behavior* 26 (2005): 331–362.

・Gardner, John. "Personal Renewal." From a speech given to McKinsey Partners, Phoenix, AZ, 1990.

・Gaugler, Barbara B., Douglas B. Rosenthal, George C. Thornton, and Cynthia Bentson. "Meta-analysis of Assessment Center Validity." *Journal of Applied Psychology* 72, no. 3 (1987): 493–511.

・Gilbert, Daniel Todd. *Stumbling on Happiness*. New York: Alfred A. Knopf, 2006.（ダニエル・ギルバート『明日の幸せを科学する』熊谷淳子訳、ハヤカワ文庫 NF、2013 年）

・Goffee, Rob, and Gareth Jones. *Why Should Anyone Be Led By You? What It Takes to Be an Authentic Leader*. Boston: Harvard Business School Press, 2006.（ロブ・ゴーフィー、ガレス・ジョーンズ『なぜ、あなたがリーダーなのか［新版］本物は「自分らしさ」を武器にする』アーサー・ディ・リトル・ジャパン訳、英治出版、2017 年）

・Goleman, Daniel. *Working with Emotional Intelligence*. 1st ed. New York: Bantam Books, 1998.（ダニエル・ゴールマン『ビジネス EQ：感情コンピテンスを仕事に生かす』梅津祐良訳、東洋経済新報社、2000 年）

・Goleman, Daniel, Richard Boyatzis, and Annie McKee. *Primal Leadership: Realizing the Power of Emotional Intelligence*. 1st ed. Boston: Harvard Business School Press, 2002.（ダニエル・ゴールマン、リチャード・ボヤツィス、アニー・マッキー『EQ リーダーシップ 成功する人の「こころの知能指数」の活かし方』土屋京子訳、日本経済新聞出版、2002 年）

・Grant, Adam M., and Jihae Shin. "Work Motivation: Directing, Energizing, and Maintaining Research." In *Oxford Handbook of Motivation*, edited by R. M. Ryan. Oxford: Oxford University Press, *forthcoming*.

・Groysberg, Boris. *Chasing Stars: The Myth of Talent and Portability of Performance*. Princeton, NJ: Princeton University Press, 2010.

・Hackman, J. Richard, and Greg R. Oldham. "Motivation Through the Design of Work: Test of a Theory." *Organizational Behavior and Human Performance* 16 (1976): 250–279.

・Heath, Chip. "On the Social Psychology of Agency Relationships: Lay Theories of Motivation Overemphasize Extrinsic Incentives." *Organizational Behavior and Human Decision Processes* 78, no. 1 (1999): 25–62.

・Heath, Chip, and Dan Heath. *Switch: How to Change Things When Change Is Hard*. New York: Broadway Books/Random House, 2010.

・Heath, Chip, and Sim B. Sitkin. "Big-B Versus Big-O: What Is Organizational About Organizational Behavior?" *Journal of Organizational Behavior* 22, no. 1 (2001): 43–58.

・Herzberg, Frederick. *The Motivation to Work*. New York: Wiley, 1959.（フレデリック・ハーズバーグ『仕事と人間性：動機づけ―衛生理論の新展開』北野利信訳、東洋経済新報社、1968年）

・Jonas, Eva, Stefan Schulz-Hardt, Dieter Frey, and Norman Thelan. "Confirmation Bias in Sequential Information Search After Preliminary Decisions: An Expansion of Dissonance Theoretical Research on Selective Exposure to Information." *Journal of Personality and Social Psychology* 80, no. 4 (2001): 557–571.

・Judge, Timothy A., and Remus Ilies. "Relationship of Personality to Performance Motivation: A Meta-analytic Review." *Journal of Applied Psychology* 87, no. 4 (2002): 797–807.

・Kegan, Robert, and Lisa Laskow Lahey. *Immunity to Change: How to Overcome It and Unlock the Potential in Yourself and Your Organization*. 1st ed. Boston: Harvard Business School Publishing, 2009.（ロバート・キーガン、リサ・ラスコウ・レイヒー『なぜ人と組織は変われないのか：ハーバード流 自己変革の理論と実践』池村千秋訳、英治出版、2013年）

・Kanfer, Ruth. "Motivation Theory and Industrial and Organizational Psychology." In *Handbook of Industrial and Organizational Psychology*, edited by Marvin D. Dunette and Leaetta M. Hough, 75–130. Palo Alto, CA: Consulting Psychologists Press, 1990.

・Kanfer, Ruth, and Phillip L. Ackerman. "Aging, Adult Development, and Work Motivation." *Academy of Management Review* 29, no. 3 (2004): 440–458.

・Kao, John J. "Scandinavian Airlines Systems." Case 487-041. Boston: Harvard Business School, 1993.

・Katz, Ralph, ed., "The Career Orientations for MBA Alumni: A Multi-Dimensional Model," *New Directions in Human Resource Management*. Boston: MIT Press, 1981.

・Kotter, John P., and James L. Heskett. *Corporate Culture and Performance*. New York: The Free Press/Simon & Schuster Inc., 1992.（ジョン・P・コッター、ジェイムズ・L・ヘスケット『企業文化が高業績を生む：競争を勝ち抜く「先見のリーダーシップ」207社の実証研究』梅津祐良訳、ダイヤモンド社、1994年）

・Kramer, Roderick M., "Harder They Fall," *Harvard Business Review* OnPoint, October 2003.（ロデリック・M・クラマー『「イカロスの翼症候群」の落とし穴　なぜ地位は人を堕落させるのか』西尚久訳、DIAMONDハーバード・ビジネス・レビュー、2003年12月号）

・Latham, Gary P., and Craig C. Pinder. "Work Motivation Theory and Research at the Dawn of the Twenty-First Century." *Annual Review of Psychology* 56, no. 1(2005): 485–516.

・Lawrence, Paul R., and Nitin Nohria. *Driven: How Human Nature Shapes Our Choices.* San Francisco: Jossey-Bass, 2002.（ポール・R・ローレンス、ニティン・ノーリア『ハーバード・ビジネススクールの〈人間行動学〉講義：人を突き動かす4つの衝動』翻訳協力・熊谷小百合、ダイレクト出版、2013年）

・Lindzey, Gardner, and Elliot Aronson, eds. *The Handbook of Social Psychology: Volume II, Special Fields and Applications.* 3rd ed. New York: Random House, 1985.

・Litwin, George H., and Robert A. Stringer. *Motivation and Organizational Climate.*Boston: Division of Research, Graduate School of Business Administration, Harvard University, 1968.（G・H・リットビン、R・A・ストリンガー『経営風土』井尻昭夫訳、白桃書房、1985年）

・Locke, Edwin A., and Gary P. Latham. "What Should We Do About Motivation Theory? Six Recommendations for the Twenty-First Century." *Academy of Management Review* 29, no. 3 (2004): 388–403.

・London, Manuel, and Stephen A. Stumpf. *Managing Careers.* The Addison-Wesley Series on Managing Human Resources. Reading, MA: Addison-Wesley Publishing Company, Inc., 1982.

・Lorsch, Jay W., and John J. Gabarro. "Cambridge Consulting Group: Bob Anderson." Case 496-023. Boston: Harvard Business School, 1995 (rev. 1996).

・Lorsch, Jay W., and Thomas J. Tierney. *Aligning the Stars: How to Succeed When Professionals Drive Results.* Boston: Harvard Business School Press, 2002.（ジェイ・W・ロッシュ、トーマス・J・ティアニー『スター主義経営　プロフェッショナルサービス・ファームの戦略・組織・文化』山本真司・大原聡訳、東洋経済新報社、2007年）

・Maccoby, Michael, "Narcissistic Leaders: The Incredible Pros, the Inevitable Cons," *Harvard Business Review* OnPoint Enhanced Edition, January 2001.

・McClelland, David C. *Power: The Inner Experience.* New York: Irvington Publishers, 1975.

・McClelland, David C., and David H. Burnham. "Power Is the Great Motivator," *Harvard Business Review,* January 2003.（デイビッド・C・マクレランド、デイビッド・H・バーナム『[1976年度マッキンゼー賞受賞論文] モチベーショナル・リーダーの条件』編集部訳、DIAMONDハーバード・ビジネス・レビュー、2010年2月号）

・McDaniel, Michael A., Deborah L. Whetzel, Frank L. Schmidt, and Steven D. Maurer. "The Validity of Employment Interviews: A Comprehensive Review and Meta-Analysis." *Journal of Applied Psychology* 79, no. 4 (1994): 599–616.

・Morriss, Anne, Robin J. Ely, and Frances X. Frei. "Stop Holding Yourself Back." *Harvard Business Review,* January 2011.

・Murphy, Kevin R., Brian E. Cronin, and Anita P. Tam. "Controversy and Consensus Regarding the Use of Cognitive Ability Testing in Organizations." *Journal of Applied*

Psychology 88, no. 4 (2003): 660–671.

・Nanda, Ashish, and Monet Brewerton. "William Fox." Case HLS 09-27. Boston: Harvard Law School, 2009.

・Neeley, Tsedal, and Thomas J. DeLong. "Managing a Global Team: Greg James at Sun Microsystems, Inc. (A)." Case 409-003. Boston: Harvard Business School, 2009.

・Perlow, Leslie, and Thomas J. DeLong. "Profiles of the Class of 1976." Case 2-403-087. Boston: Harvard Business School, 2002.

・Phillips, Jean M. "Effects of Realistic Job Previews on Multiple Organizational Outcomes: A Meta-Analysis." *Academy of Management Journal* 41, no. 6 (1998): 673–690.

・Pulakos, Elaine D., Neal Schmitt, David Whitney, and Matthew Smith. "Individual Differences in Interviewer Ratings: The Impact of Standardization, Consensus Discussion, and Sampling Error on the Validity of a Structured Interview." *Personnel Psychology* 49, no. 1 (1996): 85–102.

・Schein, Edgar H. *Organizational Culture and Leadership*. San Francisco: Jossey-Bass, 1985.（エドガー・H・シャイン『組織文化とリーダーシップ』梅津祐良・横山哲夫訳、白桃書房、2012年）

・———. *Career Anchors: Discovering Your Real Values*. San Diego, CA: Jossey-Bass/Pfeiffer, 1990.（エドガー・H・シャイン『キャリア・アンカー　自分のほんとうの価値を発見しよう』金井壽宏訳、白桃書房、2003年）

・———. *Career Anchors: Matching Individual and Organizational Needs*. Boston: Addison-Wesley, 1978.（エドガー・H・シャイン『キャリア・ダイナミクス：キャリアとは、生涯を通しての人間の生き方・表現である。』二村敏子・三善勝代訳、白桃書房、1991年）

・Schmidt, Frank L., and John E. Hunter. "Select on Intelligence." In *The Blackwell Handbook of Principles of Organizational Behavior*, edited by Edwin A. Locke, 3–14. Oxford: Blackwell Business, 2000.

・———. "The Validity and Utility of Selection Methods in Personnel Psychology: Practical and Theoretical Implications of 85 Years of Research Findings." *Psychological Bulletin* 124, no. 2 (1998): 262–274.

・Spreier, Scott W., Mary H. Fontaine, and Ruth L. Malloy. "Leadership Run Amok: The Destructive Potential of Overachievers," *Harvard Business Review* OnPoint, June 2006.（スコット・W・スプライア、メアリー・H・フォンテイン、ルース・L・マロイ『やり手リーダーの暴走を防ぐ「達成動機」のマネジメント』有賀裕子訳、DIAMONDハーバード・ビジネス・レビュー、2006年11月号）

・Steel, Piers, and Cornelius J. König. "Integrating Theories of Motivation." *Academy of Management Review* 31, no. 4 (2006): 889–913.

・Steers, Richard M., Richard T. Mowday, and Debra L. Shapiro. "The Future of Work

Motivation Theory." *Academy of Management Review* 29, no. 3 (2004): 379–387.

・Tichy, Noel M., and Mary Anne Devanna. *The Transformational Leader*. New York: John Wiley & Sons, 1986.（ノエル・M・ティシー、メアリー・アン・ディバナ『現状変革型リーダー：変化・イノベーション・企業家精神への挑戦』小林薫訳、ダイヤモンド社、1988年）

・Van Maanen, John. "People Processing: Strategies of Organizational Socialization." In *Culture and Related Corporate Realities* by Vijay Sathe, 223–243. Homewood, IL: R.D. Irwin, 1985.

・Vroom, Victor H. *Work and Motivation*. New York: Wiley, 1964.（V・H・ヴルーム『仕事とモティベーション』坂下昭宣ほか共訳、千倉書房、1982年）

・Wademan, Daisy. *Remember Who You Are: Life Stories That Inspire the Heart and Mind*. Boston: Harvard Business School Press, 2004.（デイジー・ウェイドマン『ハーバードからの贈り物』幾島幸子訳、ダイヤモンド社、2013年）

・Weick, Karl E. *The Social Psychology of Organizing*. New York: McGraw Hill, 1979.（カール・ワイク『組織化の社会心理学』遠田雄志訳、文眞堂、1997年）

【著者】

トマス・J・デロング（Thomas J. DeLong）

ハーバード・ビジネススクールのベイカー基金教授、フィリップ・J・ストンバーグ記念講座元教授（組織行動領域の経営手法を担当）。専門は個人および組織の成功要因。

ハーバード・ビジネススクールでは、MBA およびエグゼクティブ向けコースを担当。人的資本の管理、組織行動、リーダーシップ、キャリア管理を講じる。

ハーバード・ビジネススクールの必修コース「リーダーシップおよび組織行動」のコース長を務め、成功を収めている企業における人的資本の管理、専門サービス企業における戦略的課題に重点を置いた MBA コース開発にも携わった。

ハーバードで教鞭を執る前は、モルガン・スタンレーでマネジング・ディレクター（専務取締役）および最高開発責任者を務めた。ブリガム・ヤング大学で学士号および修士号を取得、パデュー大学で博士号を取得。


【訳者】

上杉隼人（うえすぎ はやと）

翻訳者（英日、日英）、編集者、英文ライター・インタビュアー、英語・翻訳講師。早稲田大学教育学部英語英文学科卒業、同専攻科修了。訳書に『ハックルベリー・フィンの冒険』（上下、講談社 青い鳥文庫）、『最後のダ・ヴィンチの真実 510 億円の「傑作」に群がった欲望』（集英社インターナショナル）、『MARVEL 倒産から逆転 No.1 となった映画会社の知られざる秘密』（すばる舎）、『ザ・ギャンブラー ハリウッドとラスベガスを作った伝説の大富豪』（ダイヤモンド社）など多数（日英翻訳を入れて 80 冊以上）。

FLYING WITHOUT A NET by Thomas J. DeLong
Original work copyright © 2011 Thomas J. DeLong
Published by arrangement with Harvard Business Review Press,
through Tuttle-Mori Agency, Inc., Tokyo
Unauthorized duplication or distribution of this work constitutes copyright infringement.

命綱なしで飛べ

2023年 1月10日 初版発行
2023年 2月5日 第3刷発行

著　　者　トマス・J・デロング
訳　　者　上杉隼人
発 行 人　植木宣隆
発 行 所　株式会社サンマーク出版
〒169-0075 東京都新宿区高田馬場2-16-11
電話　03(5272)3166
印　　刷　三松堂株式会社
製　　本　株式会社若林製本工場

定価はカバー、帯に表示してあります。落丁、乱丁本はお取り替えいたします。
ISBN978-4-7631-3999-3　C0030
ホームページ　https://www.sunmark.co.jp